La reconstrucción de una parroquia

"*Reconstrucción* es un excelente recurso para parroquias que están buscando nuevas ideas y una forma renovada de trabajar para acercar más a Cristo a los fieles durante este tercer milenio".

Mons. William E. Lori
Arzobispo de Baltimore

"*Reconstrucción* responde a la pregunta más importante que se plantean las parroquias de nuestro tiempo: ¿Cómo podemos formar comunidades de católicos fervorosos, llamados a una actitud constante de conversión y servicio? Es ameno, espontáneo e iluminador; una guía práctica y motivadora para el clero y para los laicos que se toman en serio la nueva evangelización".

Mons. Joe S. Vásquez
Obispo de Austin

"Esta historia sobre la renovación de una parroquia católica es una lectura obligada para párrocos y futuros párrocos. Ofrece una prueba admirable del poder transformante del amor de Dios, cuando damos un sí generoso en el seguimiento de Cristo, dentro de un verdadero discipulado centrado en la Palabra y los Sacramentos".

P. John Horn, SJ
Rector y presidente del Seminario de Kenrick-Glennon
Arquidiócesis de San Luis Missouri

"Es un manual eminentemente práctico, escrito por dos líderes de una parroquia ordinaria que hacen un trabajo extraordinario. Nos lanzan el reto de aprender desde su experiencia cómo crear una parroquia vigorosa, construida sobre una llamada radical del evangelio de la esperanza, dedicada a hacer discípulos y comprometida en llegar a los que están lejos".

Theresa Rickard, O.P.
Directora ejecutiva
Renew International

"Las parroquias vigorosas son esenciales si queremos volver a proponer el genio del Catolicismo a la gente de nuestro tiempo. *Reconstrucción* es un libro muy necesario y está bien escrito. White y Corcoran son muy honestos y agudos para analizar los verdaderos problemas que enfrentan las parroquias en nuestros días y desean ayudar a tu parroquia a convertirse en la mejor versión de sí misma".

Matthew Kelly
Autor de *Redescubrir el Catolicismo*

"White y Corcoran nos lanzan el reto de aceptar que nuestras parroquias se han convertido en un lugar para el intercambio de bienes de consumo, y de esa forma han perdido su poder para transformar la vida de las personas. Nos recuerdan que, para recuperar nuestro celo apostólico y nuestro entusiasmo, necesitamos volver a lo esencial, es decir, proclamar la Palabra de Dios, buscar a quienes se han alejado e invitarlos a volver a casa y a unirse a nuestra tarea de reconstrucción".

P. Richard Vega
Párroco de la iglesia de san Francisco de Roma
Azusa, CA

"Para el lector que no busca solo leer una historia de éxito de una parroquia, sino que quiere profundizar en cómo sucedió eso, *Reconstrucción* muestra cómo la visión, la pasión, los errores, el éxito, el discernimiento y la gracia transformaron una parroquia en una comunidad profundamente evangelizadora".

Susan Timoney
Directora ejecutiva
Departamento de evangelización y vida familiar
Arquidiócesis de Washington

"Uno podría pensar que, dada su importancia, hay muchos libros buenos sobre las parroquias. No los hay. White y Corcoran nos ofrecen una explicación franca y bien meditada de la misión de una parroquia, del ministerio que realiza y de sus estructuras. Es un recurso más que necesario para todo aquel que esté preocupado por las parroquias católicas".

Christopher C. Anderson
Director ejecutivo
Asociación Nacional para el Ministerio Laico

"Una reflexión original, honesta y con los pies en la tierra, sobre el camino recorrido por la propia parroquia para convertirse en una fervorosa comunidad de fe. Los consejos prácticos te ofrecen formas creativas para mejorar tu parroquia y ayudarla a cumplir su misión".

Marti R. Jewell
Profesor Adjunto de Teología
Escuela de Ministerio de la Universidad de Dallas

"En *Reconstrucción*, White y Corcoran muestran cómo es posible responder a la llamada de Jesucristo para hacer discípulos a todos los pueblos, cultivando la laboriosidad y el entusiasmo en las parroquias modernas".

P. Neil F. Wack, CSC
Párroco de la iglesia católica de Cristo Rey
South Bend, IN

"White y Corcoran explican con detalle lo que pocos líderes católicos han logrado hacer: transformar una parroquia tradicional y hacer que evangelice de forma constante. ¡Felicidades por este gran libro!"

P. Robert S. Rivers, CSP
Autor de *From Maintenance to Mission*

"White y Corcoran comienzan analizando los problemas típicos que tuvieron que afrontar en su parroquia, para presentar después un camino claro, detallado, ameno y concreto que los lleva a su meta: crear una parroquia católica viva y vivificante. El lector termina con un sentimiento de esperanza".

Carol Nevin Abromaitis
Profesor de inglés
Loyola University Maryland

"Este libro es teología práctica en su mejor expresión. Mi felicitación a White y Corcoran, que han descrito claramente la esencia de la vida parroquial a la luz del mandato del Evangelio: '¡Vayan y hagan discípulos!' (Mt 28:18). Todos los párrocos que deseen mejorar la vida espiritual de sus parroquias encontrarán este libro fácil de leer y difícil de dejar: un verdadero tesoro, una perla de gran valor".

Michael J. Begolly
Párroco de la iglesia católica de Monte San Pedro
New Kensington, PA

Un testimonio
de la vida real

La reconstrucción de una parroquia

Motivar al que está cerca

Llegar al que está lejos

Hacer que la Iglesia cuente

Michael White y Tom Corcoran

Prólogo del Cardenal Timothy M. Dolan

LIBROS LIGUORI
One Liguori Drive ▼ Liguori, MO 63057-9999

Imprimi Potest:
Harry Grile, CSsR
Provincial de la Provincia de Denver
Los Redentoristas

Publicado por Libros Liguori
Liguori, MO 63057-9999
Para hacer pedidos llame al 800-325-9521.
www.librosliguori.org

Cataloging-in-Publication data is on file with the library of Congress

p ISBN: 978-0-7648-2509-5
e ISBN: 978-0-7648-6954-9

Las citas Libros Liguori, una corporación sin fines de lucro, es un apostolado de los Padres y Hermanos Redentoristas. Para más información, visite Redemptorists.com.

Impreso en Estados Unidos de América

18 17 16 15 14 / 5 4 3 2 1

Primera edición

La parroquia es donde vive la Iglesia. Las parroquias son comunidades de fe, de acción y de esperanza, lugares donde se proclama y celebra el Evangelio, donde los creyentes se forman y se envían a renovar la tierra. Las parroquias son el hogar de la comunidad cristiana; son el corazón de nuestra Iglesia.

CONFERENCIA DE OBISPOS CATÓLICOS
DE ESTADOS UNIDOS[1]

DEDICATORIA Y AGRADECIMIENTO

A nuestro Arzobispo por su liderazgo y amistad

A los sacerdotes de la arquidiócesis de Baltimore,
por su testimonio edificante de servicio fecundo a la Iglesia

Al párroco fundador y a los miembros de la parroquia de la Natividad,
por poner los cimientos de esta iglesia.

A Ave Maria Press, por ser la plataforma para difundir esta experiencia

A nuestros colaboradores en este proyecto, por su sabiduría

A los miembros de nuestra parroquia, por su entusiasmo

A nuestro equipo de trabajo, por su pasión en esta labor

A nuestros padres, por su amor

A mi esposa, por acostar a los niños para que yo pudiera escribir

A Dios,
por escoger a dos instrumentos imperfectos,
que con muy pocas probabilidades
iban a hacer un buen trabajo,
mostrando así, sin sombra de duda,
que todo es gracia.

ÍNDICE

ÍNDICE

PRÓLOGO

Una de las tareas más gratificantes que tengo como Arzobispo es visitar las parroquias. Si solo dependiera de mí, dedicaría más tiempo a ello. En la arquidiócesis de Nueva York hay una gran variedad de parroquias. Cualquiera que sea su tamaño, estilo, cultura o lengua, estas comunidades tienen gente que ama a sus parroquias ¡La parroquia está en la vanguardia de la Iglesia y de la nueva evangelización!

Y esa es la razón por la que aprecio tanto este libro. *Reconstrucción* es simplemente la historia de una parroquia escrita desde la perspectiva de un sacerdote de parroquia y un ministro laico. El P. Michael White, a quien conozco desde hace muchos años, y su asistente de pastoral, Tom Corcoran, escriben con admirable honestidad y sentido del humor, contándonos lo que les sucedió. A través de pruebas y errores, éxitos y fracasos, y con algunas experiencias inesperadas en el camino, aprendieron mucho acerca de la vida de una parroquia. Pero, ante todo, aprendieron a enamorarse de su parroquia.

A lo largo de toda la obra, los autores ofrecen consejos valiosos y útiles que fácilmente se pueden aplicar a otras parroquias. Es un valioso recurso para párrocos, equipos de pastoral y para los mismos fieles de la parroquia. Pero más que eso, es un libro que se toma en serio la nueva evangelización y muestra el camino para que otros hagan lo mismo. La forma de abordar el tema está enraizada en la Escritura y es muy sencilla. Tiene un carácter plenamente católico, y busca volver a comprometer a la gente que ya está en la parroquia, entusiasmándola por su fe y animándola a llegar a los que *no* están ahí.

Los autores tienen un gran espacio en su corazón para aquellos católicos que ya no practican su fe. Es un grupo que está creciendo mucho en nuestro país: un hecho triste que exige nuestra atención y merece el mejor de nuestros esfuerzos para dar la vuelta a la tendencia y traerlos de nuevo a casa. Necesitamos una estrategia de evangelización que esté centrada intencionalmente en los que antes eran católicos, *a nivel de parroquia*. Con el pasar del tiempo, esta estrategia se convertirá en el punto clave y crítico para la vida parroquial. Este libro ofrece una respuesta a esa pregunta, y esta respuesta funciona. Por esta razón, *Reconstrucción* es uno de los libros más importantes para el ministerio parroquial de nuestra generación.

¡Si amas a tu parroquia, lee este libro!

Card. Timothy Michael Dolan
Arzobispo de Nueva York
27 de septiembre de 2012

PREFACIO

> Hoy, en particular, la tarea pastoral prioritaria de la nueva evangelización, que atañe a todo el Pueblo de Dios y pide un nuevo ardor, nuevos métodos y una nueva expresión para el anuncio y el testimonio del Evangelio, exige sacerdotes radical e integralmente inmersos en el misterio de Cristo y capaces de realizar un nuevo estilo de vida pastoral, marcado por la profunda comunión con el Papa, con los Obispos y entre sí, y por una colaboración fecunda con los fieles laicos, en el respeto y la promoción de los diversos cometidos, carismas y ministerios dentro de la comunidad eclesial.
>
> BEATO JUAN PABLO II[1]

Este es un libro sobre la comunidad local de la Iglesia que los católicos llaman "parroquia". Somos dos personas –un párroco católico y su auxiliar laico– que hemos estado trabajando en una parroquia durante algunos años. Esta experiencia es la que más nos capacita para escribir este libro; mejor dicho, es nuestra *única* capacitación y, para ser sinceros, durante mucho tiempo ni siquiera fuimos buenos para hacer esto.

Por lo que ve a la parroquia, hemos tenido fracasos y contratiempos. El adjetivo "grandísimos" se queda pequeño para calificar muchos de los errores y equivocaciones que cometimos. Hemos estado estresados, agotados, molidos y derrotados. Algunos días queríamos abandonarlo todo, días que se alargaron a semanas y después meses, en que pensábamos en rendirnos. Ocasiones en que nuestra única oración era pedir a Dios que nos mandara a otro lugar. Momentos en que hubiéramos abandonado todo para irnos a vender *hot dogs* a Camden Yards. Nunca nos habíamos imaginado trabajando en una parroquia, y ahora no podemos imaginarnos trabajando en otro lugar. Esto es lo que queremos compartir con ustedes.

Solo para su conocimiento: somos gente bastante normal. Si algún día nos conoces en persona, te darás cuenta de ello inmediatamente. No fuimos los mejores de nuestro salón de clases, ni siquiera estuvimos cerca. Tampoco estamos aportando ideas geniales ni tenemos una visión muy creativa del proyecto. No somos visionarios. Y aun así, hemos vislumbrado la asombrosa labor que Dios está haciendo en nuestra parroquia y con la que hemos podido colaborar. También de ello queremos hablarles.

Escribimos para párrocos, directores de pastoral, asistentes, diáconos, seminaristas, catequistas, encargados de pastoral juvenil y de voluntariado. Más aún: si tú solo participas en la vida de tu parroquia acudiendo a las ceremonias, pero aprecias su influencia e importancia en tu vida, este libro también es para ti.

Nos dirigimos respetuosamente a todos los que están preocupados, viendo que las cosas en muchas parroquias no van ir del todo bien. Un sencillo hecho que ilustra el problema: una de cada tres personas que crecieron como católicas han abandonado su fe, haciendo del grupo "antiguo católico" el tercer grupo religioso más grande del país[2].

Hay mucha gente dispuesta a decirte por qué sucede esto y cómo se puede solucionar. Pero muchos de los argumentos que hemos escuchado están equivocados y no llegan a comprender el problema. Pensamos que el problema es cultural. La cultura es una gran forjadora de conocimientos, creencias y comportamientos, que cada uno de los que pertenecen a una organización comparte de manera única y puede ser la fuerza más grande de una organización. Afecta a todo: entusiasmo y principios morales, productividad y creatividad, efectividad y éxito. Es más importante que la visión o la misión cuando se trata de los comportamientos concretos de quienes pertenecen al grupo[3]. *Toda* organización tiene una cultura. El principal problema de la Iglesia en nuestros días es la cultura. Y aquí está la clave: es un problema de la parroquia, es el problema de la parroquia.

Hay problemas "culturales" que comparten todas las parroquias, grandes y pequeñas, viejas y nuevas, en crecimiento y en declive; urbanas, suburbanas y rurales; del noreste, del sureste y de todo lo que haya en medio; de habla hispana, multiculturales, asiáticas, afroamericanas–. Estos problemas se pueden agudizar por los fuertes cambios que cada vez golpean más a la Iglesia Católica en nuestro país y que, entre otras cosas, están provocando el cierre masivo de parroquias, fusiones y a reestructuración de las mismas.

Las cosas ya no van como podrían o deberían ir; y no hay una reflexión constructiva sobre *por qué* sucede esto y *cómo* se relaciona con el éxodo de católicos. Gabe Lyons, escritor al que solemos leer, lo explica de esta forma:

> Las culturas son como las nubes: un derivado de las condiciones atmosféricas prevalecientes. Revelan las corrientes más influyentes del mundo conforme van recorriendo la tierra. Y cuando estás dentro de ellas, es muy difícil saber qué está sucediendo a tu alrededor[4].

Escribimos este libro para gente de allá afuera que tiene la misma intuición, o quizás la misma convicción, que nosotros: las cosas podrían ir mejor. Tú ya lo sabes: lo estás pasando mal al ver lo que está sucediendo. Escribimos este libro para contar nuestra historia: lo que nos sucedió, lo que aprendimos y lo que sabemos que funciona en una parroquia de Timonium, Maryland, en este momento concreto de la historia.

Como verás, no nos hemos agobiado con preguntas sobre Eclesiología, Derecho Canónico o métodos catequéticos. Tratamos temas difíciles, pero a la vez clásicos, y hemos intentado pisar con cuidado al pasar sobre el campo minado de la liturgia. Lo que nos interesa es la "cultura" de nuestra parroquia, la cultura que hemos intentado cambiar a través de una nueva estrategia. El incremento en el número de fieles ha sido el primer fruto. Nuestro barrio ya no crece en población, pero nuestra parroquia sí. De hecho, en este momento, nuestras instalaciones ya se nos han quedado chicas.

La razón por la que deberían leer este libro es que ustedes también pueden reconstruir o crear una parroquia sana.

Nuestra nueva estrategia también ha incrementado de forma extraordinaria los donativos, el número de voluntarios y ministros, y ha aportado entusiasmo y deseos de trabajar. Más difícil de medir, pero también más importante, es el renacimiento espiritual, auténticamente católico. Aquí está la clave: la razón por la que deberían leer este libro es que, con la gracia de Dios, ustedes también pueden reconstruir o crear una parroquia sana.

No pretendemos adivinar algo sobre la comunidad de su parroquia o lo que podría funcionar ahí. Queremos ser respetuosos con sus retos y esfuerzos. Seguramente no va a funcionar en todas partes cada una de las cosas de las que hablamos aquí. Si quieren que funcione, nuestra estrategia debe traducirse a *sus* circunstancias. Todos nuestros principios quizás no sean aplicables a su parroquia; pero sí una gran parte.

Independientemente del tipo de parroquia, cualquiera que sea el tipo de iglesia que estén dirigiendo, cualquiera que sea la cultura de su comunidad, pueden crear una parroquia sana. Si miran más allá de la gente que ya va a la iglesia, es decir, la que *no* va, y construyen un camino para facilitarles acercarse a ustedes, ayudando tanto a los que ya son miembros como a los recién llegados, para que crezcan como discípulos de Jesucristo, pueden rehacer la cultura de su parroquia y hacer que la Iglesia cuente con todos.

Para ayudarles a lo largo del camino, les ofrecemos herramientas a través de un sitio de internet, entre ellas: *Pasos que puedes dar en tu parroquia*, pistas, listas con actividades que se pueden hacer y otros recursos que se pueden descargar sin costo alguno, así como videos explicativos titulados "¿Quieres saber más o profundizar?". En la tercera parte del libro se habla de todas estas herramientas, disponibles en la página www.rebuiltparish.com.

¡Ustedes pueden hacerlo!

Introducción:

UN BUEN ESTACIONAMIENTO

"¡Qué solitaria se encuentra la otrora Ciudad populosa!"

LAM 1:1

Permítasenos hacer una simplificación del problema a modo de introducción. Podríamos resumir la historia de la Iglesia Católica en Estados Unidos con un pequeño cambio a la famosa frase de la película *Campo de sueños*: "Ellos ya han llegado; constrúyelo". Durante generaciones, oleadas y oleadas de católicos inmigrantes desembarcaron en nuestro país; muchos formaron familias, y no pocos, familias numerosas. Cuando una iglesia se llenaba, se construía otra, a veces incluso a poca distancia. Lo vemos claramente en el norte de Baltimore, por ejemplo, en el corredor York Road, donde se forma una hilera de iglesias católicas desde el puerto de Baltimore hasta el límite con Pensilvania.

La mayor parte de los católicos llegó a este país pobre y vulnerable. Muchos, la mayoría, fueron marginados de la sociedad americana, como lo habían sido en sus propios países de origen. La Iglesia, para su buen nombre, salió al encuentro de esa gente y satisfizo sus necesidades básicas. Más allá del cuidado espiritual, a menudo ofrecía atención médica, educación y redes de apoyo social. Los católicos construyeron hospitales, escuelas y orfanatos, además de iglesias. Se encontraron a sí mismos en el papel de *consumidores necesitados* y la Iglesia les ofreció un buen servicio.

Como católicos persiguieron el sueño americano y ascendieron en la escala social. Las necesidades de antes se volvieron menos acuciantes y la relación de la gente con la Iglesia cambió. Acudían a los sacramentos; recibían educación religiosa, orientación espiritual y apoyo social. Se esperaba su obediencia a cambio de estos servicios y la obediencia a las leyes y normas de la Iglesia se daba por supuesta. Después, los fieles pasaron a ser consumidores exigentes y la estrategia de las personas que gobiernan la Iglesia se convirtió en "constrúyelas y vendrán".

Después del Concilio Vaticano II, el papel de un fiel normal volvió a cambiar. Nadie sabe exactamente cuándo, pero el punto de inflexión parece haber sido la publicación en 1968 de la *Humanae vitae*, la encíclica del Papa Pablo VI confirmando la enseñanza tradicional de la Iglesia sobre la regulación de la natalidad. Entre otros cambios importantes de este periodo figura la aparición de más laicos instruidos, el declive del alumnado en las escuelas católicas, la falta de conciencia sobre los límites territoriales de las parroquias, los primeros nubarrones de la crisis de vocaciones que se avecinaba y la casi total desaparición de la Confesión.

Al mismo tiempo, la cultura general estaba cambiando mucho debido a la Guerra de Vietnam, la "inmigración de los blancos", el movimiento de los Derechos Civiles, la revolución sexual, los cambios revolucionarios en el cuidado de la salud, las comunicaciones, los viajes, el cuestionamiento a todas las autoridades e instituciones, y la desaparición acelerada de las religiones institucionales.

Todos estos cambios, dentro y fuera de la Iglesia, llevaron a la aparición de los así llamados "católicos de cafetería", lo que podríamos llamar también "clientes exigentes". Estas circunstancias arrojan luz sobre esta nueva realidad: "Ya no vienen". Y es aquí donde nuestra historia comienza.

Timonium

La iglesia en que trabajamos, la Iglesia de la Natividad, se formó a partir de una gran parroquia que estaba a punto de explotar en 1968. Nació un poco antes de que terminara el *boom* de la construcción en el norte de Baltimore, después de la Segunda Guerra Mundial. Fue también la última época en que creció la población católica de Europa, la cual llenaba las iglesias sin esfuerzo.

La Natividad se creó con un simple anuncio desde el púlpito de la parroquia madre. El anuncio lo hizo el nuevo párroco: "Si viven al sur de la calle Timonium, pertenecen a partir de hoy a una nueva parroquia. Acudan el próximo domingo a la Escuela Media de Ridgely Road". ¡Imagínense un aviso como ese en nuestros días!". En 1968, la mayoría de los católicos del norte de Baltimore iban a la iglesia casi todos los domingos y acudirían a donde les dijeran.

Las comunidades de Lutherville y Timonium, a las que esta iglesia debía atender, están formadas por suburbios arbolados, son de clase alta, el crimen, el desempleo y la pobreza son raros. Existen pocas minorías y con suficientes recursos económicos. Las diferencias se miden por el lugar donde estudiaste la preparatoria o a qué club campestre perteneciste. No es una zona de ricos, solo de personas con más de lo necesario.

La iglesia se construyó en un bello terreno, lleno de árboles, de estilo moderno "internacional", caracterizada por la simplicidad de sus elementos. En sintonía con esa arquitectura, el párroco fundador trabajó también con sentido de lo esencial, construyendo la iglesia de modo eficaz.

En esa época se construyeron también muchas casas de buen tamaño y las familias jóvenes fueron llegando a la nueva parroquia. Durante los primeros años, la Natividad creció rápidamente. En muchos sentidos, fue exitosa e incluso innovadora. Tenía baños, salas multiuso y accesos para personas con alguna discapacidad.

Vayamos treinta años más adelante. Usted y yo llegamos a la Iglesia de la Natividad inesperadamente, sin entusiasmo y sin ninguna intención de quedarnos mucho tiempo. Ninguno de los dos sabemos nada de cómo funciona una parroquia. Tenemos poca preparación y menos interés.

P. Michael: Había dedicado la mayor parte de mis años a la vida académica, estudiando Teología, con una especialización en Eclesiología –estudio de la Iglesia en sí misma– que no parecía tener aplicación alguna cuando se trataba de llevar una parroquia. A excepción de un breve periodo de servicio parroquial, a modo de práctica, mi verdadero trabajo como sacerdote fue secretario del Cardenal Arzobispo de Baltimore. Tuve muchas experiencias interesantes en aquel puesto, pero ninguna fácilmente aplicable al trabajo parroquial, hasta donde yo podía ver. Estaba siempre entre bambalinas, evitaba ser el centro de atención, pero no obstante, me gustaba ver que las cosas se hacían. Cuando el Cardenal me nombró párroco de la Natividad, estaba seguro de que yo no era la persona adecuada, pero hice lo que se me pedía. Honestamente, no me agradaba el nombramiento. Los problemas que descubrí al inicio hicieron que me quisiera marchar, y estaba muy atento a otras posibilidades que se me pudieran presentar para lograrlo.

> *Tú dices adiós y yo digo hola, hola, hola. No sé por qué tú dices adiós y yo digo hola.*
>
> John Lennon y Paul McCartney[1]

Tom: Solo había pasado un año desde que salí de la Universidad, donde había estudiado y disfrutado de las Ciencias Políticas. Aspiraba a una vida en algún lugar del mundo político de Washington; sin embargo, un breve periodo allá me hizo reconsiderar esa idea. Por aquel tiempo recibí una llamada de una profesora de mi universidad que había sido mi mentora y era amiga cercana de Michael. Sue debió haber visto en mí algo que yo no veía, porque me presentó a Michael quien al final me ofreció trabajar como encargado de la pastoral juvenil. Dado que me acababa de comprometer en matrimonio, pensé que me vendría bien tener un trabajo. Pero mi plan era quedarme en la Natividad dos o tres años, trabajar en una maestría de Ciencias Políticas (dado que aún pensaba que ahí estaba mi futuro) y después comenzar a dar clases.

Creíamos que el tiempo que estaríamos aquí sería una breve transición a más grandes o, por lo menos, mejores cosas. ¿Quién quiere estancarse en una pequeña parroquia en medio de muchos árboles? Nosotros no.

Primeras impresiones

Nuestra propia falta de entusiasmo y de planes previos para estar en la parroquia correspondía perfectamente con las actitudes que encontramos aquí. A finales de los noventas, en la Iglesia de la Natividad había una comunidad aletargada envejeciendo plácidamente. En nuestro primer año, para conocer mejor la situación, decidimos colaborar con el Centro para la Investigación Aplicada al Apostolado de la Universidad de Georgetown, para hacer una investigación de campo en nuestra comunidad. Cuando le preguntábamos a la gente por qué acudía a esta iglesia, el 96% de los fieles respondió "buen estacionamiento" como la razón número uno. Estas son algunas otras cosas más que descubrimos.

- A los niños no les gustaba nuestro programa de educación religiosa y fue casi imposible encontrar a todos los catequistas voluntarios que necesitábamos; nadie quería dar educación religiosa.
- No había encargado de pastoral juvenil; los adolescentes y los jóvenes nunca aparecían por la iglesia.
- La música no era mala: era espantosa, desagradable al oído, "¡Por favor, por favor, por el amor de Dios, cállense!".
- Un equipo de sacerdotes se encargaba de que la predicación nunca fuera en la misma dirección y, algunas veces, hasta de que los mensajes fueran contradictorios.
- La experiencia de las Misas del fin de semana era muy triste y deprimente. Nunca hubiéramos venido a esta iglesia si no fuera porque trabajábamos aquí. Los donativos de la comunidad no alcanzaban para pagar las facturas (y teníamos un presupuesto bastante modesto (para decirlo de forma elegante). En los últimos años se había visto incluso déficit. La parroquia prácticamente no tenía ahorros o reservas. Estábamos en una comunidad de buenos recursos, y sin embargo éramos una parroquia relativamente pobre.
- Las tuberías, la calefacción y demás sistemas del edificio estaban sucios y ya no funcionaban bien. Posponer el mantenimiento parecía ser el plan de mantenimiento. Una sorprendente cantidad de espacio útil se había convertido en almacén, aunque nadie sabía bien qué se guardaba ahí.
- Los jardines estaban descuidados y con el pasto muy largo. La entrada parecía la de un lugar abandonado.

- El pequeño equipo de trabajo tenía muchas divisiones y era ineficaz. Hacían su trabajo completamente aislados de los demás miembros del equipo. Era un grupo singularmente improductivo, pero prácticamente todo lo que se hacía en la parroquia –desde responder el teléfono hasta arreglar las flores– lo hacían ellos. Criticar y comer eran las únicas tareas a las que se entregaban con entusiasmo. Debemos decir, sin embargo, que no se les pagaba casi nada.
- Había carteles por todas partes, procedentes de una autoridad no identificada, que daban amables instrucciones, siempre utilizando signos de exclamación: "¡Dejen siempre cerradas estas puertas!", "¡No muevan esta mesa!", "¡No tiren limones en este bote de basura!".
- Los tablones para anuncios y los carteles, colocados en todas partes, trataban de llamar la atención de las personas para todo tipo de asuntos, desde mascotas perdidas hasta la última actividad de recaudación de fondos. Por lo que veíamos, nadie se detenía alguna vez a leerlos.
- Había un boletín semanal, pero era ampliamente sabido que "nadie lo lee". Por tanto, la mayor parte de los fines de semana se leía desde el púlpito después de la comunión. Posiblemente, por eso casi toda la gente se iba inmediatamente después de la Comunión…
- Los "voluntarios" eran ley para sí mismos y no rendían cuentas a nadie (excepto, posiblemente, al anterior párroco). Entre ellos estaban:

1. *Encargados de la limosna y de contar el dinero.* Estos hombres (no había mujeres) eran el cuerpo policiaco del párroco, investidos con la responsabilidad de hacer cumplir las reglas fijadas por él.
2. *Catequistas.* Nadie sabía realmente qué hacían dentro de los salones de clase estas mujeres (no había hombres). Y tampoco parecía importarle a nadie.
3. *Cantores, lectores y ministros de la Eucaristía.* Tenían la misión de compartir escenario con el celebrante y de parecer uno de los que más influían en la parroquia.

- Los sacerdotes y los miembros del equipo parroquial eran tratados por los fieles como empleados, algunas veces con hostilidad, a menudo con indiferencia y, cuando hacían lo que ellos querían, con un disimulado desdén.
- La queja era la forma habitual de comunicación. Cualquier cosa las provocaba, desde un error a la hora de decir la intención de la Misa, hasta la temperatura dentro del edificio.
- Inexplicablemente, había una actitud de autosatisfacción y autocomplacencia que la comunidad parecía compartir; poca cosa más los unía.
- Más allá de las personas que habían estado acudiendo a la iglesia durante años, por conveniencia o por hábito, la parroquia era irrelevante y desconocida para el resto del barrio. El comentario más común que escuchamos de las personas que no acudían a la parroquia era: "No sabía que hubiera una iglesia allá atrás".
- Una nueva iglesia sin denominación que había llegado a nuestro barrio, se estaba reuniendo en una bodega. La edad promedio de sus participantes era la mitad de la que tenían quienes participaban en nuestra parroquia, eran el doble, y su número crecía cada vez más. Para su propia gloria, cerca del sesenta por ciento de sus miembros eran antiguos católicos, incluyendo al pastor. Tenían más católicos bautizados que cualquier otra iglesia católica en el norte de Baltimore.

Estos descubrimientos nos sorprendieron y nos dejaron muy impresionados. Pero había otro hecho, un poco menos conocido, que nos impactó todavía más: nuestra parroquia estaba muriéndose. Entre treinta y cincuenta personas morían cada año, o se iban a vivir a otro lado, y nadie las reemplazaba.

Y debido a la edad de la parroquia, sabíamos que ese ritmo seguiría aumentando ante nuestros ojos. Estábamos en el camino de nuestra segura decadencia. En cierta forma, la parroquia ya parecía un desierto.

En privado, culpábamos al equipo parroquial de que la iglesia estuviera muriendo; en público no culpábamos a nadie, porque ni siquiera *aceptábamos* el problema. Hicimos todo lo que pudimos para *ocultar* la situación. Aun así, sabíamos que debíamos hacer algo para solucionarlo.

> **Estábamos en el camino de nuestra segura decadencia. En cierta forma, la parroquia ya parecía un desierto.**

Por lo que veíamos, los fieles de la parroquia eran como clientes y nosotros estábamos aquí para atenderlos. Dado que desde el punto de vista demográfico la comunidad era estable y nos encontrábamos en una zona pudiente y económicamente sólida (teníamos un nuevo *Macy's* un poco más adelante), pensamos que la razón por la que la parroquia estaba perdiendo gente era simplemente que nuestros clientes no estaban siendo bien atendidos y nuestra "línea de productos" no era tan buena.

Religión al menudeo

Nos decidimos a cambiar esa "línea de productos". Pusimos esfuerzo e imaginación para crear programas que impresionaran a la gente y los hiciera volver a acercarse a la parroquia.

Modernizamos el programa de educación religiosa y ofrecimos actividades para capacitar a los profesores. También creamos actividades originales y atractivas para niños que se llevaban a cabo en diversas épocas del año: desayuno con Santa Claus, cacería de huevos de Pascua, teatro con marionetas, procesiones y obras de teatro.

Iniciamos un programa de pastoral juvenil, que en el fondo era un programa de *diversión* para los jóvenes, con una interminable variedad de actividades "para involucrarlos" (lo cual significa facilitarles que fueran a la iglesia): día de los jóvenes, viajes a esquiar, noches de cine, *lock-ins* y bailes.

Invitamos a gente que tocaba bien para contar con buena música en las ceremonias y celebraciones; buena música, y además de diversos estilos. También organizamos conciertos y recitales.

Comenzamos a ofrecer todo tipo de programas para socializar: fiestas de bienvenida, viajes en autobús y conferencias... Rediseñamos el boletín parroquial y publicamos un informe anual bien impreso. Hicimos nuestra página de internet (antes que muchas otras parroquias). Incrementamos los servicios extra tanto como pudimos, desde permitir que se tuvieran comidas de funerales hasta ofrecer café después de la Misa diaria.

Fue una pérdida de tiempo. Pensándolo ahora, fue algo como la carrera de la Reina Roja en el libro de Lewis Carroll *A través del espejo:*

> Lo que es aquí, como ves, hace falta correr todo cuanto una pueda para permanecer en el mismo sitio. Si se quiere llegar a otra parte, hay que correr por lo menos dos veces más rápido[2].

Mientras más dábamos, más rápido teníamos que correr solo para seguir en el mismo lugar; mientras más dábamos, más se pedía. Como Alicia, que no se detuvo a pensar por qué estaba haciendo un absurdo ejercicio para la insaciable Reina, nosotros tampoco habíamos considerado por qué estábamos haciendo todo eso.

Sin saberlo, estábamos tratando con una cultura de consumo. No sabíamos qué era eso. La cultura de consumo apareció como consecuencia de la industrialización, la urbanización y la desaparición del analfabetismo[3]. Es muy buena si tienes un negocio donde vendes al menudeo y ganas dinero a partir de él. Pero no es tan buena si se trata de una parroquia. De hecho, la cultura de consumo destruye la vida de las comunidades eclesiales porque hace que las personas se comprometan superficialmente y estén exigiendo cosas constantemente. Rodney Clapp lo dice así:

> El consumidor está educado para no saciarse. Nunca va a estar satisfecho, por lo menos no por mucho tiempo. Al consumidor se le enseña que las personas están hechas de necesidades que pueden ser satisfechas por bienes y experiencias de compraventa. De acuerdo con esto, el consumidor debe pensar primero y sobre todo en sí mismo y atender sus necesidades.

Nada podría explicar mejor esta conclusión y sus premisas que nuestro programa anual de Cuaresma. Durante cinco años hicimos un programa para las noches de los viernes de Cuaresma llamado *viernes en familia.* Durante seis viernes consecutivos, dábamos prioridad a este programa sobre cualquier otro.

Todo esto requería muchísimo tiempo de las personas en general y del equipo directivo de la parroquia. Incluía una cena (gratuita), guardería, una pequeña variedad después de la cena y un conferenciante. Había Misa antes de la cena y Vía crucis al final. Ofrecíamos música en vivo e incluso un bar de vinos. Asistían cientos y cientos de personas. Los laicos comprometidos de otras iglesias (no siempre generosos en sus elogios) alabaron nuestro programa y lo replicaron en sus parroquias. No nos pregunten cuál era el objetivo porque no lo sabíamos. Parecía simplemente que estábamos haciendo algo por hacerlo, quizás para quitarnos de encima la sensación, cada vez más fuerte, de ser irrelevantes.

Ofrecer comida gratis no es suficiente

P. Michael: Mi vida cambió uno de esos viernes. Era la sexta y última noche, y en aquel momento llegamos a ese punto en el que parecía que habíamos estado haciendo esto desde toda la eternidad. Todos los años el equipo terminaba exhausto.

Sin embargo, yo estaba sirviendo la cena (sí, eso es lo que hacía) y una señora se me acercó y comenzó a quejarse de la comida (comida gratuita). Lo hizo de forma escandalosa y grosera. Rápidamente se le unió un coro de gente como ella que también se quejaba de la comida (*¡Gratuita!*).

Algo se rompió; alguna arteria explotó: me di cuenta en un instante (sin considerar los cinco años previos) de que no podía seguir haciendo esto. Estaba perdiendo mi tiempo (esta era mi vida y estaba desperdiciándola). No era solo la ingratitud de la gente, también la falta de sentido y, en resumen, la falta de resultados.

Estábamos trabajando lo más que podíamos, casi haciéndonos daño, y no servía de nada. No percibía ninguna diferencia en *nadie,* ni antes ni después. Ahora entiendo por qué mi predecesor tenía un tapete en su puerta que decía "*lárgate*".

Primera parte:

IDENTIFICAR EL PROBLEMA

1

LA IGLESIA NO ES SENCILLA

Una realidad compleja...

CONCILIO VATICANO II[1]

¡Cinco años! Durante cinco años invertimos muchísimo tiempo y un océano de energías en lo que pensábamos que eran nuestras mejores ideas para la parroquia. Y era imposible seguir así. Pero eso no importó, porque tampoco consiguió nada. Nos sentíamos exhaustos y sobrecargados; sentíamos que habíamos trabajado demasiado y que no se nos reconocía; nos sentíamos tristes y apenados al ver que todos nuestros esfuerzos no estaban funcionando. Y entonces nos sentimos avergonzados por estar tristes y apenados por nosotros mismos.

¿En qué nos equivocamos?

En muchas cosas. Aquí están las diez más importantes:

1. **Pensamos que si hacíamos más y mejor, la gente crecería automáticamente en su madurez y compromiso.**

   Nos equivocamos: no lo hicieron. Agotamos todas las posibilidades de la venta de la religión al menudeo. Ante una cultura espantosamente consumista, del "yo primero", tomamos a consumidores que solo estaban buscando un buen estacionamiento y los convertimos en hambrientos súper consumidores que ahora estaban exigiendo su cena.

2. **Creímos que si hacíamos más y mejor, la gente automáticamente daría más (dinero).**

   Nos equivocamos: subestimamos lo difícil que iba a ser elevar su nivel de generosidad; no entendimos lo encerrada que estaba la gente en su falta de servicio y que preferían permanecer ignorantes de lo que cuesta mantener una iglesia. Seguimos siendo inestables financieramente.

3. **Creímos que la gente automáticamente se involucraría y ayudaría si hacíamos más y mejor,**

   Nos equivocamos: no teníamos ni la más lejana idea de que los que asistían a la parroquia estaba muy a gusto ahí y solo esperaba recibir (eran, a fin de cuentas, consumidores exigentes).

4. **Veíamos a quienes seguían yendo a la iglesia (gente ya anciana) como a nuestros aliados naturales para cambiar las cosas.**

   ¡Vamos, ahí sí que nos equivocamos! Minusvaloramos su intransigencia ante el cambio. Cada vez que dábamos un paso, cambiábamos o intentábamos algo, era una fuente segura, a veces histérica, de quejas. Hubo un incidente famoso en nuestro primer verano que nunca olvidaremos. Pintamos el pasillo que está fuera de la oficina y después volvimos a colgar los cuadros que habían sido puestos ahí; fíjense, *los mismos cuadros,* solo que en diferente orden. Se originó una gran controversia organizada por un grupo de gente mayor. Hasta el obispo fue llamado en causa.

Nos sorprendió su enfado, especialmente con las generaciones más jóvenes, por no compartir su forma de ver la parroquia. En aquel momento no entendimos su profundo sentido de pertenencia independientemente de la razón por la que venía a la iglesia. No supimos darnos cuenta. La gente mayor ya era la primera generación de consumidores exigentes. Las generaciones anteriores habían visto el Catolicismo como un ejercicio para "llegar al cielo" por el cumplimiento de las "obligaciones" que la Iglesia les imponía. Nuestros consumidores de mayor edad seguían actuando bajo la mentalidad de la obligación, pero de acuerdo con su propia autoridad y punto de vista. De hecho, habían reducido la lista de sus obligaciones a un conjunto más sencillo de deberes e incluso *esperaban* que la parroquia se encargara de hacerles más fácil su cumplimiento.

5. **No nos dimos cuenta de lo lejos de la Iglesia que estaba la segunda y tercera generación de consumidores exigentes.**

Constatamos que no tienen problema en mantener una débil relación con una institución cuya estructura no les agrada y cuyas enseñanzas no aceptan o respetan. Toman lo que quieren e ignoran el resto[2].

A decir verdad, nuestros consumidores son específicos y coherentes en sus exigencias. Quieren la parroquia para sus hijos: sobre todo para el Bautismo, la Primera Comunión y un puesto en la procesión de Navidad; quieren a la parroquia como un adorno para su calendario familiar. Les gusta la vigilia de Navidad, el domingo de Pascua, quizás el día de la madre (dependiendo de a qué hora consiguieron reservas para el desayuno); quieren la Comunión cuando se les ocurre ir a Misa (independientemente de que estén o no "en comunión" con la iglesia). Quieren los edificios de la Iglesia como un telón de fondo para funerales y bodas; pero solo si la Iglesia es bonita (porque las bodas son un festejo obligado). Más allá de esto, la parroquia es una aburrida distracción.

Pero no tenían *lógica* nuestras "expectativas como proveedores". Nuestro sistema implícitamente entendía que teníamos un "gancho" en sus vidas y que los obligamos a hacer todas esas cosas que no querían hacer: asistir regularmente, darnos dinero y llevar a sus hijos a la educación religiosa[3]. Nos pasábamos el tiempo creando nuevas reglas para hacer que el sistema funcionara, mientras ellos encontraban nuevas formas para evitar nuestras reglas y hacían que el sistema funcionara según sus necesidades. El resultado fue un cinismo mutuo al que una mentalidad consumista puede fácilmente abandonarse. Dallas Willard sostiene:

> El consumidor cristiano es el que utiliza la gracia de Dios para el perdón y las ceremonias de la Iglesia, para las ocasiones especiales; pero no entrega su vida y sus pensamientos más íntimos, sus sentimientos e intenciones, a favor del Reino de los cielos. Tales cristianos no se transforman interiormente y no tienen intención de hacerlo[4].

6. **Más allá de este consumo básico, no entendíamos lo marginada que estaba la fe y la religión de la vida de nuestros "fieles".**

Ahora nos parece evidente que todo afecta a la participación en la parroquia: el buen clima, el mal clima, el partido en casa de los *Ravens*, un fin de semana de tres días, el desfile del día de San Patricio, el domingo del *Super Bowl*, las obras públicas, el *Rosh Hashanah*, lo que quieran. Pero en la cultura de nuestro Baltimore suburbano la mayor distracción viene de las actividades deportivas de los niños, que se han convertido en una suerte de religión.

No nos dimos cuenta de ello. La Iglesia es lo último que se incluye en las listas de cosas por hacer, lo primero que cae. Lo "regular" son solo una o dos asistencias al mes. La Misa dominical escasea entre los "católicos practicantes" del norte de Baltimore. No nos dimos cuenta de que la Iglesia está compitiendo con el tiempo de diversión y el dinero de la gente; y que cada vez más está en el equipo perdedor.

Intentamos "vender" la Iglesia como algo que no tiene un carácter comercial; sin embargo, sigue siendo un producto que compite por el segmento "disponible" del estilo de vida de las personas. Los medios de comunicación y los anuncios han llevado el consumismo a un campo en donde la Iglesia no puede competir. El conocido escritor Malcom Gladweel, describe así esta tendencia:

> Nos encontramos rodeados de gente que quiere llamar nuestra atención... Este exceso de información se llama el problema de la "confusión", y la confusión ha hecho cada vez más difícil hacer que se reciba un mensaje[5].

Nuestra pequeña parroquia no tenía los recursos para competir. Estábamos usando un cuchillo en una batalla con armas de fuego.

7. **A pesar de nuestros mejores esfuerzos, no estábamos llegando a los jóvenes estudiantes.**

   Los jóvenes que veíamos en la parroquia eran reticentes y no se comprometían. La Iglesia no era para ellos y ellos lo sabían. Culpábamos a los padres. Y cuando estos se involucraban de alguna forma en la educación de sus hijos, los padres nos culpaban a nosotros.

8. **No nos dábamos cuenta de la profunda indiferencia hacia la fe que había crecido en los que nunca iban a la iglesia, la desconfianza ante nuestros esfuerzos por llegar a ellos y lo cínicos que podían ser a propósito de cualquier religión organizada.**

> Éramos completamente irrelevantes para sus vidas.

Tampoco sabíamos que hay gente en el norte de Baltimore que odia a la Iglesia Católica y, por ende, a nosotros. Miles de personas de nuestra comunidad pasaban en su coche enfrente de la iglesia todos los días y nunca, nunca, *nunca* pensaban darnos una oportunidad. Éramos completamente irrelevantes para sus vidas.

9. **No estábamos mirando a Dios. No nos apoyábamos en su liderazgo. Y no estábamos tratando de ir a donde Él estaba dando sus bendiciones.**

   Simplemente seguimos aplicando con más fuerza los sistemas y procedimientos que siempre habían estado ahí, aunque ya no estuvieran funcionando.

10. **Creímos que esto iba a ser algo sencillo.**

    Nos equivocamos: la Iglesia no es sencilla. A pesar de todo nuestro trabajo, la parroquia continuaba en un lento y seguro declive.

¿En qué nos equivocamos?

P. Michael: aquí están algunos de mis errores al dirigir la parroquia, inspirados en lo que dice el pastor Perry Noble en su blog.

Error #1. *Controlar todo*

¿Se supone que eso es lo que hace un pastor, verdad?

Error #2. *Tratar de ser perfecto*

Soy un perfeccionista y al hacer las cosas con perfeccionismo solo yo sé cómo se deben hacer, y todo depende de mí. Esto hace que todo vaya más lento y desanime a los demás.

Error #3. *Gastar mucho tiempo en detalles*

Perdido en los detalles, donde a mí me gusta estar, pierdo de vista a dónde voy y a dónde quiere Dios que vayamos.

Error #4. *Arreglar problemas... en vez de crear sistemas*

Desafortunadamente, ha habido muchas ocasiones en las que me he visto reaccionando ante un problema en vez de enfrentar el proceso o sistema que condujo a tal situación. Se requiere mucha más disciplina de la que tenía para sobreponerme a la urgencia o a la presión de una situación difícil y analizar cómo se puede arreglar un sistema que no funciona.

Error #5. *Tratar de agradar a todos*

Esto puede ser un lastre en cualquier campo. Es un punto neurálgico en el trabajo parroquial, porque de alguna forma asumimos que en primer lugar *deberíamos* agradar a todos. Me costó aprender que no les iba a caer bien a todos; que no iba a satisfacer a todos. Y cuando tenía que vérmelas con consumidores exigentes, tenía que recordar esta lección una y otra vez. Hubo ocasiones y temporadas en las que me agoté, y también al equipo parroquial, tratando de satisfacer las expectativas que tenía la gente y sus exigencias... Solo para tenerlos contentos.

Error #6. *Colocar los proyectos antes que a la gente*

Tiendo a trabajar por objetivos y guiarme por un programa. Esto ha creado problemas con la gente; algunas personas no han sido atendidas debidamente o incluso se han perdido en el remolino de actividades. Los buenos líderes encuentran el correcto equilibrio entre asegurarse de que las cosas se hagan y cuidar las relaciones humanas, aunque en algunas ocasiones harán que las cosas vayan más despacio a corto plazo.

Error #7. *Contratar demasiado rápido... y despedir demasiado despacio*

Cuando había un puesto que necesitábamos llenar y no estaba disponible la persona correcta (o ni siquiera sabía quién era la persona correcta), me era difícil esperar. Mi tendencia era ocupar el puesto con la mejor persona o la que estuviera disponible, y esperar que las cosas funcionaran. Contratar demasiado rápido a menudo coloca a la gente en el puesto equivocado. Esto nos trajo gente con la que ni siquiera me llevaba bien (y viceversa) o gente que simplemente no se ajustaba a nuestro equipo.

También he cometido el error de esperar demasiado para dejar que gente que *se tenía* que ir, se fuera. Me he permitido arrastrar problemas durante años solo para evitar un enfrentamiento o porque no quería aceptar la triste verdad de que me había equivocado contratando a esa persona. Algunas veces, caí en la trampa de minusvalorar defectos de carácter teniendo en cuenta la contribución que esa persona podía hacer a la parroquia, y esa mala decisión siempre traía consecuencias. Otras veces pensé que podría "arreglar" a la persona o simplemente que las cosas mejorarían por si solas (no pude, ni mejoraron).

Error #8. *Desperdiciar tiempo y dinero*

Muchos de mis errores y traspiés fueron costosos y nos hicieron perder tiempo. Por ejemplo, me lamento de todo el dinero que gasté, durante un periodo amplio de tiempo, tratando de hacer un programa de música sin una clara comprensión del tipo de programa que deberíamos tener en nuestra comunidad.

Error #9. *Temor a mandar*

Por temperamento me preocupo mucho. Soy una persona que vive pensando siempre en el peor escenario. Esto sucede cuando permito que mi atención vagabundee abandonando a Dios y centrándose en los problemas potenciales que tengo ante mí. Es bueno planear y prevenir los problemas. Es necesario anticiparse prudentemente a lo que puede ir mal. Pero hay un problema mayor cuando se convierte en una preocupación obsesiva. Y es un error de liderazgo cuando me bloqueo y no puedo avanzar.

Error #10. *Mandar sin humildad*

Tomé el puesto de párroco con la firme convicción de que sabía lo que estaba haciendo, y no era así. Asumí la certeza arrogante de que después de la ordenación ya sabía todo, y obré en consecuencia.

No obstante toda mi formación, era un amateur para dirigir una parroquia. Es asombroso cuántas cosas no sabía y me da pena considerar todo el esfuerzo y energía que me llevó intentar ocultarlo. Esta falta de humildad me cegó para entender qué serios eran los problemas que estaba enfrentando y me hizo pensar que había soluciones fáciles. Me llevó a buscar y a confiar en falsas soluciones una y otra vez, algunas veces haciendo que las cosas empeoraran. Pero más que la inmadurez emocional, mi orgullo reveló una inmadurez espiritual, una falta de voluntad para confiar en Dios. Se supone que yo debía guiar a su rebaño y ni siquiera estaba escuchando con cuidado sus deseos.

Estos fueron algunos de los errores que cometí, pero a decir verdad, esta lista no se acerca ni de lejos a *el* error que estábamos cometiendo. Había algo más que estábamos haciendo mal, que era fundamental y crítico para toda la empresa y ni siquiera lo sabíamos.

2

FARISEOS DE CORAZÓN

"La soberbia de tu corazón te ha engañado"
ABD 1:3

En una ocasión, organizamos en la Natividad una reunión de párrocos sobre la pastoral juvenil con jóvenes de preparatoria. Ya saben, a cambio de comer gratis, escuchas a unos conferenciantes que hablan de nuevos recursos y materiales que te quieren vender. Ese tipo de actividad en el que has estado una docena de veces; sin embargo, en esta ocasión fue diferente. Había algo que iba mal. El ambiente estaba muy pesado y no era difícil percibirlo, algo así como un gorila de 800 libras en la sala al que nadie ve, pero todos sienten.

Hacia el final de la presentación, en la parte de preguntas y respuestas, un párroco con honestidad poco común hizo una pregunta, con clara frustración y profunda emoción: "¿Acaso yo soy el único que no tiene un programa para los jóvenes de preparatoria?, ¿acaso soy el único que no puede hacer que eso funcione?". No era el único, pero era el único que no quería disimular. Todos estábamos allí fingiendo interés por recursos que no necesitábamos para programas que no teníamos.

Nos sorprendió que nadie hablara de los problemas obvios que todos teníamos delante. Pero aquel día *comenzamos* a hacerlo. Nuestros primeros esfuerzos no funcionaron. La tristeza, de cualquier forma, no siempre es mala. En nuestro caso fue como un catalizador para tomar el reto y la íntima convicción de que la Iglesia debía funcionar. Cristo lo *prometió.*

A pesar de nuestra inicial falta de interés, nos fuimos interesando en los problemas que estábamos descubriendo y terminamos deseosos de asumir el reto. ¿Cómo podíamos cortar de tajo el declive, revitalizar nuestra parroquia y comenzar a hacerla crecer? Ante tanto fracaso, ¿cómo podíamos lograrlo?

La beata madre Teresa, éxito y crecimiento

¡No digan eso, ya lo sabemos, ya lo sabemos! Si trabajas en la Iglesia no debes hablar de esa forma. "Ganar", "tener éxito" y "crecer" son palabras sucias para una parroquia. Todos hemos oído a gente, después de pequeños esfuerzos y grandes fracasos, citar a la beata madre Teresa: "Dios no me llamó a tener éxito. Me llamó a ser fiel". Pero probablemente no estaba hablando del fracaso. Quizás estaba hablando del servicio obediente al prójimo, el cual en su caso (lo tendrán que admitir), fue particularmente exitoso. De hecho, la beata madre Teresa está entre las más exitosas e innovadoras personalidades de la Iglesia del siglo XX, y ha dirigido un movimiento religioso de los más grandes y de más rápido crecimiento en el mundo.

Las comunidades eclesiales son cuerpos vivos. Crecen y disminuyen a lo largo del tiempo. Hay iglesias con temporadas de crecimiento porque se encuentran en zonas cuya población está creciendo. Su crecimiento no es fruto de un trabajo intencionado, es más bien automático. La Natividad fue una parroquia que creció así. Pero cuando el auge de la construcción terminó en esta parte del condado de Baltimore, como suele suceder, la Natividad se convirtió en una parroquia en lento y constante declive para llegar a ser eventualmente una parroquia en declive acelerado.

Es lo que sucede a muchas iglesias en estos días. La religión organizada está en caída libre, cada vez cuenta con menos miembros y todos los días desaparecen parroquias. Actualmente miles y miles de iglesias tienen una tendencia acelerada al declive, otras están en un declive más lento pero constante. Algunos estudios estiman que casi el 95% de las parroquias cristianas de nuestro país se orientan en la dirección equivocada. Incluso las que están en comunidades que ganan población ya no son inmunes a la deserción y erosión. Muchas simplemente no van a sobrevivir, a no ser que se conviertan en iglesias que crecen intencionalmente, no solo por conservar a sus miembros actuales, sino también por atraer a otros nuevos.

Está claro en la Escritura que Dios quiere que seamos fieles y que *tengamos fruto*. Hablando en el Templo justo antes de morir, Jesús les dice a los líderes religiosos fracasados de su tiempo, los fariseos: "Por eso les digo: Se les quitará el Reino de Dios para dárselo a un pueblo que rinda sus frutos" (Mt 21:43). En los Hechos de los Apóstoles, leemos que cientos y miles (tres mil en un día) se unieron a la nueva comunidad de fe, la Iglesia. "el Señor agregaba al grupo a los que cada día se iban salvando" (Hch 2:47)

Dios no quiere que su Iglesia fracase. Y nos aseguró que no sucedería. Las mismas puertas del infierno no prevalecerán contra ella. Es de ese movimiento del que queremos formar parte.

> *Aquí y ahora, no hay otro lugar donde quiera estar.*
> *Aquí y ahora, mirando al mundo despertarse de la historia*
>
> Jesus Jones[1]

Entonces, ¿qué hacemos? ¿Cómo hacemos que nuestra parroquia crezca? Pregunta equivocada. Nosotros no hacemos que crezca, solo Dios lo hace. Como enseña san Pablo, Dios es quien hace crecer a su Iglesia:

> "Yo planté, Apolo regó; mas fue Dios quien hizo crecer. De modo que ni el que planta es algo, ni el que riega, sino Dios que hace crecer...ya que somos colaboradores de Dios." (1 Cor 3:6-7,9)

En el libro *Una Iglesia con propósito*, Rick Warren escribe que intentar hacer que la Iglesia crezca es lo mismo que decir:

> ¿cómo puedo construir una ola? Sin embargo, la pregunta que debemos hacer es: ¿qué le está impidiendo a nuestra parroquia crecer? La tarea de quienes dirigen una parroquia es descubrir y remover las enfermedades y barreras que están impidiendo que el crecimiento pueda darse de forma normal y natural"[2].

Cristo prometió que funcionaría

Nos descubrimos haciéndonos esta pregunta: ¿estaremos obedeciendo más a sistemas que no funcionan y a una cultura equivocada que a la voluntad de Dios para su Iglesia?

> *Un hombre orgulloso siempre desprecia todo lo que considera por debajo de él, y, naturalmente, mientras se desprecia lo que se considera por debajo de uno, no es posible apreciar lo que está por encima.*
>
> C.S. Lewis[3]

La voluntad de Dios es el crecimiento; Dios espera que demos fruto. Por tanto, si no estamos *dando fruto*, ¿no deberíamos detenernos y preguntarnos si estamos siendo realmente fieles? Si no estamos dando fruto, ¿no tendremos que analizar qué estamos haciendo mal, aprender a dónde quiere Dios que vayamos y, si es necesario, hacer las cosas de otra manera? De hecho, hemos sido atacados por miembros de parroquias que se hacen cada vez más pequeñas, y sostienen que nuestro crecimiento es consecuencia de nuestra falta de fidelidad y su declive prueba que ellos sí son fieles. Asombrosamente, eso es lo que se les ha ocurrido.

Si quieren ser una parroquia pujante y permanecer como tal, tienen que haber llegado a ser una parroquia sana, removiendo todo lo que impide su crecimiento, y no hay que condicionar la fidelidad a la ortodoxia para lograrlo. El Card. Avery Dulles lo expresa de esta manera: "La Iglesia cambia constantemente para mantener la fructífera y dinámica relación entre los seres humanos inmersos en la historia y Dios, que se ha revelado a sí mismo en Jesucristo"[4].

Una de las claves para avanzar, cuando finalmente nos decidimos a cambiar, fue aprender *cómo* lo podemos hacer fijándonos en los que ya estaban avanzando. Desde el punto de vista estratégico, la decisión más importante que tomamos fue salir y aprender sin prejuicios de la parroquia que estaban creciendo. Si quieres crecer, ¿por qué no tratas de aprender de parroquia sanas? Si quieres crecer, ¿por qué no hacer lo que las iglesias que crecen, incluso si eso significa mirar a… los protestantes?

Sin tener que pedir perdón

Nos consideramos obedientes al Magisterio, completamente ortodoxos en nuestro Catolicismo y, de hecho, en general conservadores. Nunca comprometeríamos nuestra fe o haríamos algo que causara vergüenza a la Iglesia o a nuestro Arzobispo. Pero, ¿por qué nuestro Catolicismo debería impedirnos aprender y adaptar los métodos eficaces de otros cristianos?

Si llamamos a los protestantes nuestros "hermanos separados", ¿no significa eso que tenemos una relación de familia con ellos? Y quizás tengan algo que enseñarnos si nosotros queremos aprender. ¿Acaso rechazarles a ellos y sus ideas, especialmente sus *buenas* ideas, que están funcionando, no querer entender cómo está trabajando Dios en nuestra generación? "Porque el Espíritu de Cristo no ha rehusado servirse de ellas [de otras comunidades] como medios de salvación"[5].

¿No será una muestra de orgullo ignorar lo que funciona en otra parte solo porque se les ocurrió a ellos antes que a nosotros?

El P. Michael Scanlan, TOR, antiguo rector de la Universidad Franciscana, hace una reflexión similar sobre la necesidad de aprender de los protestantes:

> Descubrí que muchos sectores de la vida católica que estaba tomando la reforma protestante eran sectores que necesitaban un cambio o por lo menos una renovación. Los católicos necesitaban (y todavía necesitan) entender la importancia de predicar la Palabra de Dios, la centralidad de la Palabra de Dios inspirada y contenida en las Escrituras, la necesidad de vivir personalmente de la gracia de Dios que nos salva, la doctrina de la justificación por la fe, la necesidad de un verdadero arrepentimiento del pecado sin limitarse a la acción sacramental de la absolución"[6].

El secreto de toda organización eficaz siempre es su capacidad para recibir el cambio y su apertura a nuevas ideas sin importar de dónde vengan. Si nos fijamos, muchos santos fueron personas que vivieron y compartieron su fe de modos nuevos y creativos, hombres y mujeres que logró llamar la atención de su cultura con el mensaje del Evangelio.

Sin tener que pedir perdón, nos convertimos en aprendices de eficaces y pujantes iglesias. La mayor parte evangélicos protestantes, quienes, con sus más y sus menos, son los que han acaparado el mercado cuando se trata de hacer crecer a una iglesia de forma intencional a lo largo del paisaje religioso de Estados Unidos[7]. El 75% de los católicos que han abandonado la Iglesia Católica para hacerse protestantes han escogido iglesias evangélicas. Por tanto, parecía un buen lugar para empezar[8]. Es obvio que tienen algo que enseñarnos.

Cambiar nuestra forma de ver la Iglesia

Es bastante irónico, pero ahora somos observados con sospecha (y a veces con desprecio) *tanto* por los católicos conservadores *como* por los católicos liberales, a causa de las estrategias que hemos adaptado, estrategias de comunidades protestantes.

P. Michael. Al inicio del proceso, alguien me dio un artículo que describía a la iglesia más grande del país en aquel entonces, una iglesia de los suburbios de Chicago llamada Willow Creek. El artículo mencionaba, entre otras cosas, que había una cafetería en el *lobby* de la iglesia donde la gente podía ver el servicio en pantallas de video mientras daba unos sorbos a su capuchino. Recuerdo que bajé la revista mientras trataba de entender. ¿Qué diferencia había con nuestros propios esfuerzos por satisfacer a los consumidores? No lo sabía, pero tenía la corazonada de que había alguna.

Tom. Un par de años más tarde cayó en mis manos un interesante libro escrito por un pastor de jóvenes llamado Doug Fields, que trabajaba en una iglesia en el Condado de Orange, en California. Por aquel entonces había asumido el puesto de encargado de la pastoral juvenil. Me pasaba el día haciendo tantos programas como podía con poco fruto más allá de mi frustración y fatiga. Doug propone hacer una pastoral con un propósito en la mente, el propósito *de Dios*[9]. Aunque suena muy sencillo, eso era exactamente lo que no estábamos haciendo en la Natividad.

Después de leer el libro, me pareció que tenía razón, comencé a analizar mis programas teniendo como criterio las cinco columnas bíblicas para el ministerio descritas por Doug: culto, caridad fraterna, discipulado, ministerio y evangelización[10]. Comenzamos a cambiar las excursiones por actividades de evangelización; convertimos las clases de Catequesis en actividades de caridad fraterna y discipulado. Comenzamos también a invitar a estudiantes para que participaran y se involucraran en el culto. Estos primeros esfuerzos fueron sencillos y tan eficaces como no lo habían sido otros que habían exigido más esfuerzo. Se sentía que era algo muy distinto.

Después de unos años de implementar esta metodología –que nosotros incluso todavía no entendemos completamente–, supe que la iglesia de Doug iba a tener un congreso donde explicaría cómo hacer esto. Le pregunté a Michael si convenía que fuéramos, y él no lo dudó…

P. Michael. Pero ciertamente con reservas. Teniendo en cuenta de dónde veníamos, ir a un congreso patrocinado por una iglesia protestante era bastante incómodo. Fuimos, de todas formas. Nos parecía que valía la pena; estábamos buscando vida inteligente en el planeta Iglesia.

Cuando entramos al campus de esta iglesia, nos quedamos impresionados. Fue como descubrir nuevas formas de vida. Recuerdo que me estacioné y me acerqué a lo que yo creía que era el edificio de la iglesia. Me di cuenta de que era la guardería, un edificio completo construido solo para la guardería del domingo, grande, nuevo y bello. Cuando llegamos a la iglesia, aunque inmensa, era muy sencilla. Las grandes iglesias, en mi mundo, son iglesias elaboradas, iglesias con acabados finos, con costosos detalles arquitectónicos. Esta era solo un *Walmart* con sillas. Esta experiencia significó un cambio de paradigma.

Tom. Por supuesto, llegamos al congreso con el temor de ser "descubiertos" como católicos, dado que nos habíamos metido en un ambiente evangélico, con un ADN de baptista sureño. Pero superar la rara sensación de estar en otra cultura de iglesia fue esencial para aprender.

P. Michael. Resultó que esta iglesia era, de hecho, uno de los lugares más acogedores en los que he estado. A pesar de mi inicial resistencia, tenía deseos de volver. Tenía mucho que procesar en una sola visita. Pronto tuve una nueva oportunidad porque estaban organizando otro congreso solo para pastores esa misma primavera.

El congreso resultó tan rico y motivador como lo había sido el congreso para jóvenes y me ocupo varios días. Pasar tiempo con cerca de mil pastores, casi todos baptistas sureños, fue muy divertido. Llegó el último día cuando el conferenciante principal utilizó toda su artillería y desplegó todo su azufre y fuego bautista. Posiblemente porque era la tarde de un viernes y la gente tenía que llegar a casa para el fin de semana, o quizás porque ya sabían lo que venía, muchos ya se había ido. Me vi sentado en una sección de la iglesia casi solo.

Y comencé a sentir como si el predicador me predicara a mí, *solo* a mí. Sentí como si me estuviera viendo y predicando directamente a mí. Fue bastante incómodo y me quise marchar, pero tampoco me sentía con ánimo de hacerlo.

Lo más incómodo fue su mensaje, profundamente convincente. Habló de forma muy sencilla de la comunidad de la iglesia local como el sistema de entrega por el que pasa mucho de lo que Dios quiere hacer llegar al mundo. Describió el trabajo de un pastor como uno de los más importantes e influyentes trabajos del mundo. Habló de los prejuicios orgullosos, de las actitudes infantiles y de los tristes resultados de muchos pastores que están dañando a la gente y deshonrando a Dios.

Si no recuerdo mal, dijo que si no estamos haciendo iglesias con el propósito que Dios le ha fijado a la Iglesia, entonces Dios va a negarnos sus bendiciones. Fracasaremos porque Dios retirará sus bendiciones de esos líderes religiosos que Jesús condenó tan enérgicamente durante su vida: los fariseos. Me parece que dijo que muchos de nosotros éramos "fariseos de corazón".

Lo escuché con una molestia que se convirtió en enfado y después en ira. No me importa si me vio, espero que sí. Estas emociones tan fuertes colmaron el vaso y me marché. Me decía: "¿Quién se está creyendo? Yo soy un párroco. No tengo por qué escuchar esto?".

Me marché hacia el estacionamiento; pero, el campus era grande y me había estacionado lejos, muy lejos de la iglesia. Cuando llegué a mi coche, ya me había calmado lo suficiente como para comenzar a ver a través del orgullo de mi corazón. Con amargura tuve que reconocer que ese hombre tenía razón y que seguramente me había estado hablando a mí.

Rick Warren me acababa de regañar.

Segunda parte:

ENCONTRAR UN CAMINO PARA AVANZAR

3

LA GENTE PERDIDA EN *EL MUNDO DE LA IGLESIA*

"Aunque fuera por valle tenebroso, ningún mal temería, pues tú vienes conmigo"

SAL 23:4

Tom. Van a pensar que me lo invento. Estaba participando en un encuentro para miembros de los equipos parroquiales patrocinado por una gran diócesis. El conferenciante principal, que había tenido un puesto importante en la diócesis, comenzó así sus palabras: "Dado que Jesús no le dio a la Iglesia un enunciado de misión, he tratado de hacer uno yo".

¿Cómo? ¿Qué Jesús no le dio a la Iglesia un enunciado de misión?

Piénsenlo. Jesús, el Hijo de Dios, el más grande predicador y maestro que jamás ha habido, a través del cual viene toda sabiduría, que soportó la tortura, derramó su sangre y dio su vida por la Iglesia, olvidó decirnos qué hacer como Iglesia. Mmmm…, ¿Se olvidó *Él* o lo olvidamos *nosotros*?

Corroborando este tema, el sacerdote paulista Robert Rivers escribe:

> Todas las organizaciones necesitan una misión si quieren permanecer sanas. La teoría del desarrollo organizacional nos dice que las organizaciones sanas son las que tienen un claro sentido de misión. El desaliento viene de una falta de objetivos y del malestar que provienen de ello. Cuando tenemos un objetivo claro fuera de nosotros, los problemas internos tienden a ponerse en perspectiva. Cuando no estamos absorbidos por la misión, estos problemas se amplifican[1].

Entonces, ¿cuál es nuestra misión?

Ese era nuestro problema. Estábamos abrumados con las demandas de nuestros consumidores e ignorábamos nuestra verdadera misión. Antes de hacer el viaje a la iglesia de Rick Warren, nunca habíamos pensado en ello.

> *Totó, me parece que ya no estamos en Kansas.*
> Dorothy en *El mago de Oz*

Jesús le dio a la Iglesia una misión, y no podía haber sido más claro. Primero vino el "gran mandamiento", a decir verdad dos mandamientos, que Él nos dijo que eran más importantes que todos los demás.

> "Amarás al Señor, tu Dios, con todo tu corazón, con toda tu alma y con toda tu mente. Este es el

mayor y el primer mandamiento. El segundo es semejante a éste: Amarás a tu prójimo como a ti mismo" (Mt 22:37-39).

Y entonces, después de su resurrección y antes de ascender al cielo, reunió a los once apóstoles que aún estaban con Él y les dio el gran encargo. "Vayan, pues, y hagan discípulos a todas las gentes" (Mt 28:19).

Jesús, que sufrió en la cruz para recuperar la autoridad de la humanidad que nuestros primeros padres habían perdido, pasó esa misma autoridad a los apóstoles y a sus sucesores. Y les dijo qué hacer con ella: amar a Dios y amarse entre sí haciendo discípulos. Y por si se preguntaban cuántos discípulos había que hacer o dónde hacerlos, fue también claro sobre esto: hagan discípulos a todos, en todas partes. La Iglesia tiene un enunciado de misión: hacer discípulos. Eso es todo.

Los discípulos son aprendices. El papel de la Iglesia es formar discípulos de Jesucristo. Y, al igual que el dueño en la parábola de los talentos (cf. Mt 25:24), cosecha donde no ha sembrado y reúne donde no ha esparcido.es decir, quiere que lo hagamos por Él y como Él. Así lo estableció cuando caminaba por esta tierra.

La Iglesia tiene un enunciado de misión: hacer discípulos. Eso es todo.

Al inicio de su ministerio, Jesús tuvo que enseñar esto mismo a sus primeros discípulos. Está claro que no se lo dijo solo a la gente de su pueblo y a los que acudían regularmente a la sinagoga. Insistió en que era necesario llegar a los que no conocían a Dios. Les dijo en Lucas 4:43: "También a otras ciudades tengo que anunciar la Buena Nueva del Reino de Dios, porque a esto he sido enviado".

Toda su predicación y enseñanza, sus milagros, el llamado y el envío de los discípulos, incluso la cruz y la resurrección, son parte de este ministerio básico llamado evangelización. Para Jesús, la evangelización era el compromiso de llevar la Buena Nueva del Reino de Dios a todos, incluyendo a gente que podríamos catalogar de excluida, al menos desde el punto de vista de los piadosos de su época. Él mismo lo dijo una y otra vez: "pues el Hijo del hombre ha venido a buscar y salvar lo que estaba perdido" (Lc 19:10).

Buscar y salvar al que está lejos

Los que están alejados no son malvados o inmorales, ni siquiera malos. De cara a Dios son una *mezcla*. Y en esta confusión o malentendido:

- Los que están perdidos deberían buscar al mundo y lo que este ofrece.
- Los que están perdidos terminan por creer que la forma de tener una vida feliz pasa por controlar ellos el mundo.
- Los que están perdidos pueden creer que el dinero, el sexo, el poder, el placer o el deporte apagarán el dolor de su corazón, el hueco que hay en su alma para que Dios lo ocupe.

De una u otra forma, los que están perdidos (que puede ser gente que ya no va a la iglesia o que nunca fue) buscan una forma de vida fuera de la relación con Dios. Pierden a Dios. Y en el camino estropean sus vidas. Jesús hizo a los que están perdidos su prioridad. Y salió de sus propios esquemas (sí, de sus esquemas) para llegar a ellos. Pasó tiempo con ellos. Sabía cómo hablarles y qué era importante para ellos. Entendió sus preocupaciones, sus temores, sus sufrimientos y sus pecados. Entendió sus corazones y los amó dedicándoles tiempo. Jesús encontró a los que estaban perdidos y los convirtió en sus discípulos.

En una ocasión, Jesús encontró a un hombre que se aprovechaba de la gente para vivir y lo invitó a ser parte de su grupo y a ser su discípulo (Mt 9:9-13). Al final, ese hombre terminó escribiendo uno de los evangelios.

En otra ocasión atravesaba un poblado llamado Jericó. Los habitantes lo recibieron con alegría y podía haber ido a cenar a la casa de quien quisiera. Pero, para sorpresa del pueblo religioso, fue a la casa de Zaqueo, una persona muy poco religiosa. Zaqueo era recaudador de impuestos, visto como traidor a su pueblo y ladrón. Sus vecinos probablemente desconfiaban de él o incluso lo odiaban por su riqueza. ¿Por qué fue Jesús a su casa? Porque estaba perdido. Y Zaqueo, como Mateo, respondió con entusiasmo (cf. Lc 19:1-9).

El pastor Andy Stanley de la iglesia de North Point en Atlanta escribe: "Las personas que no eran como Jesús son las personas que le gustaban a Jesús"[2]. Gente como la mujer samaritana en el pozo, que era una marginada para la mayoría de los judíos; María Magdalena, de la que fueron expulsados demonios; y Zaqueo. A los que están perdidos, Jesús les revela el mensaje del Reino de los Cielos, que los anuncia la buena noticia de una vida que se puede vivir más plenamente, gracias a una relación de amistad con el Dios vivo.

Le gustaba ese tipo de gente, y sus vidas cambiaban a medida que se iban pareciendo a Él. *Y entonces* ellos trajeron a otros a Jesús para comenzar de nuevo el proceso. Este es el esquema de toda la vida de la Iglesia. Dice el Papa Pablo VI en la exhortación *Evangelii nuntiandi:*

> Evangelizar constituye, en efecto, la dicha y vocación propia de la Iglesia, su identidad más profunda. Ella existe para evangelizar[3].

Sin lugar para los que están lejos

La Natividad era un lugar para consumidores exigentes de religión y lo que querían era *terminar cuanto antes con esto* ("esto" era la Misa y la Comunión... Cumplir con su obligación sin importar por qué razón lo sentían como una obligación: sentimiento de culpa, miedo o simplemente para quitarse de encima a sus suegras, cualquier cosa). Todo se reducía a ir a Misa y recibir la Comunión. Los valores más importantes en la cultura de nuestra parroquia eran simples, fáciles y rápidos. Llegar tarde e irse temprano era la norma más que la excepción. Estacionarse estratégicamente y escoger la mejor banca para ser el primero en salir eran distintivos de los verdaderos maestros.

Teníamos consumidores exigentes que en su mentalidad de "terminemos rápido con esto" (y en su asombrosa ignorancia de lo que es la Celebración Eucarística) nos pidieron que les diéramos la Comunión a sus hijos en las clases de educación religiosa. Dado que no tenían intención de llevar a sus hijos a clases y a Misa, querían optimizar los traslados. Llegamos a ver gente que se acercaba a la Comunión con las llaves de su coche en la mano, haciendo que la Forma compartiera espacio con las llaves... De hecho veíamos gente que venía *solo* para comulgar.

Si se quiere hacer lo mínimo indispensable, la música se reduce a lo esencial o, todavía mejor, si no hay música. El predicador en realidad no predica. Solo habla (y tampoco habla mucho tiempo). La Misa es algo de treinta minutos, preferiblemente al inicio de la mañana del domingo, de forma que "no rompa el día" y la gente pueda hacer lo que realmente quiere: jugar golf, ver el fútbol o comer con sus amigos.

Nadie quiere quedarse en esas iglesias de "terminemos rápido con esto"; simplemente van porque es el mal menor. Y hay muchas iglesias así. Piensen, por ejemplo, en la actitud de algunas iglesias que son "militantes y triunfantes". Estas iglesias son para los verdaderos creyentes. Cualquiera que sea su cultura, conservadora o liberal, se parecen porque viven la "liturgia" (al menos su versión de ella) con una solemnidad implacable que claramente los distingue de los demás. Su estilo de culto se convierte en una expresión exagerada de sus preferencias y de la gente que va a la iglesia. Las ceremonias son solemnes, lo cual demuestra que se toman en serio lo que hacen y son intolerantes con lo que hacen los demás. En este estilo de iglesia, el celebrante puede hablar de forma tremendista, tronando con la voz de Dios. Parece como si estuviera hablando *en lugar* de Dios en vez de estar hablando a Dios. Entre estos extremos hay muchos otros tipos de parroquias:

- Aquella en la que lo importante es el edificio o la historia de la comunidad. Es como un museo.
- Aquella en la que lo importante es estar en un ambiente agradable, de gente que piensa como yo. Pertenecer a esta parroquia es una carta de presentación para tu círculo social. Es como pertenecer a un club campestre.
- Aquella en la que lo importante es la escuela parroquial. La escuela prevalece sobre la iglesia cuando se trata del uso de los edificios, la programación, las actividades de recaudación de fondos, etc. L o importante son los niños.
- Aquella en la que lo importante es el párroco o la música. Se da un culto a la personalidad.
- Aquella en la que lo importante es un solo punto: justicia social y servicio, cierta agenda política, un estilo particular de música. Es como una *boutique*, según sea el elemento prevaleciente.

Este es *el mundo de la Iglesia*, un ambiente agradable para la *gente de Iglesia.*

No queremos criticar a nadie en particular. Queremos decir que *los que están lejos* no se sienten atraídos por *ninguno* de estos ambientes. De hecho, los verán como lo que son en realidad: destinos conocidos y queridos para los mismos feligreses. Es el *mundo de la Iglesia*, un ambiente agradable para la *gente de Iglesia*.

Todos (no) son bienvenidos

El mundo de la Iglesia puede ser muy bueno haciendo lo que debe hacer y la *gente de Iglesia* estará muy contenta. Quizás su parroquia da un profundo valor a sus vidas y merece nuestro respeto y alabanza. Pero *el mundo de la Iglesia* no hace automáticamente discípulos y no es en absoluto para los que están lejos.

La *gente de Iglesia* podría no entenderlo o incluso pensar de otra manera. Quizás se ven a sí mismos como gente acogedora, porque entregan volantes que dicen "nuestras puertas están abiertas" y "te estamos esperando" o quizás cuelgan carteles y cantan canciones que dicen "todos son bienvenidos". Pero, ¿es así? ¿O en realidad lo que quieren decir es..?

- Todos son bienvenidos si se adaptan a nuestras costumbres.
- Todos son bienvenidos si están presentes, mientras nosotros satisfacemos nuestras necesidades.
- Todos son bienvenidos si visten como nosotros y si les gusta el mismo tipo de música que a nosotros y si rezan siguiendo las reglas que seguimos (las cuales, dicho sea de paso, hacen que se adapten a sus gustos).

A veces tal actitud es muy sutil. Fuimos a un congreso y pasamos varios días estimulantes y motivadores en una iglesia evangélica donde nos sentimos acogidos y amados. El domingo por la mañana, fuimos a Misa. En esta parroquia las cosas eran distintas. Se notaba un esfuerzo por acoger a la gente nueva como nosotros. Quizás no les quedaba otra opción, pues los evangélicos de al lado estaban todos los fines de semana fuera del estadio de béisbol invitando a muchos antiguos católicos. Lo estaban intentando, pero cuando entrabas a la iglesia, entrabas en su iglesia. Parecía que estaban esperando que nos adaptáramos a su forma de hacer las cosas, lo cual resultaba difícil. Sin darnos cuenta, transgredimos una de sus costumbres. Al parecer, cuando te acercas a comulgar, debes decir tu nombre y qué tipo de forma prefieres (blanca, de harina integral o sin gluten). Lo hicimos todo mal y nos ganamos algunas miradas de reprobación. No nos sentimos acogidos y nunca volveríamos ahí.

El problema no es faltarle o no al respeto a una iglesia. El problema viene de que la gente que está alejada de la fe no se siente bienvenida en estas iglesias porque *de hecho* no es bienvenida.

Y eso era más verdad en la Natividad que en ninguna otra parte. Por supuesto no se hacía ningún esfuerzo por pensar o hablar desde la perspectiva de alguien de fuera. Y, lejos de apreciarlos, en vez de celebrar su presencia, los recién llegados y los visitantes ni siquiera eran recibidos o considerados. De hecho, con regularidad predecible, la cultura de la Iglesia revelaba su innata hostilidad hacia ellos.

La mañana de un domingo de Pascua una señora de la parroquia llegó para la Misa de 10:30, como solía hacer, a las 10:25. El único problema era que la iglesia ya estaba llena. Se le invitó a sentarse en las sillas extra colocadas fuera del edificio de la iglesia, pero era inaceptable para ella. Lanzando toda una diatriba y gritando lo más fuerte que podía, dijo: "¡Yo estoy aquí todas las semanas! Esta es mi iglesia. ¿Quiénes son estas personas? Ellos nunca vienen otros domingos. ¿Por qué no se van?". Cuando sus argumentos no lograron lo que quería, tomó el sobre de la limosna, lo rompió en pequeños trozos y lo lanzó al aire para después salir furiosa.

Es el secretario de la parroquia, no muy amable cuando un confundido recién llegado no está seguro y le pregunta algo. Es el director de educación religiosa duro de pelar, cuyo trabajo es asegurarse de que la gente que no es de la parroquia se aproveche y consiga los sacramentos que necesita. Es el párroco que hace comentarios pasivo-agresivos a la gente que va a las Misas de Navidad: "Feliz Navidad y felices Pascuas, dado que no los volveré a ver sino hasta el

La gente que está alejada de la fe no se siente bienvenida en estas iglesias porque *de hecho* no es bienvenida.

próximo año". En el fondo la gente que asiste de forma regular les está diciendo: "No se preocupen, la próxima semana estaremos igual que siempre". Y a los visitantes "no se les olvide, ustedes no son de nuestro club".

Las personas que están alejadas pueden ser superficiales y no estar seguras de su fe. No van a apreciar nuestros procedimientos y prácticas, ni son todavía miembros comprometidos. Pero en cierta forma, están buscando a Dios. Y si no les ayudamos a encontrarlo, no solo *ellos* están perdidos, *nosotros* también.

Más de un error

La Natividad nunca se había preocupado de llegar a los que estaban alejados de la fe. La Natividad era irrelevante para ellos. Y nosotros *queríamos* ser así. Nos sentíamos orgullosos de ser así. De hecho, culpábamos a los que estaban alejados de Dios. En cierta forma era culpa suya. Se lo merecían, porque no estaban interesados en participar en la iglesia según nuestro estilo. Dicho sea de paso, Jesús nunca culpó a los que estaban alejados de Dios quiso llegar a ellos. En la medida en que ignorábamos su ejemplo y seguíamos nuestras propias ideas, en esa medida estábamos abdicando de nuestro liderazgo espiritual. Y así terminamos por olvidar nuestra misión, nuestra razón de ser.

Por supuesto, no puedes tirar la casa por la ventana cada vez que viene alguien nuevo a la parroquia o renunciar a tus valores para agradar a todos. Cada comunidad tiene una seria responsabilidad de cuidar a sus miembros y ser muy exigente cuando se trata de los sacramentos, eso no se discute. Pero muchas iglesias no solo cuidan a sus miembros, también los mal acostumbran y consienten. Los deforman. Y entonces se vuelven hostiles a los de fuera.

Eso es un retroceso. Debemos ser atractivos y accesibles a los de fuera, y exigentes con los de dentro, ayudándoles a cambiar, a crecer e ir más allá de una mentalidad consumista, como lo enseñan los obispos de Estados Unidos en el documento *Vayan y hagan discípulos:*

> La evangelización tiene, pues, un sentido interior y otro exterior. Internamente, nos llama a continuar recibiendo el Evangelio de Jesucristo, nuestra conversión como individuos y como Iglesia. Nos alimenta, nos hace crecer y nos renueva en santidad como el pueblo de Dios. Externamente, la evangelización se dirige a aquellos que no han escuchado el Evangelio o a quienes, habiéndolo escuchado, han dejado de practicar su fe, y a aquellos que buscan una plenitud de fe. Nos llama a trabajar por la comunión total entre todos los que creen en Jesús pero aún no se dan cuenta de la unidad por la que él oró.[4]

Cuando nos equivocamos en este punto, es más que un simple error, es una corrupción. La corrupción consiste en descomponer y destruir algo usándolo para un fin distinto. Es lo que sucede cuando entendemos mal la misión de la Iglesia y comenzamos a usarla para algo distinto, como un simple bien de consumo.

> En la medida en que ignorábamos su ejemplo y seguíamos nuestras propias ideas, en esa medida estábamos abdicando de nuestro liderazgo espiritual. Y así terminamos por perder nuestra misión.

La razón por la que la Natividad estaba fallando, la razón por la que la Natividad era aburrida y sosa, la razón por la que las Misas no tenían brillo y se participaba poco en sus programas, la razón por la que nuestra gente era quejumbrosa y poco disponible, la razón por la que estábamos exhaustos y cada vez más desanimados, la razón por la que todo parecía un gran problema, la razón por la que había tanto conflicto y tantas diferencias, la razón por la que la parroquia se estaba muriendo, era que no nos estábamos dedicando a la misión que Jesucristo nos había dado. Estábamos haciendo muchas cosas; pero estábamos haciendo lo equivocado por razones equivocadas e ignorando lo único que deberíamos estar haciendo. Nuestra parroquia se convirtió en un lugar para intercambiar bienes de consumo, y como tal había perdido su "poder de transformación" en las vidas de la gente[5].

Necesitábamos pedir perdón y volver a la misión que nos había dado el Señor. El fin de la Natividad era llegar a los que estaban lejos para ayudarles a convertirse en discípulos, y ayudar a los discípulos a convertirse en discípulos *que crecen*. En otras palabras, una iglesia *de* pecadores *para* pecadores en camino hacia la santidad.

Ignorando nuestra misión, estábamos sirviendo mal a ambos, a los que estaban lejos y a la gente que ya iba a la Iglesia. Por otro lado, cuando la evangelización es lo primero, servimos mejor a la comunidad en general y a la cada miembro.

Cuando nos equivocamos en este punto, es más que un simple error, es una corrupción.

La misión renueva la Iglesia, refuerza la fe y la identidad cristiana, da nuevo entusiasmo y nuevas motivaciones. ¡La fe se fortalece dándola! La nueva evangelización de los pueblos cristianos hallará inspiración y apoyo en el compromiso por la misión universal[6].

Un cambio de enfoque

En solo dos años, nuestra forma de pensar y nuestros sentimientos cambiaron totalmente, teníamos otra manera de ver cómo se construye una parroquia. Nos decidimos a desafiar el *status quo* y a cambiar la cultura. Comenzamos a hacer las cosas de otra forma. Y la principal diferencia estaba clara: comenzaríamos a presentar retos a la gente que ya iba a la iglesia y a buscar a los que estaban lejos.

Y eso… iba a hacer enfadar –y mucho–, a un buena número de "*gente de Iglesia*".

4

GUERRA EN EL CIELO

No hay nada más difícil de emprender, más peligroso de llevar a cabo y con menos garantías de éxito, que tomar la iniciativa en la introducción de un nuevo orden de cosas.

NICOLÁS MAQUIAVELO[1]

P. Michael. Recuerdo claramente mi primera vigilia navideña en la Natividad, en concreto, la Misa de las 4:00 de la tarde. Como sucede en casi todas partes, esta es la celebración que atrae más gente a lo largo de todo el año, con muchos visitantes, gente nueva y gente alejada de la Iglesia.

La encargada del canto, alguien a quien nunca tendrías por amiga, llegó tarde (como siempre) y mal preparada; todavía debía a arreglar las cosas en el podio. Cuando le hice una señal desde atrás para que empezara la ceremonia, me respondió muy airada por el micrófono: "Yo empiezo cuando esté preparada". *Comenzar*, después nos dimos cuenta, no significaba "empezar la Misa". Para mi sorpresa, tuvimos que deleitarnos escuchando a su hija de siete años tocar el violín (por cierto, nunca volveré a escuchar con agrado el canto "Oh santa noche").

Cuando pudimos comenzar, presentía que algo no iba bien, pero no sabía exactamente qué era. Me tomó un poco de tiempo saberlo. ¿Adivinen quiénes se habían sentado en los primeros lugares? Las personas que ayudaban ordinariamente en las Misas y sus familias. Era una forma de darse relevancia, que al inicio no entendí y que después vi más clara; una tradición para hacer ver que eran distintos de los católicos tipo "N y P" (Navidad y Pascua). Cuando llegó el momento de recoger la limosna, tuve que pedir ayuda desde el altar, y quienes se ofrecieron fueron los invitados que estaban de pie al fondo de la iglesia.

Después de la Misa, en el *lobby*, se me acercó uno de nuestros ministros extraordinarios de la Eucaristía. Me gritó en la cara: "Me hierve la sangre cuando veo *eso* en la Iglesia". *Eso* resultó ser un joven, vestido de mezclilla negra con varios tatuajes y aretes, un color de pelo bastante llamativa y, según me parecía, maquillado. Todos, incluido este joven, la escucharon. ¡Feliz Navidad a todos y buenas noches! El mensaje que dieron nuestros ministros fue muy claro: esta es *nuestra* iglesia y la vigilia de Navidad solo tiene que ver con *nosotros.*

Mucha *gente de Iglesia* se preocupa más de sí misma que de quienes están lejos. Pero en la Natividad íbamos más allá. No solo no se preocupaban *por los de fuera*, simplemente era como si no existieran. Aquella vigilia de Navidad le estaba diciendo a nuestros visitantes: "Ustedes no pertenecen a nuestra parroquia y tampoco queremos que pertenezcan" [2]. Por supuesto, ¿por qué alguno de ellos habría querido formar parte de nuestra parroquia?

Estas son actitudes profundamente intransigentes y cuestionarlas. Peor aún, querer cambiarlas es más que difícil: es peligroso. Asumir la misión que Jesús nos dio es algo peligroso.

Una tarea peligrosa

En cierta forma, todo lo que hemos dicho hasta este momento es solo una introducción a nuestra historia y a lo que nos sucedió. Es fácil e interesante ir a congresos, leer libros sobre cómo hacer algo o sentarse y hablar de lo que quieres hacer; otra cosa muy distinta es hacerlo.

Poco sabíamos de la tormenta que se avecinaba. Es difícil mantenerse centrado en los que no están ahí (como los que están lejos de la fe). Otro autor lo dice mejor que nosotros: "Las personas a las que necesitamos llegar no van a venir a decirnos cuáles son sus necesidades. Quien no se siente acogido no va a venir a decirnos por qué se siente así. El que no se siente a gusto en nuestra Iglesia simplemente se queda marginado"[3].

La principal diferencia estaba clara: comenzaríamos a presentar retos a la gente que ya iba a la iglesia y a buscar a los que estaban lejos.

También hay otras razones por las que las iglesias no evangelizan.

- Los recursos son pocos y ya están asignados.
- Todos en la Iglesia están ocupados; llegar a los que están lejos no está en la descripción del puesto de nadie, y siempre hay otros problemas (o la rifa de un coche), para consumir el tiempo extra que tienen el equipo parroquial y los voluntarios.
- Nos hemos aislado de los que están lejos.

- La *gente de Iglesia* es amiga de la *gente de Iglesia*. Pensamos de forma muy parecida y salimos a dar una vuelta juntos. Compartimos valores y un lenguaje común. Hablar con los otros supone más esfuerzo.
- Es incómodo e intimidante tratar de hacerlo. Muchos católicos de nuestros días no tienen las habilidades o las estrategias; no saben qué camino seguir para hacer que esto se dé. Y, por lo que hemos visto en otros grupos religiosos, puede ser poco atractivo, incluso ofensivo.
- Muchos católicos ya no creen en la realidad del infierno. Por tanto, ¿por qué creer en Jesús? No importa que la vida de muchas personas sea un infierno actualmente.
- El problema base es que olvidamos la gran necesidad que tenemos de un Salvador. Por tanto, es fácil olvidar que los demás también necesitan un Salvador.

Todas esas son razones por las que no nos dedicamos a la evangelización, por las que ni siquiera *lo intentamos*. Pero hay una razón por la que la gente *deja de evangelizar*, por la que lo intenta y después se rinde, fracasa, por la que llega al agotamiento y pierde el corazón, por la que termina harta, lo deja y se marcha.

Piensen esto. La gente que no va a la iglesia nunca se va a quejar de la iglesia. Nunca estarán delante de ti para saber qué estás haciendo para satisfacer sus necesidades. No van a llamar a las oficinas diocesanas para quejarse de tu compromiso y ortodoxia. E igualmente, nadie de la diócesis te va a llamar un día para decirte: "Recibimos algunas quejas de la gente diciendo que les gustaría ir a tu iglesia, pero no estás ofreciendo un mensaje relevante o un ambiente acogedor". Inevitablemente, las oficinas de la diócesis se ocupan de los problemas de los de dentro, no de los de fuera.

Nunca te van a criticar o censurar por no hacer evangelización. Por otro lado, cualquiera que sea el momento en que introduzcas los cambios, los que se sienten con privilegios en el status quo *siempre* se van a quejar. Cuando cambias algo en *el mundo de la Iglesia*, las críticas, las quejas y los conflictos van a brotar de manera inmediata y pasional. Y si comienzas a incomodar a la *gente de Iglesia* y a buscar a los que están lejos, correrá sangre.

Pero hay una razón por la que la gente *deja de evangelizar,* por la que simplemente termina harta, la deja y se marcha.

No nos malinterpreten: en aquel momento aún no sabíamos lo que estábamos haciendo. No sabíamos cuál iba a ser nuestra estrategia. Prácticamente no teníamos equipo parroquial ni voluntarios. Estábamos trabajando con un presupuesto apretado, y estaban comenzando a incomodar precisamente quienes eran la fuente de nuestro apoyo financiero.

Pero nuestro mayor problema era que no teníamos un historial. No teníamos credibilidad. Estábamos proponiendo un nuevo orden de cosas, algo que no se había probado en nuestro contexto cultural. ¿Quién iba a creer que nuestras "nuevas" ideas eran correctas e iban a funcionar? *Parecían* muy equivocadas para la mayoría de las personas y, por tanto, debíamos estar mal…

P. Michael. Lo vi con dolor cuando, en una ocasión, uno de nuestros principales bienhechores, un señor que había sido vicepresidente de una gran corporación internacional, pidió verme. Me dijo cordialmente que si no desistía y dejaba las cosas como estaban, dejaría de darnos donativos. Llegó a aconsejarme que el cambio era en sí mismo arriesgado y, en nuestro caso, innecesario. Al final dejó de dar dinero a la parroquia. Pero la triste ironía fue que su compañía desapareció y fue absorbida por otra corporación más grande y mucho más creativa, precisamente porque ellos no habían logrado adaptarse a los cambios del mercado.

Poner retos a la *gente de Iglesia*

A pesar de todo esto, comenzamos a avanzar.

Durante la Cuaresma de 2004, más o menos un año después de nuestro primer viaje a la iglesia de Rick Warren, Saddleback, decidimos comenzar a promover algunas de las cosas que estábamos aprendiendo. En la que fue nuestra última temporada de "Viernes en familia", presentamos los materiales del programa "101" de nuevos miembros hecho por Saddleback. Describimos los propósitos de Dios para la Iglesia: llegar a los que están perdidos y hacer discípulos mediante la dedicación al culto, a la caridad fraterna, al discipulado, al servicio y a la evangelización. El entusiasmo que experimentamos después de aquella primera noche es difícil de olvidar.

Irónicamente, o quizás como era predecible, la cantidad de gente que acudía al programa disminuyó a medida que se veía con más claridad que no se trataba de entretenimiento o "enriquecimiento de adultos". Algunas personas se sintieron ofendidas; otras se fueron. Durante seis semanas, "crecimos" pasando de seiscientos a menos de doscientos.

> Y si comienzas a incomodar a la *gente de Iglesia* y a buscar a los que están lejos, correrá sangre.

La Iglesia de la Natividad no estaba acostumbrada a los retos; no quería retos. Y nosotros estábamos presentando un mensaje con muchos retos, probablemente por primera vez en la vida de la parroquia. En el fondo les arrancó la careta, tan común en *el mundo de la Iglesia*, de que nuestra comunidad era un grupo de discípulos completamente dedicados al Señor, cuya formación cristiana estaba completa.

Un reto concreto que lanzamos fue colaborar en los equipos de la parroquia y comenzar a preocuparse de los que estaban lejos, porque es una manera básica, obvia, en la que los consumidores comienzan a convertirse en discípulos. Pocos se ofrecieron. Fue una desilusión. Pero todavía no teníamos un plan concreto sobre lo que queríamos que la gente hiciera ni ninguna estrategia para prepararlos y conseguir algo. Por tanto, fue mejor. Convencimos a algunos de que se encargaran de recibir a la gente a la entrada, dos veces al mes; y pedimos a muchos que nos ayudaran a responder preguntas y dar información a los visitantes. Se colocaron debajo de un pequeño toldo al lado de la entrada principal (porque no teníamos ningún otro cuarto para su mesa). La pregunta más frecuente era: "¿Por qué están en esta mesa?".

Por aquel entonces escuchamos que algunas iglesias habían descubierto cómo las tardes de los domingos eran un buen momento para tener actividades. Decidimos hacer algunos cambios en nuestros horarios. Nuestra Misa de las 5:30 de la tarde se hizo *muy* popular, especialmente entre los jóvenes y los adultos, precisamente lo que habíamos estado buscando. La hora y el tipo de gente nos ofreció una buena oportunidad para intentar algunas cosas que pensamos que podrían hacer más interesante y accesible nuestra parroquia a la gente a la que no le gusta ir a la iglesia.

Probamos nueva tecnología, nueva iluminación y otros elementos ambientales que nunca ni siquiera habíamos pensado utilizar. Probamos distintos estilos musicales. Incluso comenzamos a utilizar más la homilía para presentar a la gente los retos que queríamos proponer. Comenzamos a ofrecer actividades de caridad fraterna y de hospitalidad, así como programas dirigidos a los jóvenes para después de Misa.

Resultó excelente cuando nuestras ideas comenzaron a funcionar. Cuando no lo hicieron, los jóvenes fueron comprensivos. Las tardes del domingo se convirtieron en un taller para lograr el cambio. De hecho, este ambiente fue el lugar donde comenzamos a modelar la nueva cultura de nuestra parroquia, la cual creció rápidamente y se convirtió en una comunidad grande y pujante. Estábamos emocionados con estos primeros triunfos; pero inquietos cuando supimos que algunos miembros de la parroquia no miraban con buenos ojos este esfuerzo y hablaban de él despectivamente a nuestras espaldas. Como no estaba enfocado a sus necesidades, comenzaron a sentirse resentidos.

Al actuar con audacia, ni siquiera nos dábamos cuenta de todo lo que ya estábamos haciendo: organizamos una pequeña campaña para reunir fondos y emprendimos una pequeña, pero simbólica, ampliación del edificio de la iglesia. Destinamos el dinero a las áreas más necesitadas: amplios espacios para grandes reuniones, más baños, zonas de convivencia, una cafetería, un verdadero centro de información en el *lobby*, una plaza a modo de atrio y, lo más importante, más estacionamiento. Y no pierdan de vista esto: no gastamos nada en nuestra austera iglesia de los años setenta, porque dimos prioridad a la experiencia de los visitantes sobre la arquitectura. Los arreglos litúrgicos pueden impresionar a las personas piadosas, pero no despiertan ningún interés en quienes se han alejado de la Iglesia.

Después de estos cambios, era imposible entrar a nuestro campus y no darse cuenta de que se trataba de una forma deliberadamente distinta de vivir en el *mundo de la Iglesia*. "¿Es esta una iglesia católica?", era la pregunta más frecuente de quienes nos visitan por primera vez (así como de algunos cínicos). No queremos ocultar nuestra identidad católica. La pregunta no nos preocupa mucho, pues no queremos parecer una "iglesia normal".

Algunas personas comenzaron a criticar lo que habíamos hecho, porque no estaba orientado a ellas. Como un señor dijo a propósito de la nueva cafetería: no la necesito, no la quiero y no voy a dar dinero para eso.

Posiblemente se estarán preguntando cómo logramos hacer una buena campaña de recaudación de fondos, cuando había un creciente descontento entre muchos feligreses. No lo sabemos. Lo llamamos "cosas de Dios". Cuando comienzas a moverte en la dirección que Dios te indica, empiezan a suceder cosas inesperadas, inexplicables y asombrosas. Nuestro arrojo se ganó el respeto de quienes nos apoyaban. Brad Powell, pastor en la iglesia de North Ridge, en Plymouth,

Michigan, vivió algo similar: el tipo correcto de gente que necesitas, el tipo de gente que se va a convertir en una fuerza positiva en la iglesia, a fin de cuentas respeta al líder que dirige, guiado más por sus propias convicciones que por los caprichos de la gente[4].

En todo este trabajo también encontramos grandes y leales amigos, que trabajaron duro, donaron generosamente y nos cubrieron las espaldas. Nunca olvidaremos su apoyo y sabemos que no habríamos hecho lo que hicimos sin su ayuda. Cuando comienzas a moverte en la dirección correcta, la gente "correcta" también comienza a aparecer.

Para inaugurar oficialmente nuestra nueva forma de trabajar, pensamos dar nuestro primer mensaje a toda la parroquia en el Adviento de 2004. En ese mensaje explicamos a dónde queríamos llegar. Por decirlo de alguna forma, queríamos dar una conferencia de prensa. La homilía del primer domingo de Adviento comenzó así:

> Juan el Bautista siempre es el mensajero del tiempo de Navidad, pero su mensaje no es fácil ni optimista. Su mensaje es tan exigente y amenazador como el de cualquier profeta del Antiguo Testamento. En el Evangelio de Lucas le dice a la gente de su tiempo que no basta con vanagloriarse de lo que hicieron sus antepasados. No basta con cumplir las normas y los rituales de su religión. Para ser personas de fe e hijos de Dios, deben estar preparados para la llegada del Salvador, deben hacer buenas obras. Tenían que cambiar.
> Los domingos de Adviento queremos reflexionar juntos en nuestra parroquia: quiénes somos, de dónde hemos venido y a dónde vamos. Será una meditación y preparación para la fiesta de Navidad. Vamos a empezar haciéndonos esta pregunta: ¿en qué necesitamos cambiar?

Hablamos de la historia de las parroquias católicas a lo largo del corredor de York Road, al norte de Baltimore. Es una historia triste de más de una docena de antiguas parroquias pujantes. Algunas ya están cerradas, otras están en estado vegetativo. Describimos cómo estaba cambiando el paisaje de *el mundo de la Iglesia* y que ya no funcionaba cómo la forma tradicional de trabajar. Hablamos de cuál es y cuál no es la misión de la Iglesia. Aclaramos cuáles eran nuestros valores.

- Creemos que la auténtica Iglesia de Cristo se encuentra en la Iglesia Católica Romana: estamos orgullosos de ser católicos[5].
- Creemos que las personas que Dios ha traído a la parroquia de la Natividad son un don de Él para su Iglesia: valoramos a nuestra gente.
- Creemos que Dios cuida a las personas de nuestra comunidad que no vienen a la parroquia: también pensamos en esas personas.
- Creemos que si queremos ser una parroquia que crece y permanecer como tal, necesitamos ser una iglesia sana. Queremos ser una iglesia que crece: nos importa su salud.
- Creemos que la calidad de nuestros programas y servicios da gloria a Dios y anima a la gente: nos importa la calidad.
- Creemos que en el servicio a Dios, siempre podremos hacer más: nos gusta este reto.

> La parroquia de la Natividad es parte del cuerpo de Cristo; Él es nuestra cabeza, nuestro líder y nuestro guía. Todos nosotros somos parte o miembros de su cuerpo y siervos del Señor. Nos ha confiado, en nuestros días y en este lugar, la tarea de compartir su nombre con otros. No venimos a esta iglesia solo para satisfacer nuestras necesidades; estamos aquí también para cumplir esta tarea.

> Vamos a empezar haciendo esta pregunta: "¿en qué necesitamos cambiar?"

Entonces esperamos la respuesta. Nunca vino, no la hubo. Fue como si nuestro mensaje hubiera caído en oídos sordos. Pensándolo después de un tiempo, muchos ni siquiera lo entendieron. Muchos ni siquiera lo tomaron en cuenta (en aquel momento) o no creyeron que estuviéramos hablando en serio. Y entonces, por supuesto, apareció el grupo de los que decían "nosotros llegamos antes que tú y estaremos aquí después de que te vayas". Poco a poco, íbamos a estar en conflicto con cada uno de estos grupos.

Los problemas comenzaron, no cuando *dijimos* las cosas, sino cuando comenzamos a *hacerlas*. Enfocamos nuestro trabajo en los que no estaban en la Iglesia y tratamos de que los que ya *estaban* ahí, crecieran. Y lo que hicimos creó problemas. Cada vez que hagamos esto, podíamos estar seguros, recibiríamos críticas y ataques.

Tácticas de guerra

Presentamos algunas tácticas utilizadas por nuestros exigentes e insatisfechos consumidores para hacernos la guerra:

- **Asalto indirecto:** Consiste en chismes y calumnias, a menudo acompañados de resistencia con agresión pasiva. Estaba más extendido y era más dañino de lo que pensábamos.
- **Asalto directo:** Por lo general inmediatamente después de la Misa. Era la forma más honesta de quejarse; motivada más por la pasión que por la razón. Por tanto, rara vez era objetiva y constructiva.
- **Correo electrónico:** Muy relacionado con el asalto directo, porque también era pasional. Este tipo de ataque a menudo era más visceral y por lo mismo mucho menos útil.
- **Carta:** Uno de nuestros axiomas es que las tarjetas son *buenas* y las cartas, *malas*. Si alguien se toma la molestia de escribir una carta, nueve de cada diez veces va a ser para quejarse. Las cartas de queja están escritas invariablemente siguiendo este esquema:

1. El autor presenta sus credenciales: he estado en esta parroquia durante cuarenta años.
2. El autor presenta el problema.

3. El autor presenta cualquier otro problema que cree puede estar relacionado con el suyo, como si hubiera unas constantes en los problemas de la parroquia.
4. El autor presenta su última afirmación diciendo que "todo el mundo" piensa lo mismo, lo que sucede es que él es el único que se atreve a decirlo. De esta forma muestra su queja como un acto de valor.

Varias veces recibimos cartas anónimas, las cuales tienen el mismo estilo que las cartas con remitente.

- **Campaña para escribir cartas:** En este caso, una persona organiza a otras para que escriban cartas sobre el problema, de forma que parezca que "todo el mundo" piensa lo mismo.
- **Amenaza:** Por lo general este ataque consiste en amenazar con dejar de dar donativos o cambiarse de parroquia.
- **Amenaza de acción legal:** En dos ocasiones, los consumidores insatisfechos llevaron sus amenazas al plano legal. En ambos casos se estaban apoyando en abogados que eran sus familiares. Por tanto, solo estaban usando tácticas baratas para intimidar..., pero daban miedo.
- **Queja a la diócesis:** Cualquiera de las tácticas antes mencionadas también puede estar acompañada de una queja a la diócesis. A menudo, los combatientes más veteranos nos evitaban e iban directamente a las altas instancias. Esta forma de actuar tenía muchas ventajas: nos ponía en nuestro lugar, garantizaba una respuesta de alto nivel, nos molestaban y convertían su queja en un problema mayor.

¿Y de qué se estaban quejando? De los retos y del cambio. Cambios en los horarios de la Misa; cambios en los horarios del fin de semana; cambios en la música; cambios en la iluminación de la iglesia; cambios en los acentos y el contenido del mensaje del fin de semana; cambios en cualquier cosa que les afectara y los forzara a cambiar sus hábitos; cambios que no tenían nada que ver con ellos y que no eran su problema; cambios en la forma y estilo de hacer las cosas, distinto a lo que ellos conocían.

Los cambios en la vida parroquial no eran bienvenidos e incluso eran vistos como amenazas. Pero más allá de estos cambios concretos estaba el mayor cambio de todos: la transformación de la cultura de la parroquia, invitando a la *gente de Iglesia* a buscar a los que estaban alejados de la fe. Este fue el cambio que más incomodó.

Por supuesto, las quejas venían envueltas de distintas formas. Se nos acusaba de negligencia, de incompetencia y de malicia. A menudo también se hablaba de supuestas violaciones al Código de Derecho Canónico, falta de reverencia a los sacramentos y no seguir las normas litúrgicas y las rúbricas. También se hablaba de problemas de carácter. A la mayoría de las personas que se quejaban probablemente no les importaba ninguna de esas cosas (aunque hubieran sido verdad). Su principal queja era siempre la misma: se trataba de consumidores exigentes cuyas expectativas ya no estaban siendo atendidas. En el libro *Del mantenimiento a la misión* el P. Robert Rivers escribe:

> Organizar una parroquia para la evangelización –hacerla pasar del simple mantenimiento a la misión– requiere un cambio sistemático en la forma de gestionar la parroquia. Solo si el liderazgo pastoral logra hacer ese cambio, la parroquia podrá realizar la misión evangelizadora de la Iglesia. Es más, convertirse en una parroquia misionera afecta a todos los miembros de la parroquia. Todos deben cambiar[7].

Las organizaciones que más necesitan innovación por lo general son las que más tratan de evitarla.
Seth Godin[6]

Dejar de centrarnos en mantener la parroquia y comenzar a pensar en clave de misión fue tanto un reto de liderazgo como de gestión. Se trataba de caminar en la dirección correcta, tener la mayor cantidad de gente posible caminando hacia allá y al mismo tiempo hacer la transición. Hicimos un buen trabajo en cuanto a la visión y dirección; pero no hemos hecho bien la transición. No previmos las dificultades que íbamos a encontrar y continuamente nos sorprendían según iban apareciendo a lo largo de los años. Uno de los miembros del equipo parroquial, Sean, solía decir que nuestra oficina era el "búnker".

Había algunas críticas que salían del corazón y eran sinceras, incluso útiles. Hubo críticas que merecíamos, incluso aunque en aquel momento no lo veíamos así. A lo largo del proceso, muchas veces nos equivocamos y la gente tenía todo el derecho a quejarse.

Pero la mayoría de las veces solo herían y hasta eran odiosas. La malicia de los ataques nos hizo mucho daño: los insultos, los chismes, las calumnias inimaginables. Estas son algunas de las duras lecciones que aprendimos.

- Un buen líder pastoral habría acompañado a la gente durante el proceso haciéndolo así menos doloroso para ellos.
- Líderes con mayor inteligencia emocional no habrían tomado las cosas tan personalmente.
- Líderes espiritualmente maduros habrían sabido prever los problemas, porque Jesús nos advirtió que así sería.

Nos faltaban todas esas habilidades, pero seguíamos avanzando. En un momento nos dimos cuenta de que no era imposible responder a todas las cartas y dejamos de leer las anónimas. Dejamos de responder a todas las objeciones, a todas las críticas, tratando de ganar cada batalla. No podíamos, y de todos modos no habríamos logrado nada. Dejamos de hacer reuniones para escuchar a la gente, de pedir sugerencias o de hacer encuestas. No ayudan. Solo alimentan las pasiones de la gente y su decisión de oponerse.

Casi todos los que entablaban una disputa terminaban dejando la parroquia. A menudo su queja se convertía en una despedida. Algunas veces también se fueron amigos. No se fueron porque estuvieran en desacuerdo, sino porque estaban cansados de estar atrapados en tantas discusiones. Esos abandonos eran los más tristes y llorábamos esas pérdidas. Pero a decir verdad, había otros cuya partida nos traía cierto alivio, porque significaba que al menos iba a haber una batalla menos.

No minusvaloramos el sufrimiento y los dolores de cabeza que tanto amigos como enemigos experimentaron en la transición. Nos apena que haya sucedido, pero estamos convencidos de que, *tenía* que pasar. No puedes cambiar una cultura sin conflictos.

Status quo contra voluntad de Dios

La religión no es la fe. Es un sistema cultural que pone juntas la fe y las creencias para después protegerlas y conservarlas. Y como cualquier otro sistema cultural, es propio de su naturaleza resistirse al cambio. Quienes están dentro del sistema tienen lo que quieren o al menos tienen algo de lo que quieren. Hasta cierto punto, funciona para *ellos* aunque en general no esté funcionando. La gente cree que lo que ha conseguido es mejor que el riesgo y el miedo que implica el cambio.

> En el fondo se cree que el *status quo* es la voluntad de Dios.

Además, no tienen en cuenta la diferencia entre fe y religión, de forma que cualquier cambio en la cultura religiosa puede parecerles como un ataque a su fe. El *status quo* se confunde con la voluntad de Dios. Cuestionar o cambiar cualquier cosa en *el mundo de la Iglesia* equivale a cuestionar o cambiar a Dios. Los ataques que recibimos algunas veces fueron tan virulentos porque la gente creía que estaba defendiendo su fe... cuando, de hecho, defendía la cultura de su religión.

> **P. Michael:** Hubo tantos problemas, tan duros y durante tanto tiempo, que al final tuve que ir a terapia. En la primera sesión repasamos algunas quejas específicas de la gente, y el doctor me preguntó: "¿De verdad usted piensa que el crecimiento de una parroquia viene tanto por ***reducción*** como por ***adición***?". "Sí, eso es". Y desafortunadamente tenía razón.

La verdadera guerra

No queremos hacer demasiado drama sobre nuestra experiencia ni demonizar a nuestros oponentes. Pero hay otro tema que tampoco debe olvidarse, y hay que prever: la batalla espiritual. El Demonio existe y realmente es nuestro enemigo. La Biblia dice: "Sean sobrios y velen. Su adversario, el diablo, ronda como *león rugiente*, buscando a quién devorar" (1 Pe 5:8).

Satanás es uno de los personajes principales a lo largo de los Evangelios. Trabaja constantemente contra Jesús, y le crea problemas constantemente. Lo mismo sucede en la Iglesia primitiva y los primeros cristianos lo sabían, entendían cuál era su situación.

> "Lleven con ustedes todas las armas de Dios, para que puedan resistir las maniobras del diablo. Pues no nos estamos enfrentando a fuerzas humanas, sino a los poderes y autoridades que dirigen este mundo y sus fuerzas oscuras, los espíritus y fuerzas malas del mundo de arriba" (Ef 6:11-12)

La Iglesia de Cristo es la mayor fuerza del mundo y Jesús prometió que ni el mal con todos sus ejércitos iba a prevalecer sobre ella. Pero lo va a intentar. Y saber esto, creerlo y prepararse para ello les va a ayudar a armarse y a hacer frente a la batalla que les espera.

Si te dedicas a hacer discípulos, vas a ser atacado por ello. Los ataques vendrán de muchas formas y serán para distraerte, desanimarte, desmoralizarte y hacerte desistir. Pero debes tener siempre presente que los ataques, en última instancia, provienen del Maligno.

Es una batalla espiritual. No se debe negar ni olvidar, pero tampoco se debe temer. De hecho, puede ser una señal de que están en el camino correcto (y no se diga ya en el equipo vencedor). Libra esta batalla de rodillas y ganarás.

> "Entonces se desató una batalla en el cielo: Miguel y sus ángeles combatieron contra el dragón. Lucharon el dragón y sus ángeles, pero no pudieron vencer, y ya no hubo lugar para ellos en el cielo" (Ap 12:7-8)

5

IGLESIAS BONITAS Y OTRAS MENTIRAS

El cristianismo sin discipulado es siempre cristianismo sin Cristo.

DIETRICH BONHOEFFER[1]

Cuando llegamos a la Natividad el objetivo era mantener el *status quo*: encontrar gente en cualquier lugar y ayudarles a estar a gusto. La Natividad dejaba a sus miembros que siguiesen siendo consumidores exigentes y nosotros nos olvidábamos del resto de la gente.

La Natividad se estaba hundiendo en su propia irrelevancia porque no teníamos la visión de llegar a los que estaban lejos, no teníamos un plan para lograr el crecimiento y la madurez espiritual de sus miembros. No se comprendía y ni siquiera se veía la necesidad de un cambio de vida, mucho menos se sabía cómo hacerlo.

Avery Dulles propuso que la mejor definición de la Iglesia era la de "comunidad de discípulos"[2]. Respetuosamente nos gustaría añadir que, implícita en la palabra "discípulo", está otra palabra, "crecimiento". El propósito de la Natividad es presentar retos a la *gente de Iglesia* y buscar a los que están lejos para ayudarlos a convertirse en una comunidad de discípulos que crece. Los discípulos son aprendices que están creciendo en el amor a Dios y a los demás como Jesús nos enseñó.

- Lo importante no es el lugar, sino la persona.
- Lo importante no es cumplir obligaciones ni ofrecer los sacramentos, sino seguir a una persona en un camino.
- Lo importante no son los programas o las ceremonias, ni siquiera servir a los demás, sino avanzar eficazmente en el camino del crecimieto[3].

Se trata de la conversión, y después, de la conversión constante. Un discípulo sigue creciendo superando el pecado y el egoísmo de una religión consumista. Un discípulo se pone en camino muriendo más y más al pecado y al egoísmo de forma que Cristo pueda vivir en él. Eso implica acción.

El cristianismo no es un monumento o un museo. Es un movimiento. Tiene que moverse.

El pastor Erwin McManus hace una reflexión interesante sobre el quinto libro del Nuevo Testamento, donde la Iglesia se describe en su expresión primera, la más pura y la más heroica. Fíjense en una cosa. El libro se llama *Hechos*. Ellos actuaron, hicieron cosas[4]. En concreto hicieron lo que el Señor les dijo. ¿Y qué era?

1. **Los discípulos aman a Dios**

Y lo hacen de tres maneras. En Mateo 22:37, Jesús nos dice: "Amarás al Señor, tu Dios, con todo tu corazón, con toda tu alma y con toda tu mente".

Esta es una estrategia específica. Nuestras mentes albergan nuestros pensamientos y determinan nuestros sentimientos. Nuestros corazones albergan nuestros sentimientos y determinan nuestras vidas. Nuestras almas albergan nuestras vidas y definen nuestro destino. Aquello a lo que damos culto da forma a nuestros pensamientos, a nuestros sentimientos y a nuestra vida. El discípulo nace cuando quita los ídolos –dinero, poder, placer y sexo– y coloca a Dios en el lugar que le corresponde. Nuestros pensamientos, sentimientos y todo nuestro ser están cada vez más involucrados en una relación con Él.

Como católicos, la Eucaristía es "fuente y culmen" de nuestra vida cristiana y de nuestro culto, porque contiene al mismo Cristo. Los discípulos realizan una "participación completa y activa" en la Celebración Eucarística cada semana (hablaremos más de ello en los siguientes capítulos). Pero fuente y culmen significan necesariamente que debe haber algo entre esos dos extremos.

Los discípulos hacen coincidir el culto organizado en la Iglesia con su propio tiempo de meditación. Los discípulos crecen en el amor a la Palabra de Dios leyendo la Escritura, dedicando obedientemente tiempo para conocerla y sentir hambre por ella. La Misa diaria, la adoración eucarística, la Liturgia de las Horas, la devoción mariana –especialmente el Rosario–, acudir regularmente a la confesión y practicar la penitencia, la limosna y el ayuno son buenas herramientas para el discípulo maduro. Por otro lado, unos minutos a solas con Dios cada día, lejos de los mensajes de texto y la tecnología, pueden ser un gran punto de partida.

2. **Los discípulos aman a la gente**

Jesús también mandó "amarás a tu prójimo como a ti mismo" en Mateo 22:39. Para amar a tu prójimo como a ti mismo, necesitas amarte correctamente a ti mismo. Los discípulos se aman a sí mismos no complaciéndose caprichosamente, sino más bien cuidando de sí.

Jesús invirtió tiempo para cuidarse a sí mismo. Una y otra vez en los Evangelios vemos que deja a las multitudes, e incluso a sus amigos, para tener a solas un tiempo de calma. Ahí se renueva a sí mismo y renueva su relación con el Padre. Se da a los demás, pero solo después de haberse llenado Él mismo. Ese es el ejemplo que los discípulos deben seguir.

Mientras la sociedad moderna nos empuja a sus límites, los discípulos conservan cierto margen de maniobra en sus horarios. Porque es en esos márgenes donde encuentran descanso y renovación, y donde se dan las relaciones. Los discípulos aceptan la responsabilidad de cuidarse a sí mismos, por ejemplo, adquiriendo la energía y los recursos que necesitan para vivir según el designio de Dios. El ejercicio físico y una buena alimentación son parte de este cuidado. Lo que los discípulos hacen es alejarse de hábitos esclavizantes como el abuso del alcohol, la adicción a la nicotina, la ira descontrolada; abandonan malos comportamientos como la murmuración, las obscenidades o la pornografía. Como Matthew Kelly atinadamente lo resume, estamos hablando de un cambio de vida[5].

El cuidado de nosotros mismos nos prepara para el amor fraterno. La Iglesia que nos presentan los Hechos de los Apóstoles era tan atractiva precisamente porque los cristianos se amaban entre sí en un modo desinteresado y completamente generoso. Y Jesús nos promete que un amor como ese será el verdadero distintivo de sus discípulos (cf. Jn 13:35). Es el fruto más evidente del Espíritu Santo y la prueba más clara de la autenticidad del mensaje que predica. Como dice Rick Warren, si en las iglesias la gente se ama, "tendrás que cerrar con llave las puertas para mantener a la gente fuera"[6].

Los discípulos aman a los demás comenzando por aquellos que están más cerca: ante todo sus familias, pero también sus compañeros de trabajo y sus amigos. Su amor también se expresa en la familia de su iglesia local donde están comprometidos y viven ese compromiso. La gente que anda de parroquia en parroquia muchas veces solo está jugando con Dios y eludiendo su verdadera responsabilidad de cooperar y servir a los demás.

Amar a los demás significa ser pacientes, amables y gentiles (Ef 4:2), así como cuidarles a través del servicio (cf. Jn 15:12), como lo veremos en los últimos capítulos. Al final, su amor llega a todas las personas que encuentra y se expresa en el servicio y la misión.

3. **Los discípulos hacen más discípulos**

   Desde el principio, el esquema para *ser* discípulo consiste en *hacer* discípulos. Cuando Jesús llamó a los primeros discípulos, les hizo una sola promesa: se dedicarían a hacer más discípulos (cf. Mt 4:19). Eso es lo que hicieron y es lo que los discípulos siempre hacen. La Iglesia se dedica a hacer discípulos, porque vivimos y crecemos en nuestra fe, compartiéndola.

¿Por *dónde* comenzar?

Primer paso: define tu campo de misión

En la cultura católica, la Iglesia universal está organizada en "parroquias", un término utilizado para indicar una entidad geográfica concreta. Hacer discípulos en todas las naciones es la misión de la Iglesia universal, pero cada diócesis y cada parroquia ha recibido una parte de esa misión, un lugar geográfico para continuar y cumplir la misión. No estamos aquí para servir a la comunidad; estamos aquí para llegar a aquellos que viven dentro de la parroquia.

La mayor parte de la parroquia de la Natividad está en el código postal 21093 (Timonium, Maryland). Este es nuestro campo de misión. Nuestra tarea es cumplir el gran encargo en la zona 21093. Dios nos ha dado este lugar específico para llegar a los que están lejos y para hacer discípulos.

"Me ha sido dado todo poder en el cielo y en la tierra. Vayan, pues, y hagan discípulos a todas las gentes"
Mt 28:18-19

En 21093, hay cerca de 15,000 familias, entre 45,000 y 50,000 personas. En este momento 8,000 personas tienen una relación (quizás no muy formal) con la parroquia. Para los fines de esta reflexión, seamos generosos y supongamos que otras 16,000 pertenecen a una de las otras muchas iglesias cristianas de la zona. Seamos extremadamente generosos y pensemos que otras 8,000 están yendo a una iglesia fuera de este código postal. No importa como las cuentes, al final es lo mismo. Hay decenas de miles de personas alejadas de la Iglesia. Ellos son los discípulos potenciales de nuestro campo de misión.

No estamos aquí simplemente para servir a la comunidad; estamos aquí para llegar a aquellos que viven dentro de la parroquia.

Segundo paso: describe el perfil de los que están lejos y viven en tu campo de misión

Dios comenzó su trabajo de salvar al mundo en un lugar definido y en un tiempo determinado, con un pueblo concreto.

Las parroquias católicas no deberían tener ningún problema con el "dónde". Pero tienen un problema con el "quién".

El "escándalo de la particularidad" es un concepto de la Teología el cual sostiene que una persona particular (Jesús de Nazaret) tiene un significado y relevancia universal. Dios es eterno y por tanto no está limitado al mundo temporal. Los seres humanos, en cambio, lo están. Por esta razón, Cristo escogió un momento específico de la historia y un lugar concreto del planeta para redimirnos. No parece justo, pero es la forma en que funciona la Encarnación.

Quizás el mayor obstáculo para comenzar a hacer discípulos es la resistencia a ser concretos. Parece raro, pero es como el discipulado funciona. Parafraseando una página del libro de Rick Warren *Una Iglesia con propósito*, definimos a los que están lejos, a los que tratamos de llegar, de una manera muy concreta.

Estamos buscando a Tim… "Timonium Tim". Tim es la típica persona de nuestro campo de misión que está lejos de la fe. Es buena persona. Si te encuentras con Tim en una fiesta, un lugar en el que le podrías encontrar, te caerá bien. Es educado, viste bien y es exitoso en lo que hace. Está casado y tiene hijos. Vive en una hermosa casa con un estilo de vida agradable. Maneja un buen coche.

Tim trabaja duro toda la semana y le gusta tener los fines de semana libres. Los domingos por la mañana va a jugar golf o, los días que hay partido, al estadio de los *Ravens* de Baltimore. Está en cualquier lugar menos en la iglesia, excepto para una boda o un funeral. La idea ni siquiera se le pasa por la cabeza. Es católico desde el punto de vista cultural, el producto de un programa de Catequesis de una parroquia o de una escuela parroquial. Pero Tim, en resumen, no es creyente.

El conocimiento que tiene de la fe es más una carga que un beneficio, porque tiene sentimientos negativos, errores doctrinales y, posiblemente, legítimos reproches. Dios, la fe, la Iglesia, la religión y *el Código da Vinci* están todos mezclados en la imaginación de Tim; y, visto en su conjunto, es imposible distinguir qué hay en la mezcla. Quizás ha desarrollado una actitud de indiferencia, pero se trata más bien de escepticismo y desprecio. Si está divorciado, la situación es todavía más complicada por las leyes que él no entiende y que parecen juzgarlo injustamente. Y puede tener otras razones más por las que no quiere saber nada de la Iglesia.

Estamos buscando a Tim... "Timonium Tim".

Tim es una buena persona, pero vive como le parece y las cosas no le están saliendo bien. Se estresa en el trabajo y tiene tensiones y conflictos en casa. Las obligaciones financieras lo angustian y la deuda de su tarjeta de crédito se está saliendo de control. Y hay otros problemas como ira, depresión, quizás adicción al alcohol, a las apuestas o a la pornografía. Tim necesita un sentido, necesita dirección, necesita en definitiva, un *Salvador*.

De hecho tenemos presente a Tim en nuestras reuniones de planeación y preparamos nuestras homilías con él en mente. Tomamos decisiones sobre nuestros programas e incluso escogemos la música basándonos en lo que le gusta a él, en lo que él va a entender, en lo que funciona para él. Para hacer de Tim un discípulo no solo tenemos que conocerlo, tenemos también que hablar con él, captar su interés y después comprometerlo. Pero ante todo, tenemos que amarlo.

En innumerables ocasiones, después de que la gente ha vuelto a la Iglesia, nos han dicho: "Yo soy Timonium Tim".

¿Por qué solo Tim? ¿Qué tal el resto de la gente que está allá afuera? Por supuesto también estamos tratando de llegar a la familia y a los amigos de Tim; pero creemos que Tim es esencial para tenerlos a ellos en la iglesia y mantenerlos interesados. Estamos convencidos de que si ponemos a Tim en el camino del discipulado, su esposa se unirá con gusto a él y sus hijos tienen, más probabilidades de vivir su fe durante sus años de adolescencia y cuando sean adultos.

Por lo que hemos podido observar en la vida parroquial, esa es exactamente la forma en que esto funciona. Cuando el papá toma en serio el papel de líder espiritual, las familias parecen vivir más de acuerdo con lo que Dios quiere y logran hacer de sus hijos buenos y jóvenes discípulos. Por otra parte, cuando los hombres abandonan esta responsabilidad sagrada, muchas áreas de la vida familiar sufren y el núcleo familiar se puede romper más fácilmente. Los hijos tienden más a abandonar la iglesia si el papá lo hizo primero. No dejamos de reconocer respetuosamente a las mamás solteras que heroicamente cumplen solas la responsabilidad de educar a sus hijos. Sin embargo, la mayoría de las familias en nuestra comunidad son familias con papá y mamá. Por tanto, para nosotros, centrarnos en Tim equivale a no olvidarnos de su familia; es formar un líder para ellos.

Tim también tiene más amigos alejados de la Iglesia, por tanto, tiene el mejor potencial para ser nuestro mejor portavoz en medio de la comunidad. Tiene una aceptación y credibilidad que nosotros no tenemos entre los católicos que se han alejado de la Iglesia en el norte de Baltimore.

Tim está en Timonium, por tanto, no es a quien *ustedes* deben buscar. Pero hay alguien en tu comunidad que es para quien debes diseñar tu estrategia de evangelización. Define su ambiente, sus intereses, su educación, sus motivaciones, sus temores, por qué no viene a la Iglesia y qué le gusta hacer en vez de venir a la parroquia.

Tercer paso: diseña una estrategia simple y concreta para invitar a nuevas personas

La evangelización, como hemos visto, tiene un enfoque interno (dirigido a la gente que ya va a la iglesia) y otro externo (los que todavía no están en ella). El primero tiende a estorbar al segundo. Por eso nos referimos al trabajo interno como "discipulado" y reservamos la palabra "evangelización" para el trabajo hacia fuera. Es más, nos hemos dado cuenta de que para hacer evangelización misionera, esto es, enfocada a los que están lejos de la Iglesia, una realidad dinámica en nuestra parroquia, debemos hacer de ella una realidad *muy concreta.*

Nos ha sorprendido cómo a muchos feligreses les resulta difícil eso de ir y evangelizar, les incomoda desde el punto de vista emocional y cultural. Este descubrimiento nos ha llevado a la conclusión de que la evangelización se debe presentar de una manera simple, concreta y lógica. Y se debe mantener con firmeza como la primera prioridad de la parroquia. Debemos inculcar la evangelización de una manera clara, cristalina y hacerla un tema constante de nuestra predicación, permeando todos los mensajes que damos a lo largo del año. Y, por lo menos una vez al año, debemos hablar de ella, como si fuera la primera vez. Hablar solo una vez no funciona y hablar de vez en cuando tampoco. Tratamos de mantener la evangelización como lo primero, incluyéndola regularmente en la oración de los fieles en la Misa y hablando de ella en los diversos avisos. Planeamos y evaluamos todos nuestros esfuerzos del fin de semana desde la perspectiva y la prioridad de la evangelización. Y, cuando se trata de la Navidad y de la Pascua, convertimos nuestra preparación para esos períodos y las mismas ceremonias en campañas de evangelización para todos los católicos.

Para nosotros la evangelización consiste en que un miembro de la parroquia invite a "Tim" a venir a la iglesia el domingo, o a que entre en contacto por internet y conozca nuestras actividades, que se transmiten *on line* los domingos (mejor lo segundo). Tratamos de que sea tan sencillo como eso. Nuestra estrategia básica es "invierte en invitar", una frase que tomamos del pastor Andy Stanley[7].

Animamos a la gente a estar atenta y a acercarse a los que no van a la iglesia en las actividades deportivas de sus hijos, en la Asociación de Escuelas en Casa o en su lugar de trabajo. Los invitamos a que recen por ellos, a que pasen tiempo con ellos e incluso consideren la posibilidad de ayunar por ellos. En la Natividad pedimos a nuestros discípulos que dejen libre los mejores espacios de las bancas, que se estacionen fuera del campus, de forma que Tim no tenga problemas para encontrar un lugar en el estacionamiento o dónde sentarse en la iglesia.

Los discípulos llevan su fe a sus relaciones de todos los días. Son gente amable y poseen muchas otras cualidades que resplandecen y atraen a futuros discípulos sin necesidad de palabras. Cuando las personas están abiertas a escuchar, los discípulos comparten la historia de su conversión y cómo les ayuda su fe. Cuando la oportunidad se presenta, y por lo general lo hace, los discípulos invitan a futuros discípulos a la Iglesia. En las charlas para nuevos miembros, reunimos información sobre cómo llegaron a la Natividad. Casi todos los nuevos feligreses de los últimos años (700 solo el año pasado) eran gente alejada de la Iglesia y recibieron una invitación personal.

Matthew Kelly identifica cuatro pasos: (1) cultivar amistades; (2) orar por la gente a la que intentas llegar; (3) compartir la historia de tu propia conversión; (4) invitar a tu amigo a la Iglesia. En el fondo, es el mismo método que Jesús usó. Cuando Andrés y Juan lo encontraron por primera vez y le preguntaron quién era y qué hacía, ni siquiera pensó en su misión; ni siquiera habló de su mensaje, ni les dijo todo lo que estaba por venir y qué era lo que les iba a pedir. Simplemente les dijo: "Vengan y vean" (Jn 1:39).

> Nuestra estrategia básica es "invierte e invita".

Lo que no ayuda a hacer discípulos

Una vez que tenemos a Tim en la puerta, tenemos una oportunidad para involucrarlos, a él y a su familia, en el discipulado. Pero antes de describir ese camino, hablaremos de lo que no nos ayudaba a hacer discípulos en la Natividad, que era precisamente la mayor parte de lo que estuvimos haciendo y de lo que creíamos que era lo correcto.

1. **Simple asistencia**

   La simple asistencia a la iglesia no es un medidor del discipulado. Por más gente que vaya a Misa, eso no significa que estemos haciendo discípulos. Un agudo pastor decía con cierto sarcasmo: "Mi Iglesia puede dormir a 800 personas".

2. **Buscar soluciones mágicas**

   La Natividad era una máquina de sacramentos: Misa diaria, dos Misas cada día en Adviento y Cuaresma, y ocho Misas cada fin de semana; bautismos, confesiones, bodas, funerales, devociones diarias, unciones de enfermos y adoración. Todo eso es bueno, es como algunos católicos crecen espiritualmente. Aunque a veces vemos que es lo que hacen algunos católicos en vez de crecer. Puede comenzar a parecer magia. Muchos creen equivocadamente que "si me esfuerzo lo suficiente, voy a recibir lo que quiero: un esposo, un trabajo, ser un cirujano famoso, tener hijos que por fin me hagan caso, la vida eterna".

   Los sacramentos nos dan la gracia para colocarnos en una correcta relación con Dios, nos dan su vida en nuestra alma, nutriéndonos y fortaleciéndonos para nuestro caminar como discípulos. Pero su finalidad no es reemplazar nuestro esfuerzo.

   La Misa diaria es un gran ejemplo de esta forma de pensar equivocada. Algunas personas que van a Misa todos los días son santos y discípulos serios. Otros seguramente están en ese camino, pero no lo son. Por nuestra experiencia en la Natividad, algunas personas que iban a Misa todos los días estaban aisladas de la vida parroquial y parecían bastante egoístas en su actitud hacia la Iglesia. Curiosamente estas personas eran los principales consumidores, porque eran quienes más recibían y quienes menos daban.

- Es la persona que todas las semanas va a confesarse (pero nunca en su propia parroquia) para decir exactamente los mismos pecados, que tiene intención de volver a cometer la siguiente semana.
- Es la señora que sigilosamente llena las bancas de folletos que prometen maravillas y curaciones si rezas oraciones absurdas antes de pasarlas a otros con la misma intención.
- Es la pareja que entierra estatuas de san José (con la cabeza abajo) en todo su jardín trasero para que su casa se venda al precio que están pidiendo (hay kits en internet por tan solo $9.95; tú recibes la estatua, instrucciones completas que explican cómo enterrarla y la bolsa para "envolver el cuerpo").

No debe maravillarnos que haya cristianos que piensen que el catolicismo es un culto mágico. La magia no hace discípulos.

3. **Solo conocimientos**

P. Michael. Cuando estuve en la Universidad tuve que hacer muchos cursos de matemáticas y ciencias para graduarme. Cuando los aprobé, prometí no volver a estudiar nunca más algo parecido. Para empezar, no me gustaban mucho; y la misma escuela me ayudó a odiarlas.

Nos dimos cuenta de que mucha gente en nuestra comunidad tiene una experiencia similar en relación con la fe católica. Han sido educados en escuelas católicas y han recibido muchos contenidos. Pero en muchos casos, esta experiencia redujo el cristianismo a una materia escolar que tuvieron que estudiar y que no les gustaba. Y ahora que ya no están en la escuela, no quieren saber nada de ella.

Tristemente, lo mismo podría decirse de nuestro programa de educación religiosa. En la Natividad, una vez que los niños se daban cuenta de que las clases no eran divertidas (por lo general en el tercer grado) y los papás ya tenían lo que querían (la Primera Comunión), la resistencia crecía y el número de alumnos disminuía. Las clases del cuarto grado tenían la mitad de alumnos que las de segundo, algo frecuente en muchas parroquias. Si el muchacho llegaba hasta la Confirmación sin aprender a odiarnos, los ángeles en el cielo cantaban de gozo. Pero ese era el final del camino. Como en muchas otras parroquias, la Confirmación se había convertido en una graduación, era la última vez que veíamos a los jóvenes.

También nos dimos cuenta de que quienes se gradúan en nuestra escuela católica y en nuestros programas de educación religiosa, terminan con un conocimiento muy superficial del catolicismo y con una profunda ignorancia de la Escritura, no hablemos de que muchos no conocen al Señor de una manera personal. Los discípulos son aprendices y están aprendiendo toda la vida, mucho más allá del simple conocimiento intelectual.

Es asombroso qué poco sabes del juego que has estado jugando toda tu vida.
Mickey Mantle[9]

El conocimiento es importante. Pablo nos invita a dejarnos transformar por la conversión de nuestra mente, a dejar que la verdad nos cambie, reforme y convierta (cf. Rom 12:2). Necesitamos alimentar correctamente nuestra mente para llegar a la conversión. Pero el conocimiento por sí mismo no puede ser nuestra meta. Como también lo enseña san Pablo, el conocimiento de Dios sin amor de nada sirve (cf. 1 Cor 13:2).

La idea bíblica del conocimiento va más allá de una simple comprensión cerebral, implica intimidad. Conocer en el sentido bíblico significa que experimentamos algo en nuestros corazones y en nuestra cabeza, en todos los aspectos de nuestra personalidad. Es el conocimiento el que lleva al amor, y el amor a su vez nos hace querer conocer más. La meta del discipulado debe ser la conversión y el cambio de vida, transmitir conocimientos no hace discípulos.

4. **Obedecer reglas y cumplir obligaciones**

La obsesión por las normas de la religión y las rúbricas litúrgicas o vigilar a tu párroco para asegurarte de que es tan obsesivo-compulsivo como tú en este campo tampoco hace discípulos, solo fariseos.

De hecho, prestar atención exclusiva o excesiva al cumplimiento de reglas y obligaciones produce una fuerte actitud consumista. La gente piadosa centrada en las reglas tiene la convicción de que ya han hecho su parte; ahora tú estás en deuda con ellos. Cuando la gente te dice: "He sido un buen católico toda mi vida" a menudo es un preámbulo para decirte lo que les debes como consecuencia de su cumplimiento de las normas.

5. **Estar mucho tiempo en la parroquia**

Tú no llegas a parecerte más a Jesús simplemente por estar o por participar en muchos programas de la parroquia. En la Natividad había mucha gente piadosa que pasaba allí todo el día y su conducta no se transformaba en la conducta de Cristo. Muchas veces su vida personal y familiar era profundamente incoherente.

Del mismo modo, pertenecer a los Caballeros de Colón o a la Sociedad del Rosario es algo bueno, pero no es en sí discipulado. Algunas veces la pertenencia a estas organizaciones para-eclesiales se convierte en un sustituto para un compromiso real en la parroquia, una excusa para no ir a la iglesia los domingos, involucrarse en la vida de la parroquia e incluso participar en una parroquia específica.

6. **Autoservicio**

Para nosotros el mejor ejemplo de este no discipulado era el de los encargados de recoger el dinero. Todos los domingos, más o menos el mismo grupo de señores se reunía para tomar café y donas, dedicarse al chisme, quejarse de nosotros y enterarse de lo que cada uno daba o dejaba de dar en las colectas. Eso no era discipulado, era un simple club.

7. **Usar el dinero como medio de influencia**

   Por lo general, uno piensa en los bienhechores como gente que apoya a la parroquia, pero también hemos visto a algunos que usan el dinero para tratar de obligarnos a hacer o dejar de hacer lo que ellos quieren. Los sobornos no son discipulado ni servicio.

8. **Hacer los donuts**

   El discipulado no consiste simplemente en realizar las cosas que se hacen en una iglesia, sin importar con cuánta fidelidad se hagan. Posiblemente algunos recuerden un viejo comercial de *Dunkin' Donuts* en el que un ojeroso panadero se levantaba y farfullaba: "Hora de hacer los donuts"; y luego se iba a trabajar arrastrando los pies como un zombi. Cuando acabábamos de llegar aquí, había una persona del equipo parroquial con muy poca energía, que saludaba los domingos por la mañana con un lamento similar. Otros, en la Natividad, compartían esta falta de visión, no tenían metas y simplemente realizaban las tareas una y otra vez indefinidamente.

9. **Construir iglesias bonitas**

   Un artículo reciente de una publicación de alcance nacional daba a conocer el proyecto de un párroco para desmantelar todo el edificio de una iglesia que está en una parte del país para colocarlo en otra parte. La operación tendrá un costo aproximado de doce millones de dólares. El edificio es hermoso, pero ahora está en desuso.

   La idea implícita en su plan es que el edificio que va a mover hará discípulos. Mentira, no los hará. No los hizo donde estaba (por esa razón está vacío y a la venta) y no los hará en su nueva ubicación. Este párroco está en una parte del país que crece mucho, por tanto no va a tener problemas en llenarlo en un primer momento, pero su edificio bonito no va a hacer discípulos.

   La mayoría de los párrocos quieren construir o renovar su iglesia. Es el proyecto para el que se puede reunir dinero más fácilmente y su realización trae muchas satisfacciones. Pero las iglesias bonitas no hacen discípulos. Si así fuera, Europa estaría llena de fervorosos discípulos.

El pastor y mártir Dietrich Bonhoeffer explicó de una forma profunda e inolvidable la diferencia entre la gente que solo va a iglesias bonitas y los verdaderos discípulos.

> La gracia barata es el enemigo mortal de nuestra Iglesia... La gracia barata es la gracia vendida en el mercado... Los sacramentos, el perdón de los pecados y los consuelos de la religión se ponen a la venta a precios rebajados. La gracia se presenta como el tesoro inagotable de la Iglesia, con el cual derrama bendiciones a manos llenas, sin hacer preguntas o fijar límites. ¡Gracia sin precio; gracia sin costo!... La gracia barata es la gracia que nos damos a nosotros mismos.
>
> La gracia barata es la predicación del perdón de Dios sin exigir el arrepentimiento; del bautismo, sin disciplina eclesiástica; de la Comunión, sin Confesión... La gracia barata es gracia sin discipulado, gracia sin la cruz, gracia sin Jesucristo vivo y encarnado...
>
> La gracia que tiene valor es el Evangelio, que debe buscarse una y otra vez, el don que hay que pedir, la puerta a la que un hombre debe llamar. Esa gracia tiene valor porque nos invita a seguir a Jesucristo. Es valiosa, costosa, porque le cuesta al hombre su vida, y es gracia porque da al hombre la única verdadera vida. Es costosa porque condena el pecado y es gracia porque justifica al pecador. Pero sobre todo es costosa porque le costó a Dios la vida de su Hijo[10].

¿Entonces qué?

De acuerdo, y ahora ¿qué haces para llegar a los que están lejos y ponerlos en el camino del discipulado? ¿Por dónde comienzas a formar a estos discípulos? De eso se trata el resto del libro.

Y todo comenzó justo donde menos pensarías. Verás…

Tercera parte:

HACER LA ESTRATEGIA

6

"¡ES EL DOMINGO!"

De las muchas actividades de una parroquia, "ninguna es tan vital o formativa para la comunidad como la celebración dominical del día del Señor".

BEATO JUAN PABLO II[1]

P. Michael. El verano pasado fui con un gran grupo de familiares y amigos a la playa. Había cerca de 25 o 30 personas. Llegó el domingo por la mañana, algunos durmieron hasta tarde, otros hicieron ejercicio, dos fueron a correr, uno leyó el periódico y vio la televisión. La mayor parte cumplió un rito anual de comer *pancakes* en el restaurante *Uncle Andy's Pancake House.*

¿Quieren saber lo que no hizo casi nadie del grupo, la mayoría de ascendencia irlandesa e italiana, que fueron a escuelas parroquiales y crecieron como católicos? Ir a la iglesia.

Se estarán preguntando cómo reaccioné ante esta situación de gente alejada de la Iglesia en el corazón de mi propia familia. Suspiré aliviado. Gracias a Dios, no van a la iglesia, por lo menos, a la iglesia parroquial de este pueblo. Sé de qué estoy hablando. Yo sí fui.

Hace unos años, esta iglesia habría estado abarrotada un domingo por la mañana. Ahora había lugares vacíos por todas partes. Y la comunidad era anciana, anciana, anciana.

A la entrada, uno de los señores que ayudaban en la Iglesia me gruñó. Todos los demás evitaron el contacto visual conmigo y me ignoraron. Esta iglesia transmitía, más que otras que he conocido, una cultura de "nosotros contra ustedes" (lo cual es irónico porque está en una ciudad turística). Un centenar de detalles me hicieron sentir un intruso: las oraciones devocionales que rezaban antes de la Misa y que los visitantes no conocíamos o la forma tan rara de pasar el cepillo de la limosna.

No hubo canto de entrada porque el organista llegó tarde. El órgano estaba bastante visible, y por lo mismo te podías dar cuenta de si había organista o no. Acabó nuestra buena suerte cuando llegó (durante la homilía). La música era anticuada, esa música que todo el mundo conoce (y que a nadie le gusta). Nadie cantó –y ni siquiera lo intentó–, solo la misma organista que resultó ser una cantora wagneriana (definitivamente no necesitaba el micrófono). Y parecía contenta de su papel de "nadie está cantando, solo yo"; y de verdad así era.

La forma en que el lector proclamó las lecturas dejó ver claramente que no las había leído antes. El celebrante no era el párroco, sino otro sacerdote que ni siquiera se preocupó de presentarse ante la asamblea. Al parecer sobreentendió que ya sabíamos quién era, pero en realidad no importaba. Parecía indiferente a la asamblea quién era o qué tenía que decir. Después supimos que se trataba de un misionero que estaba de visita recaudando fondos para su misión, aunque nunca nos dijo una sola palabra sobre el tema.

Comenzó su homilía diciendo: "Su párroco los quiere mucho, me dijo que no hablara más de cinco minutos".

La persona que estaba delante de mí comentó en voz baja: "Si realmente nos quisiera, te habría dicho que te callaras". El predicador entonces citó un Evangelio distinto del que acabábamos de oír, lo cual suele ser indicio de homilía reciclada. Al poco tiempo eso lo constatamos. Después dijo una serie de chistes malos y habló sobre un vago sentimiento de culpa por los niños con hambre (quizás él ayudaba a alimentar niños en alguna parte).

Al mismo tiempo, los encargados de recoger la limosna comenzaron a sacar unas tarjetas para atenuar la culpa y dar donativos periódicos a la misión. Las instrucciones para llenar las tarjetas ocuparon el resto de la homilía, que fue el doble de lo prometido. En realidad nadie prestó atención. Unos miraban al techo, otros al piso, otros hablaban entre sí, otros le dieron un vistazo a la tarjeta y la tiraron al suelo; pero no prestaron atención a la explicación y, por lo que pude ver, nadie dio un donativo.

Después pasamos deprisa por el resto de la celebración, como si el edificio se estuviera quemando. Cuando volví a mi lugar después de la Comunión, casi toda la sección en la que estaba sentado ya se había ido. Las personas que se quedaron recibieron una cadena de avisos, que eran, aunque parezca increíble, más peticiones de dinero, pero en esta ocasión para la parroquia.

En la despedida, en vez de "Pueden ir en paz", el celebrante dijo: "No olviden que en la playa siempre hay Hora Feliz". ¿De verdad? ¿Les acabas de dar permiso para que empiecen a beber?

¿Por qué podría querer que los miembros de mi familia que estaban alejados de la iglesia, renunciaran a sus actividades del fin de semana para presenciar esta reunión del Cuerpo de Cristo? Lo último que elegiría, para que retomaran su fe sería esta iglesia medio vacía dedicada a una labor mediocre de recaudación de fondos y que ofrece algo completamente distinto a lo que debe ser una comunidad cristiana.

Mientras tanto, un poco más adelante en la misma calle, en el restaurante *Uncle Andy's Pancake House,* una multitud entusiasta había formado una fila que daba la vuelta a la manzana. Mmm... *Uncle Andy's* tiene *pacakes*. Nosotros tenemos la Palabra viva de Dios. ¿Qué está fallando aquí?

Tu mayor oportunidad

En su libro *Divirtiéndonos con la muerte*, Neil Postman critica al locutor de televisión que dice entusiasta "¡Véanos mañana nuevamente!", después de haber visto media hora de asesinatos y violencia. Postman pregunta: "¿Para qué?"[2]. ¿Para escuchar más malas noticias? ¿Por qué deberíamos ir a la iglesia o *regresar* si su experiencia semana tras semana es irrelevante o quizás hasta ofensiva? ¿Quién puede echarles la culpa por buscar otras cosas que hacer?

Una campaña a nivel nacional está invitando a los católicos no practicantes a "volver a casa". ¿Pero en qué sentido están volviendo a casa? Si vamos a seguir ofreciéndoles la misma experiencia aburrida que los llevó a alejarse, estaremos causando más daño que bien.

La experiencia del domingo es la mejor oportunidad para que la gente de la comunidad entre en contacto con la Iglesia. Y prácticamente todos los que entran en contacto con la parroquia, lo hacen durante el fin de semana. En ese breve período de tiempo decidirán si vale la pena regresar o no. Si la experiencia es aburrida y mala, no volverán.

Y aun así, en nuestra parroquia, en Timonium, le prestábamos muy poca atención al domingo. Incluso después de haber entendido nuestra misión y haber hecho cambios significativos trabajando con una estrategia clara para crecer, todavía no habíamos entendido esto. Seguíamos viendo el domingo como un colofón; la música era la que los músicos querían; los celebrantes determinaban el mensaje del domingo; y, todavía más importante, la mayor parte del equipo parroquial no estaba allí durante este tiempo. Estábamos demasiado ocupados de lunes a viernes como para acudir también el fin de semana.

Decidimos dejar de hacer muchas cosas y centramos en el fin de semana.

Y peor aún, también regalábamos los fines de semana a otros. Las peticiones de usar nuestro púlpito para recaudar dinero para las misiones o para otras colectas especiales, siempre eran bien recibidas (significaba menos trabajo para nosotros). Cualquiera podía aparecerse en nuestro *lobby* y ocuparlo para lo que quisiera: las Niñas Scout vendían galletas, el grupo de jóvenes vendía pasteles, los Caballeros de Colón invitaban a nuevos miembros y el Club de Damas promovía su desfile de moda. Y por supuesto, independientemente del tipo de actividad, siempre había carteles que cubrían las puertas de la entrada y anuncios después de la Comunión. Además, algunos fines de semana, grupos ajenos a la parroquia podían tener sus eventos en nuestro campus. Incluso llegamos a tener una compañía de teatro infantil que ocupó las instalaciones durante un tiempo porque era un fácil ingreso extra. Todo esto distraía nuestra atención y energía de lo que debía ser nuestra preocupación principal.

Una de las decisiones estratégicas más importantes que tomamos fue declarar guerra a las distracciones y centrarnos en nuestro trabajo, teniendo siempre ante nuestros ojos a *los que están lejos*. Decidimos dejar de hacer muchas cosas que habíamos estado haciendo y que nos distraían de aprovechar bien el fin de semana. Haciendo una adaptación de la famosa frase de James Carville en las elecciones de 1992 "¡Es la economía, tonto!", adoptamos la frase del pastor Ed Young: "¡Es el domingo, tonto!"[3].

El beato Juan Pablo II nos enseñó de una manera muy sencilla que la Eucaristía construye a la Iglesia[4]. La Iglesia se forma y crece por la Eucaristía y los católicos maduros entienden lo que están recibiendo y lo que están dando en la Eucaristía. Ven a la Eucaristía como el "don por excelencia"[5]. En ella se nutren y crecen como discípulos.

"La Eucaristía es 'el compendio y la suma de nuestra fe'", dice el Papa Benedicto XVI.

> La fe de la Iglesia es esencialmente una fe eucarística y se alimenta especialmente en la mesa de la Eucaristía... Por esta razón, el Sacramento del altar siempre está en el corazón de la vida de la Iglesia: "gracias a la Eucaristía, la Iglesia renace siempre de nuevo". Cuanto más viva es la fe eucarística en el Pueblo de Dios, tanto más profunda es su participación en la vida eclesial a través de la adhesión consciente a la misión que Cristo ha confiado a sus discípulos[6].

Seamos realistas: mucha gente que viene a la Iglesia hoy no entiende la Eucaristía y tampoco se interesa por ella. Y muchos católicos que no van a la iglesia simplemente se han alejado por completo de la Eucaristía. Han puesto a la Iglesia fuera de sus vidas y no importa con cuánta belleza o perfección celebremos la Misa –y debemos celebrarla bellamente y con perfección–, la gente no está volviendo. La triste ironía que hemos visto cuando hablamos con católicos que se han ido a iglesias evangélicas, es que tienen casi siempre la misma explicación: "Simplemente sentía que no me estaba alimentando".

Para comenzar a cambiar esta tendencia en nuestra comunidad, miramos más allá de la liturgia de la Eucaristía para encontrar aquellos elementos que podrían tener mayor impacto en los que se han alejado de la Iglesia y en los que están comenzando el camino del discipulado. Se nos ha criticado y malinterpretado en este punto, por ello queremos ser claros. La Eucaristía es fundamental en nuestra parroquia y en las celebraciones del domingo. Nos referimos a que debemos saber dónde está la gente, *encontrarnos* con ella, donde está para conducirla de un modo mejor a una completa comprensión y celebración de la Eucaristía. Centrémonos teniendo en mente, en primer lugar, a los que están lejos.

¿Qué significa esto? En este capítulo vamos a hablar de las dos cosas que más van a llamar la atención a los visitantes. Si las entienden bien, estarán creando una excelente experiencia de domingo.

La música es agua

Centrar el domingo en la gente que está lejos significa… cuidar la música. La experiencia dominical debe llevar a quien nos visita a algo nuevo, ayudándolo a recorrer un itinerario emocional, intelectual y, en definitiva, espiritual, que los conduzca a las profundidades de Dios. A final de cuentas, el hecho de ser capaces de cantar es un don divino. Dios habita en el interior de cada persona quien, a su vez se convierte en la fuente de toda música. Por lo tanto, Dios se hace presente cada vez que su pueblo lo alaba. La música, cuando brota

No fue tan complicado. Solo miramos a lo que estábamos haciendo y decidimos enfocarnos en esas pocas cosas que sabíamos que podíamos hacer mejor que nadie, sin distraernos en campos de batalla que solo iban a alimentar nuestro ego y en los cuales no podíamos ser los mejores.

Un ejecutivo de Wells Fargo[7]

auténticamente de nuestro interior, se convierte en un medio por el cual Dios nos lleva a ser mejores.

Nos gusta decir que la música es agua sobre la que navega la experiencia. Es como si tuviera el poder que las palabras por sí solas no tienen. La música lleva lo que decimos y sentimos a otra dimensión, adonde, las palabras, por el contrario, no nos pueden llevar. Más que cualquier otro elemento, la música es lo que mejor puede tocar y cambiar los corazones de la gente, para bien o para mal. Desde siempre, la música había sido un gran problema en la Natividad.

Como sucede en muchos lugares, había algunas opciones: tres Misas eran con cantor y órgano, otra con coro, en otra cantaba el pueblo y otra, gracias a Dios, sin música. La Misa en la que cantaba el pueblo era con diferencia más popular que las demás, quizás porque era más fácil seguirla, o más fácil desentenderse. El coro lo hacía lo mejor que podía, pero les costaba trabajo. No cantaban muy bien, y la música era aburrida y anticuada. En las otras Misas, la música era peor, bastante peor.

Muchos miembros del coro estaban más convencidos de sus dotes musicales de lo que deberían, y su canto no era de calidad. Casi todas las mujeres que cantaban se creían prime donne. El organista era una excelente persona que luchaba heroicamente contra un órgano bastante malo. Los cantos tradicionales así como los otros añadidos más recientemente al cantoral de música sacra, eran descuartizados Misa tras Misa, semana tras semana. Nadie cantaba. Y cuando decimos nadie queremos decir ¡nadie! Si alguien cantaba, sabías que no era de la parroquia y todos se le quedaban viendo hasta que se callaba y se iba. No es extraño que algunos domingos la Misa más popular fuera precisamente la que no tenía música.

Cuando llegamos a la Natividad, tuvimos una reunión para conocer mejor las dificultades que habíamos heredado. Aunque la mayoría eran apáticos en relación con la parroquia, aquella noche tuvimos casi una revuelta llena de quejas amargas sobre la música. Mucho de lo que se dijo era cierto. Tenían razón. Teníamos una música horrible y eso hacía que la experiencia del domingo fuera igual de horrible.

¿Quieren saber que hicimos para solucionar el problema? Absolutamente nada. No queríamos herir los sentimientos de nadie (sin incluir en ese “nadie” a la pobre gente que tenía que escuchar la música...), No hicimos nada durante dos años. Cuando no podíamos soportarlo más, cuando incluso nosotros mismos no queríamos ir a nuestra iglesia para escuchar ese ruido, nos atrevimos a hacer lo inaudito: hablamos con los músicos. Tal como lo imaginábamos, no aceptaron nuestras sugerencias y resultó difícil incluso pretender cambiar las cosas.

> No es de extrañar que algunos domingos la Misa más popular fuera precisamente la que no tenía música.

Finalmente contratamos un director de música, lo cual fue un grandísimo paso, porque ya estábamos abordando el tema como algo profesional y, todavía más importante, podíamos depositar en él todo el programa. No funcionó. El nuevo director era un talento brillante que parecía obstinado en abrumar a la gente con un estilo de música que terminamos llamando “disonante y difícil”. Se resistió y se mostró resentido ante nuestras peticiones. “Yo no soy una rocola”, cortó tajantemente y despreció las preferencias de la gente. Y lejos de hacerse cargo de nuestros problemas, los hizo todavía más grandes. Estaba claro que lo teníamos que despedir, pero nos tomó *otros* dos años afrontar el tema y hacer lo que teníamos que hacer.

Hablando solo desde nuestra experiencia, uno de los mayores problemas de la música en una parroquia son los músicos. La mayor parte de los profesionales costaban mucho dinero. Algunos suelen pedir un sueldo alto, les cuesta controlar su economía y no saben trabajar con otras personas. Algunas veces se presentaban con la cínica actitud de “voy a hacer lo que me dé la gana y ustedes me van a pagar por eso”. Los músicos voluntarios pueden tener una actitud *más autosuficiente* y más difíciles de manejar. Fuera como fuera, el funcionamiento de la música dependía siempre de los músicos. Todavía recordamos el disgusto que nos llevamos un fin de semana del 4 de julio, cuando el nuevo director de música se extendió generosamente en la interpretación de una "átona meditación francesa" para la Comunión (no se preocupen si no saben qué es eso, nosotros tampoco lo sabíamos; solo piensen sin la más mínima compasión en algo muy feo). Mientras tanto, la gente que se había quedado, miraba ansiosamente su reloj porque quería llegar a la piscina o a sus comidas al aire libre. Eran dos mundos totalmente distintos.

De mal en peor

En realidad no fue solo culpa suya: también fue culpa muestra, porque cuando se trataba de música, como en muchas otras cosas, tampoco sabíamos qué hacer. Deambulábamos yendo y viniendo por un mar de malas decisiones, mientras tratábamos de encontrar el camino para avanzar. En nuestra falta de comprensión profunda del problema, hicimos el tema más difícil y costoso de lo que ya era. Muchas iglesias católicas en esta parte del país tienen dos estilos de música litúrgica, la "Misa de guitarra" y la "Misa de órgano". Parece que últimamente muchas iglesias protestantes han adoptado también la costumbre de ofrecer diversas opciones. Los anuncios fuera de iglesias de estilo más tradicional ofrecen "servicios contemporáneos" como complemento a los "servicios tradicionales", para atraer a nuevos miembros sin afectar a los antiguos. Les deseamos suerte, porque tener diversos estilos de música hace las cosas todavía más difíciles. Créanos, sabemos de eso. En la que resultó ser, sin lugar a dudas, la idea más tonta que jamás tuvimos, adoptamos este planteamiento y la hicimos todavía más grande.

P. Michael. Fue una idea tan mala que todavía me da pena hablar de ella. Organizamos lo que absurdamente llamé "menú de opciones musicales". Fue un esfuerzo más, muy claro, por satisfacer a consumidores exigentes, con no solo dos o tres, sino *cuatro* tipos de música litúrgica para las diferentes Misas. Durante tiempo ofrecimos una "Misa coral" con un coro establecido y música coral clásica, y una Misa "tradicional" con cantos para órgano más comunes. También había otro tipo que llamamos "contemporáneo familiar", que era música popular y, por último, "contemporánea" que era una música del estilo de la utilizada para animar reuniones.

Quizás no esté mal tener diversas opciones musicales en tu iglesia. Quizás. Pero lo dudamos. En nuestra experiencia, las distintas opciones crearon grupos que competían entre sí. Competían con recursos limitados y por un espacio físico y surgían problemas logísticos entre una Misa y otra. Además, la gente de la parroquia se dividió de acuerdo con sus preferencias musicales.

Fue otro ejercicio de consumismo. Y, como todos esos esfuerzos, contraproducente para lograr el crecimiento, porque las personas nuevas no basan su asistencia a Misa en los tipos de música que se ofrecen, sino en los horarios. Si no les gusta la música a la hora que van a Misa, se marchan a otra parte o simplemente no van. Queríamos que la música fuera atractiva, pero no sabíamos exactamente cuál era su importancia.

P. Michael. Abordé el tema de la música desde la perspectiva de mis propios gustos y preferencias. Me gusta mucho la música clásica y, en la iglesia, la música coral. Tuvimos un director extraordinario durante un tiempo, que organizó un coro de hombres y niños de gran calidad, y a mí me gustaba mucho. No pude hacer que a otros les gustara. Quizás algún día habrá un lugar para ese tipo de música, pero en aquel momento la Natividad necesitaba otra cosa.

Los cantores originales tenían un repertorio pequeño, fácil de encontrar en cualquier otra iglesia: "Reúnenos" y, por supuesto, "la Misa de la Creación". Al grupo de música popular le gustaba la música clásica para la familia, pues era la música con la que habían crecido en los sesenta y setenta. Algunas de esas canciones eran "Que haya paz en la tierra" y "Sabrán que somos cristianos por nuestro amor". Si tú le preguntabas a una persona normal que iba a la iglesia qué le gustaría oír, te habrían dado una lista muy sencilla de música fácil de oír, música un poco sentimental: el "Ave María", "Sobre las alas del águila", "Dios bendiga a América", "Yo soy el pan de vida" o "No tengan miedo". En realidad, no hacía falta preguntarles porque cuando no se tocaba lo que ellos querían, siempre nos lo decían después de la Misa. Es lo que hacen los clientes.

Las batallas musicales que tuvimos –y vaya que si tuvimos batallas– eran todas sobre preferencias personales de los consumidores o de los proveedores tratando de obtener los productos que cada uno prefería. Pero todavía no nos dábamos cuenta, incluso después de tantos esfuerzos, de que ni la refinada música de los profesionales ni las dulces y agradables preferencias de nuestros fieles iban a atraer a "Tim".

Tuvimos otro problema con parte de nuestra música más contemporánea. Como explica agudamente Thomas Day, en su libro, *Porque los católicos no pueden cantar*, hay un punto que lleva el problema fuera del campo de los simples gustos:

Y es la tendencia de esta música a dejar que la comunidad se convierta en la "voz de Dios". En otras palabras, el

> compositor escribe el texto de forma que la gente cante las palabras de Dios, generalmente sin poner las comillas de la cita, en una especie de estilo aburrido, relajado y casi casual. Esto es algo delicado y sin precedentes en la historia del Cristianismo. Las palabras cantadas por esta asamblea-Dios parecen estar asegurando a todos que llevan una vida de constante y heroica santidad, y han comprado ya su salvación gracias a sus buenas obras[8].

No toda nuestra música era música de culto. Trabajamos mucho para organizar bien la música y de forma intuitiva entendimos lo importante que era, pero a pesar de nuestros mejores esfuerzos, no lo hicimos bien. Teníamos organizados los cantos: primero eran malos, después mejores y finalmente muy buenos. Habíamos organizado la música; lo que necesitábamos organizar ahora era el *culto.*

El problema no es tener buena música, sino hacer que la gente vaya más allá de una actitud de consumidores musicales, que pueden estar impresionados o a gusto, aburridos u ofendidos por la música; el problema es ayudarles a dar un verdadero culto a Dios. Al mismo tiempo, se trata de que los músicos dejen de ser meros intérpretes artísticamente cualificados y se conviertan en líderes de la oración y el culto. Por tanto, se trata del culto a través de la música.

Habíamos organizado la música; lo que necesitábamos organizar ahora era el *culto.*

Los discípulos cantan

"Cantar" es una de las palabras más usadas en la Biblia[9]. Se espera que el pueblo de Dios cante. "¡sirvan a Yahvé con alegría, lleguen ante él con júbilo!" (Sal 100:2). Es la forma más elemental de culto, lo que Moisés e Israel hicieron en respuesta al paso del Mar Rojo; es lo que David y el pueblo hicieron mientras llevaban el Arca de la Alianza a Jerusalén; lo que Jesús y sus discípulos hicieron la noche antes de que Él muriera (la Última Cena no fue una Misa "silenciosa"). La música litúrgica nos debe llevar al canto y debemos cantar a través de la liturgia.

Participar en los cantos se convierte en una forma de difundir el Evangelio. Cuando la Iglesia da ejemplo de la vivencia sacramental, pone a los demás en contacto con la fe, la libertad y la paz de Cristo. A final de cuentas el propósito de la Iglesia es mostrarle al mundo un camino confiable que los ayude a participar más a fondo en el misterio de Cristo.

Canto y discipulado van juntos. Los discípulos son llevados al culto e invitados al servicio de manera especial y con mayor fuerza a través de su participación cantada en las ceremonias.

Cuando nos dimos cuenta de este pequeño hecho, supimos a dónde teníamos que ir; lo que no sabíamos era cómo llegar. La oración habría ayudado y finalmente es lo que hicimos. Oramos y ayunamos (un poco) y esperamos. No es broma. Un día, el domingo de Resurrección, un feligrés llamado Al entró a nuestra oficina y nos dijo que había estado organizando la música contemporánea en una parroquia de Texas. Se acababa de mudar a nuestra comunidad para estar más cerca de su familia, y dijo que le gustaría ayudarnos. Y lo hizo. Poco a poco nos ayudó, y mucho, a organizar la música.

Actualmente tenemos cinco Misas prácticamente iguales dirigidas por Al y el grupo que él organizó; recientemente, un segundo grupo dirigido por Rob. Ambos grupos tienen, semana tras semana, bateristas, tecladistas, bajistas y otros músicos más, dependiendo de las necesidades (nos sorprendimos del talento musical que teníamos sentado en las mismas bancas de la iglesia). Tocan música moderna de alabanza y culto, porque es el tipo de música que, según hemos visto, le gusta a Tim y a su familia. Y, de todos los géneros de música que hemos utilizado, los cantos gozosos y vibrantes, así como las melodías suaves de estilo contemporáneo, son los que más hacen que la gente cante.

La música de alabanza y culto es un tipo de rock alternativo para adultos (con letra cristiana). ¿Es apropiada? Nosotros creemos que sí lo es para nuestra parroquia. Desde el punto de vista litúrgico, no hay ningún problema. El Concilio Vaticano II explica:

> Hay pueblos con tradición musical propia que tiene mucha importancia en su vida religiosa y social: dése a este tipo de música la debida estima y el lugar correspondiente no solo al formar su sentido religioso, sino también al acomodar el culto a su idiosincrasia...[10]

Los padres del Concilio estaban pensando en la importancia de la música cuando se trata de la evangelización y del culto en un territorio de misión. Ese es exactamente nuestro caso: Timonium, Maryland, en el siglo XXI es un territorio de misión. Y la música que se adapta a esa cultura es una herramienta útil y efectiva.

Algunas veces también incluimos versiones actualizadas de cantos más tradicionales. Durante la vigilia de Navidad y durante la Semana Santa, nuestro director del coro, Rich, reúne un coro tradicional en plena forma para ofrecer los cantos clásicos más conocidos, que todos (incluido Tim) siempre quieren escuchar en esas ocasiones.

No estamos abogando por un tipo concreto de música. Sería absurdo en una realidad multicultural como el Catolicismo de Estados Unidos. Además, en el culto católico el *Novus ordo* alberga muchos estilos musicales con tal de que la música observe tres criterios básicos, como han sido explicados por el Card. Joseph Ratzinger, hoy Benedicto XVI:

- Que esté relacionada con la Palabra de Dios y con la "acción santificada de Dios".
- Que eleve el corazón humano a Dios
- Que una al individuo con toda la comunidad[11].

Más allá de todo esto, se trata de descubrir cuál es la música que funciona mejor en la comunidad, no los gustos del párroco o del director del coro; no las peticiones que vienen de los fieles, ni siquiera las preferencias establecidas por la mayoría. La música debe estar dirigida a atraer a los que están lejos y a ayudar a los discípulos a crecer a través del culto.

> Timonium, Maryland, en el siglo XXI es un territorio de misión. Y la música que se adapta a esa cultura es una herramienta útil y efectiva.

La música se selecciona escuchando a muchas personas del equipo parroquial incluyendo, pero sin dejarnos limitar o dirigir, a los músicos. Por lo general tenemos un mismo tipo de música semana tras semana a lo largo de un tiempo, lo cual incrementa *en gran manera* la participación. Al inicio éramos reticentes a repetir la música; pero los resultados hablan por sí mismos y, a medida que los feligreses se familiarizan con el mensaje que hay detrás de la música, siguen creciendo en su discipulado.

Ya no tenemos una Misa "silenciosa" o sin música. Dejamos de hacerlo hace un par de años y ha sido una de las mejores decisiones que hemos tomado. En la Natividad, la Misa silenciosa servía solo para perpetuar la mentalidad de "terminemos rápido con esto". Eran personas que iban a la iglesia sin ninguna intención de participar en el culto.

En una ocasión, invité a un amigo, un ministro de otra denominación, a unirse a nosotros en la Misa. Utilizó una buena analogía comparando la música de la celebración con la banda sonora de una película. Si se escoge con cuidado y tino, la música puede dar forma al guión o llevar a los fieles por un camino que les eleve a Dios.

Cuidamos que la música esté en consonancia con la acción litúrgica. Debe haber una intencionalidad, debe fluir hacia ella, sintonizando con el mismo rito. De la misma forma que el año litúrgico tiene lo que se llama "solemnidad progresiva" (es decir, algunas fiestas requieren una celebración más larga o más solemne), lo mismo se puede decir de la Misa. Dentro de la Celebración Eucarística hay una "solemnidad progresiva" y puede acentuarse con la música. El canto de entrada debe comunicar un sentimiento de llegada, quizás hasta cierta urgencia, llevando a la gente a la experiencia de un evento que se sale de lo cotidiano. La música del ofertorio debe introducir a la gente en el misterio que se va a celebrar. La de la Comunión, más suave y emotiva, debe elevar e inspirar los corazones. El canto de salida debe ser un enérgico envío de la asamblea al mundo secular.

Para subrayar este punto, utilizamos otros dos elementos en nuestra forma creativa y actualizada de afrontar la experiencia del domingo: el canto gregoriano y *el silencio*.

> La música puede dar forma al guión o llevar a los fieles por un camino que les eleve a Dios.

El canto gregoriano, la música propia de la liturgia romana, enraíza sólidamente nuestra experiencia dominical en la tradición católica, y lo usamos en las aclamaciones de la plegaria eucarística y algunas veces como un introito y contrapunto para el inicio de la Misa o el canto de Comunión. Parece capturar de forma muy efectiva la atención de la asamblea para introducirla en el corazón del misterio que celebramos. Lejos de hacer que Tim y su familia se desconecten, nos hemos dado cuenta de que los lleva a estar presentes en la acción que se está desarrollando, conduciéndolos paso a paso a través de la solemnidad creciente. *El mundo de la Iglesia* puede parecer acartonada y cursi, o también, exhibicionista e insincera, a la gente que está lejos; por lo menos esa es la actitud con la que llegan a la puerta de la iglesia. Enriquecer nuestras celebraciones con la unción propia de la liturgia romana, tan bien expresada en el canto gregoriano, puede servir como antídoto para esa percepción.

La fuerza de la música puede complementarse con la fuerza del silencio. Ya hemos dicho que no somos admiradores de las Misas "silenciosas", pero un uso creativo y deliberado del silencio, como una introducción o pausa en función de la palabra hablada o cantada puede incrementar sensiblemente la experiencia del culto. Al final de cuentas la música nace en el silencio y culmina en el silencio. Y, de manera semejante, Dios nos habla en lo bello de un canto y en el poder del silencio Por eso, darle importancia al silencio como elemento de profundización de la liturgia nunca será excesivo.

El canto de Comunión, cantado con unción y mezclado con el silencio compartido, puede ser el momento más intenso e impactante de toda la experiencia del domingo. Pero el silencio es más intenso y efectivo para nuestra asamblea en el contexto de la música. Al igual que la música, el silencio también tiene un gran impacto. Usa la música para manejar el silencio.

¡TÚ TAMBIÉN PUEDES HACERLO!

Pasos que puedes dar en tu parroquia

Para llegar a donde necesitas no es necesario el talento o la buena suerte, ni siquiera el dinero. Se trata de seguir con constancia unos cuantos principios básicos:

- Consigue los mejores músicos que puedas (pagados o voluntarios) y sírvete de ellos; haz lo más difícil, es decir, pídele a la gente que no canta bien que colabore en otro equipo de la parroquia. Afronta los retos y luchas que supone lograr que la música mejore.
- Encuentra a la música y a los músicos con la oración. Ayuna por ellos.

- Cualquiera que sea el estilo, debe ayudar al culto, y tus músicos líderes de culto.
- Cuida la música que eliges y hazlo teniendo en cuenta tanto la liturgia, como a los que están lejos. Necesitas hablar constantemente con tus músicos sobre ello. No se trata de qué le gusta al párroco, qué quieren ellos; se trata de atender a los que están lejos.
- No tengas miedo de repetir la música de la semana pasada. De manera amable, anima a la gente a cantar y canta con ellos.

Después de la calidad del aire, la música es el factor ambiental más importante para tu comunidad, porque determina cómo se sienten en la iglesia. Tiene la capacidad para hacerlos sentir como clientes consentidos o como clientes insatisfechos, como parte de un movimiento de discípulos que están creciendo, que es lo que quieres para tu parroquia. Además, estamos firmemente convencidos de que las iglesias permanecen como grupos de consumidores en la medida en que la gente no canta. No sabemos exactamente *por qué*, pero el canto de la asamblea es un indicador fiable de la salud de una iglesia. Ir a la parroquia y no cantar es como ir al gimnasio y no hacer ejercicio. ¡Tienes que cantar!

> Estamos convencidos de que las parroquias permanecen como grupos de consumidores en la medida en que la gente no canta.

A lo largo de estos últimos años, hemos observado con creciente satisfacción cómo la gente de la parroquia *ha comenzado* a cantar. Cuando una parroquia está dando culto a Dios unida a través del canto, de forma sincera y no egoísta, produce una cambio de vida.

> Cantad al Señor un cántico nuevo, resuene su alabanza en la asamblea de los fieles (...). Un cántico es expresión de alegría y, considerándolo con más atención, es expresión de amor. Por esto, el que ama la vida nueva es capaz de cantar el cántico nuevo. Debemos, pues, conocer en qué consiste esta vida nueva, para que podamos cantar el cántico nuevo. Todo, en efecto, está relacionado con el único reino, el hombre nuevo, el cántico nuevo, el Testamento nuevo[12].

Accesible y atractiva

Enfocar el fin de semana desde una perspectiva de los que están lejos significa que... "Todo depende de los ministros". No queremos secundar las demandas consumistas de la *gente de Iglesia*, porque no queremos que se queden como consumidores. Pero por ahí es por donde mucha gente empieza. Buscamos atraer nuevos miembros ofreciéndoles una experiencia atractiva y accesible.

Los miembros de nuestra parroquia que ayudan como ministros o voluntarios quitan algunos obstáculos y hacen que esto sea posible. Pueden ayudar en pequeños detalles. Si no puedes encontrar un lugar en el estacionamiento, si no te sientes acogido o si te sientas en una banca sucia, va a ser difícil que te centres en Dios. Las cosas pequeñas se convierten en cosas grandes. Más adelante hablaremos de la prioridad de convertir a los miembros en colaboradores de la parroquia y cómo lograrlo. Aquí queremos presentar los principales "equipos", los que hacen que todo el fin de semana funcione bien.

En nuestra comunidad, la gente suele venir en coche. Por tanto, en un primer momento debemos ocuparnos de los coches. Para nosotros, toda la experiencia del domingo comienza con el *equipo del estacionamiento*. El equipo organiza el flujo de los vehículos, ayuda cuando hay necesidades especiales y se asegura de que entre el mayor número de coches. Pero todavía más importante, el *equipo del estacionamiento* debe también crear un ambiente acogedor y festivo cuando la gente entra al terreno. Debemos darles a entender, sin palabras: "Te estábamos esperando. Qué bien que estás aquí".

Una vez dentro del edificio, nuestro *equipo de acogida* entra en acción y añade a la experiencia del visitante algunas palabras de bienvenida. El objetivo es recibir a *cada uno* de los que entran, demostrándoles de forma convincente nuestra alegría por tenerlos con nosotros. No hay nada más acogedor que alguien sonriendo al verte. Para este momento de su experiencia, los que vienen por primera vez probablemente ya estén sonriendo, y nosotros ya hemos comenzado a predicar con éxito el Evangelio.

Hemos reelaborado la vieja idea de los acomodadores y hemos promovido la de los anfitriones, como los que ayudan a colocar a los visitantes en sus lugares. El equipo de acogida también se encarga de tareas realizadas anteriormente por los acomodadores, como recoger la limosna. También están disponibles para "controlar" la casa. El ambiente atractivo que estamos tratando de crear se logrará solo si hay un ambiente *controlado*.

El equipo de acogida tiene un plan para recibir y asignar un lugar a la gente. También resuelven eventuales problemas y salen al paso de comportamientos menos correctos que inevitablemente se pueden presentar en actos con grupos numerosos. La experiencia del domingo puede verse dañada, e incluso destruida, por un mal comportamiento. La Misa no es un lugar para niños que lloran y que no pueden ser calmados o para bebés grandes que quieren contestar sus teléfonos celulares a toda costa. Cuando es necesario, el equipo de acogida puede sugerir a alguien que salga de la iglesia y participe en la Misa en el lugar adaptado para familias con bebés. Cualquier cosa que hagan es para crear un ambiente en el que los jóvenes y los adultos puedan distanciarse un poco de su vida ordinaria, relajarse y concentrarse en Dios.

La Misa no es el lugar para niños que lloran y que no pueden ser calmados o para bebés grandes que quieren contestar sus teléfonos celulares a toda costa.

El equipo de acogida no trata de responder a todas las preguntas fuera de aquellas que tienen que ver con orientaciones para moverse dentro del edificio; las demás preguntas las responde el *equipo de información*. El equipo ofrece a los visitantes información sobre los programas y servicios, y les ayuda a inscribirse para dar los siguientes pasos en el discipulado. Cuando comenzamos con el módulo de formación, los voluntarios no sabían mucho acerca de la parroquia, pero les pedimos que dijeran: "lo voy a investigar". Al final, el equipo desarrolló, y ahora lo actualiza constantemente, un manual de información. La líder del equipo va a la reunión semanal del equipo parroquial donde nos preparamos para el domingo y ella transmite las consignas a sus voluntarios. En este momento, ellos conocen mejor las actividades y organización de la parroquia que nosotros.

Por cierto, una consecuencia positiva y no buscada de su trabajo es que hay menos gente en la oficina de lunes a viernes. En este momento, ni siquiera tenemos a un recepcionista o secretario de planta en la oficina. El equipo de información se encarga de todo durante el fin de semana, desde las intenciones para las Misas hasta los certificados bautismales.

¡TÚ TAMBIÉN PUEDES HACERLO!

Pasos que puedes dar en tu parroquia

Comienza reuniendo, en un solo lugar (en una carpeta o en una computadora portátil o en una página de internet), toda la información que la gente puede necesitar: cómo registrarse, cómo conseguir los sobres para los donativos, cómo inscribirse a los diversos programas, horario de Misas, eventos... Todo en un solo lugar.

Busca a tres o cuatro personas de tu parroquia que tengan las mejores cualidades para este servicio; elige a gente amable y entusiasta para que te represente. Invítalas a formar parte del equipo de información. Diles que pueden dejar de hacer cualquier otra cosa que ya estuviesen haciendo en la parroquia y promételes que no les vas a pedir que hagan otra cosa mientras formen parte del equipo. Invierte en ellos por adelantado, para que vean que su trabajo es importante. Reúnete con ellos regularmente, asegúrate de que están bien informados de todo lo que necesita.

Encuentra un lugar en el recibidor de la parroquia o cerca de la puerta de tu oficina o, por lo menos, en un lugar muy visible y de fácil acceso. Pon una mesa ahí. Busca una mesa digna o, si es el caso, cúbrelas con un mantel digno. No llenes la mesa de cosas, solo ten unas pocas que sean necesarias e importantes (como tu boletín). Pon cualquier otra cosa que necesites *debajo* de la mesa. Coloca un letrero que diga a la gente para qué es esa mesa.

- Nota 1: no uses sillas, tu equipo debe estar de pie.
- Nota 2: no vendas cosas en esta mesa ni la uses para recibir donativos.

Establece un horario para el equipo y asegúrate de que los que atienden la mesa nunca estén solos. Ayúdales a entender lo que deben hacer, pues no están simplemente ofreciendo agua a la gente de la parroquia. Están en la primera línea de la evangelización y el discipulado.

El *equipo del café* se encarga del café. Venden café, té, jugos y agua embotellada todo el fin de semana; *bagels* y donas el domingo por la mañana; chocolates, sándwiches y pizza por la tarde. Para evitar complicaciones, solo vendemos comida ya preparada. Fuera del café, nada se cocina en nuestra cafetería. Y solo ofrecemos comida que se pueda sostener con las manos de forma que la gente pueda estar de pie. No queremos tener un determinado número de sillas que limiten nuestra capacidad ni queremos que la cafetería se convierta en un lugar donde la gente que ya está en la parroquia se quede a cenar (crearíamos así otra vez un grupo de consumidores). El objetivo es crear un ambiente accesible y sencillo de caridad fraterna para la mayor cantidad posible de gente. Y, si bien nos aseguramos de no tener pérdidas, nuestra cafetería *no* tiene como finalidad recaudar fondos.

Además del trabajo obvio de servir el café, el equipo tiene la misión de relacionarse con la gente de la parroquia, y con los visitantes de una manera más personal. Hemos creado una cultura en donde la gente quiera estar todavía en la parroquia después de la Misa. No hacemos grandes reuniones sociales como bailes o cenas, porque implican mucho trabajo y las personas no necesitan que les demos un evento más para sus agendas (y, más adelante, explicaremos por qué no nos gustan las actividades para recaudar fondos).

Además, hemos encontrado una manera más sencilla de fomentar la caridad fraterna entre los miembros de la parroquia que involucra muchas más personas que los eventos tradicionales, que exigen mucho trabajo y se organizan en diversas fechas a lo largo del año. El domingo es *el tiempo* de la amistad y la caridad fraterna; la cafetería es el lugar donde esto se da; y el equipo del café *es el que hace* que esto suceda.

Cuanto más tiempo pase en el campus, más abiertos estarán a recibir el mensaje del Evangelio y a querer profundizar en él. El mayor triunfo del fin de semana es escucharlos después de Misa, en la cafetería, hablando del mensaje del Evangelio que han oído ese domingo.

Invierte e invita

Estos cuatro equipos son un todo; trabajan juntos de manera estratégica. El equipo del estacionamiento trata a la gente teniendo un encuentro breve, amable y servicial. El equipo de acogida entra en contacto con tanta gente como pueda, pero también de forma breve. Sin embargo, estos dos equipos juntos nos aseguran que al menos todas las personas que visitan nuestra parroquia tendrán dos encuentros amables con alguien.

El equipo de información y el equipo del café hacen un trabajo más profundo con aquellos que, por la razón que sea, están buscando algo más profundo. La mesa de información es el lugar para que nos conozcan mejor y se involucren. En el café, nuestros voluntarios entran en contacto con ellos para establecer una relación, lo cual puede empezar con una simple conversación, y llegar después a una amistad más profunda.

> El mayor triunfo del fin de semana es escucharlos después de Misa, en la cafetería, hablar del mensaje del Evangelio de ese domingo.

Recientemente hemos empezado a trabajar en un quinto equipo que complementaría, este esfuerzo. Aún no tenemos un nombre para él. Se les daría una preparación especial para ayudar a aquellos a quienes les gustaría recibir alguna atención pastoral inmediatamente después de la Misa. Puede ser tan solo un hombro para llorar, alguien que escucha atentamente, un abrazo de ánimo en medio de una reacción emocional durante la Misa o un lugar seguro para comentar dificultades personales. No son consejeros o psicólogos; son voluntarios que ofrecen apoyo emocional y oraciones. El sacerdote no debe ser el único que esté disponible para escuchar y atender a la gente que acude a la Iglesia.

Todos nuestros colaboradores son parte de la estrategia de evangelización "invierte e invita", de la que hablamos antes. Si ya has pasado por el esfuerzo de invitar a alguien, puedes estar seguro de que será bien atendido en la parroquia, lo cual además... te anima a seguir invitando a más gente.

Limpia tu guardería

Además de todos los servicios que se necesitan para la Misa, tenemos otros equipos que se encargan de la tecnología y las operaciones. El *equipo de operaciones* se encarga de poner y quitar todo lo necesario para las actividades. También lavan ventanas, pasan la aspiradora por las alfombras y mantienen el lugar limpio a lo largo del fin de semana. Es un trabajo sumamente importante y pueden hacerlo los mismos miembros de la parroquia.

Si vienes a nuestra iglesia a media mañana del domingo, posiblemente unas mil personas han estado ya en la parroquia. Sin un mantenimiento constante, los botes de basura estarían llenos, los cristales de las puertas manchados y las áreas para los niños sucias. Además, la falta de limpieza y mantenimiento daña mucho nuestra imagen.

Un párroco cuenta que visitó una iglesia en la que le habían pedido su consejo y asesoría (las cosas no iban muy bien). Llegó un poco antes de lo acordado y decidió dar una vuelta por las instalaciones él solo. Primero fue a la guardería, la cual estaba muy sucia. Dio media vuelta y comenzó a caminar. En ese momento estaban llegando quienes lo habían invitado. Sin dejar de caminar les dijo: este es mi consejo: limpien su guardería. No me digan cuánto aman a Jesús, solo limpien la guardería.

¡TÚ TAMBIÉN PUEDES HACERLO!

Pasos que puedes dar en tu parroquia

Te invitamos vivamente a considerar qué impresión se llevaría alguien que visite los edificios de tu parroquia. ¿Están bien cuidados, ordenados y, sobre todo, limpios? El estado de las instalaciones dice mucho más de lo que tú puedas decir desde el púlpito. Si bien lo que menos le importa a los que están lejos es que iglesia sea bonita, es esencial que esté bien cuidada.

Entre los equipos del fin de semana también se incluye al *equipo de tecnología*. Se encarga de lo más básico: lo que se ve y lo que se *oye*. ¿Cuántas veces has estado en una iglesia y no puedes ver lo que está pasando o no puedes oír lo que están diciendo? No tiene sentido, ¿verdad?

En el equipo de tecnología se incluyen tanto nuestro equipo de camarógrafos como la gente que trabaja en la consola, mezclamos el sonido y el video. Actualmente, tenemos varios lugares con pantallas a los que llamamos "áreas de culto". Son lugares fuera del edificio de la iglesia en los que se transmite la Misa. Ofrecen asientos extra y se adaptan a necesidades especiales, como gente que quiere estar con sus hijos pequeños. Estas pantallas se encuentran en ambientes más informales para la gente que nos visita por primera vez y no está muy familiarizada con el orden de la Misa o no se siente a gusto dentro de la iglesia. También hemos comenzado a transmitir *on line* la homilía del fin de semana a través de nuestra página de internet (como un lugar todavía más accesible para los que están lejos). El equipo de tecnología *se encarga* de hacer llegar la experiencia del domingo a más personas.

En la iglesia, el lugar principal de culto, el equipo de tecnología cuida la Misa a través de lo que se ve y de lo que se oye. Como ya mencionamos, nuestra iglesia es una estructura minimalista de los años setenta; las paredes internas son de ladrillo café. Hace un par de años, la arquidiócesis nos permitió cambiar el ambiente de la iglesia: colocamos dos pantallas grandes de 9 × 16 pies a cada lado del altar. Con la ayuda del equipo de tecnología, comenzamos a proyectar la Misa. Eso ciertamente suscitó muchas críticas, pero el resultado fue positivo, ayuda a la gente a meterse más en la acción litúrgica. Dicho sea de paso, si visitas la basílica de San Pedro en Roma o la catedral de San Patricio en Nueva York, verás lo mismo.

Ambientes irresistibles

Las cosas pequeñas son grandes cosas. Haz que sea fácil estacionarse, saluda a la gente; cultiva un ambiente acogedor, ofrece música que eleve el espíritu y tendrás el marco necesario para una gran experiencia dominical. Andy Stanley resume estos esfuerzos en crear lo que él llama, un "ambiente irresistible". Refiriéndose a su iglesia al norte de Atlanta, escribe:

> La razón por la que [nuestros] voluntarios hacen lo que hacen (...) es que entienden que no estamos solo estacionando coches (...), estamos creando ambientes irresistibles. Cuando la gente llega a esos ambientes, hay un momento en el que hacen clic, y entonces comienzan a sentirse interpelados (...) por el mensaje del Evangelio y de la Escritura que tiene muchas aplicaciones para su vida cotidiana[13].

Los equipos del fin de semana y la música crean un ambiente atractivo y, esperamos, irresistible.

¿Deseas saber más, profundizar?

Escucha a Barry, director de uno de los equipos de nuestra parroquia, hablar de lo que él hace y cómo nos organizamos. Entra en www.rebuiltparish.com/chaer6 y abre el video "El director del fin de semana" (*The Weekend Director*).

Los adultos no siempre vienen solos

Hay un punto más. Sin este otro elemento, nunca van a tener un ambiente atractivo y mucho menos irresistible. Esa es la razón por la que hoy te decimos…

7

INVOLUCRA A LA SIGUIENTE GENERACIÓN

La Iglesia mira a los jóvenes; es más, la Iglesia de manera especial se mira a sí misma en los jóvenes.

BEATO JUAN PABLO II[1]

Fuera del edificio principal de la iglesia de la Natividad hay un espacio con grandes ventanales, perfecto, para poner asientos extra, especialmente para gente con necesidades especiales, como mamás y papás con sus bebés. Considerando que esta iglesia se construyó en 1970, este tipo de espacio es una gran innovación.

Sin embargo, por alguna razón, *quién* se sentaba ahí, o más bien, *a quién* se le permitía sentarse ahí, era motivo de roces e incluso de conflictos. Una de las primeras reuniones del consejo parroquial se convirtió en un duro debate sobre el tema. Estaba la visión más liberal, "no importa", y la visión conservadora "nadie debe sentarse ahí, todos deben estar en la iglesia". Aunque no se llegó a ningún acuerdo, los conservadores (es decir, los acomodadores) hicieron todo lo posible para que fuera difícil e incómodo quedarse ahí durante la Misa. Para empezar, no había sillas.

P. Michael. Un domingo pude ver una de las ramificaciones de este conflicto. Una mamá llegó a la iglesia con un niño en su carriola, en la mano que le quedaba libre llevaba otro niño, junto con todas las cosas que suelen llevar las mamás. Tenía que ir a un pequeño armario que se encontraba en el lado opuesto del cuarto; abrir una pesada puerta de metal, mantenerla abierta porque se cerraba sola, sacar una silla plegable, llevarla arrastrando y armarla. A mitad del proceso, el niño se soltó, el bebé comenzó a llorar y ella se dio cuenta de que la silla estaba rota… Abandonó el intento y, sin decir palabra, se marchó.

Los niños pequeños son un gran problema

Centrarse en el domingo desde la perspectiva de los que están lejos significa… "atender a los niños". Atender a los niños que vienen a Misa o a otros programas con sus papás, no es solo bueno; es esencial para poder crear un ambiente irresistible para los papás (o los abuelos) con niños pequeños. Una de las razones más frecuentes por la que las familias abandonan *el mundo de la Iglesia* es que les cuesta mucho trabajo ir a Misa todas las semanas. No es fácil llevar a niños pequeños a un acto de culto para adultos.

La Misa no es ni "tiempo de niños" ni "tiempo de familia". Es un tiempo dedicado a Dios. Sabemos que debemos introducir a los niños en la celebración de la Misa. Pero también sabemos que esto se logra mejor si se crean ambientes apropiados para ellos que les ayuden a dar culto a Dios.

Sin programas para niños, a las familias no les queda otra opción. ¿Cuántas veces han visto a un papá o a una mamá tratando de mantener a su hijo ocupado y callado en la Misa, ganándose miradas de desaprobación de quienes están alrededor? (algunas de esas miradas, hay que decirlo, a veces vienen del altar). Queremos forzar a los niños a que estén sentados durante una ceremonia que no comprenden. Y después nos sorprendemos de que comiencen a aborrecer la Misa y dejen de venir en cuanto puedan. Estamos logrando justo lo contrario de lo que buscamos. Esta es una parte de nuestra cultura que tenemos que cambiar.

La Misa no es ni "tiempo de niños" ni "tiempo de familia". Es un tiempo dedicado a Dios.

Tom. Por otro lado, ser papá con niños pequeños es una de las épocas de la vida con más retos. Créanme, lo he vivido; yo he llegado a tener cinco niños menores de diez años.

Los papás jóvenes están en un momento importante en sus vidas, que a menudo implica revisar y reconsiderar prácticas religiosas que se habían descartado. Comienzan a entrever que ser padre o madre es algo difícil y que no se puede afrontarlo a solas. De forma casi intuitiva se dan cuenta de que inculcar valores y virtudes en los hijos requiere una autoridad más grande que ellos mismos. La mayoría de los padres de familia, incluso si están alejados de la Iglesia, están interesados en dar a sus hijos algún tipo de experiencia de fe. Por todas estas razones, terminan por acercarse a la Iglesia. Responder a esos sentimientos y a esas necesidades fuertemente sentidas con programas adecuados es un secreto para el éxito.

Aunque probablemente tu comunidad sea distinta, en el caso de Timonium, creemos que es una gran oportunidad para ayudar a las familias a salir adelante. A una persona que trabaja con nosotros, Carol, le gusta decir: "Haz algo por mi hijo y harás algo por mí".

"Haz algo por mi hijo y harás algo por mí".

Preparamos a los niños para recibir los sacramentos y vamos a hablar de ello más adelante. Aquí solo nos referimos a los programas de fin de semana que hemos desarrollado para los niños.

Ponemos mucho cuidado para que nuestros programas sean seguros. Nuestros colaboradores se someten a los controles necesarios sobre cuidado de niños. Queremos que nuestros programas sean accesibles a quien nos visita por primera vez, por tanto, no se requiere ningún tipo de inscripción, los niños se presentan y participan. Y esperamos que disfruten durante el tiempo que pasan con nosotros y quieran regresar (no hay ningún problema en divertirse cuando se está en la iglesia). Mientras tanto, sabiendo que alguien está cuidando a sus niños, los papás y los abuelos pueden relajarse, descansar un poco y dedicarse mejor a la oración y al culto.

Zona de niños

Nuestro programa se llama *zona de niños* y atiende a niños a partir de seis meses. Por lo que ve a los niños pequeños, lo único que nos interesa es que la iglesia sea un lugar donde sean reconocidos y amados, un lugar al que les guste venir. Pero no es una guardería sin más. Desde su primera visita, los niños escuchan la Escritura, cantan canciones de contenido religioso y tienen marionetas que cuentan las historias de la Biblia, lo que constituye el "mensaje" del domingo para ellos. Están en un ambiente de *culto* y aprenden de otros, niños y adultos, *cómo* dar culto a Dios.

¡TÚ TAMBIÉN PUEDES HACERLO!

Pasos que puedes dar en tu parroquia

Eres un director de educación religiosa con un presupuesto limitado, con espacio limitado y sin programas para niños. Independientemente de la disposición del espacio físico, probablemente hay un cuarto que puedes usar como guardería, por lo menos los domingos durante una Misa.

- Identifica ese espacio.
- Límpialo.
- Asegúrate de que es seguro para los niños.
- Acondiciónalo.
- Asigna un equipo.

Tu objetivo es crear un ambiente limpio, seguro y atractivo para niños. Si lo adornas con colores y buen gusto, todavía mejor. Consigue algunas personas a las que les guste decorar para que te ayuden a hacer algo fácil de montar los domingos y de guardar durante la semana.

Consigue juguetes usados y libros en buenas condiciones para tener algo en qué ocupar a los niños. No tendrás ningún problema en conseguirlos donados. Por lo que ve al equipo de trabajo, no busques a madres de familia (dales un poco de descanso). Invita a parejas cuyos hijos ya no están en casa y a estudiantes de preparatoria para que se encarguen de la guardería. Por supuesto, antes de comenzar, asegúrate de que tus voluntarios tienen el perfil y la capacitación necesarios para cuidar niños.

Invierte en tus voluntarios, asigna un tiempo para estar con ellos al menos una vez al mes. Puedes tomarte un café e intercambiar nuevas ideas para programas que se apliquen a la guardería: música religiosa, videos, juegos divertidos que hablen de la fe y otras actividades. Hay muchas actividades muy buenas en internet, que además son gratis. Algunas de nuestras mejores ideas las encontramos buscando en Google.

Antes de que empiece la Misa, informa a la gente que hay una guardería y explícale cómo se pueden servir de ella. Haz que esto sea fácil.

Juego de estrellas

Los niños entre tres y seis años van al *juego de estrellas*. Llamamos así a un ambiente de "juego-oración-formación", porque queremos que el primer elemento de esa tríada lleve al niño al segundo y el segundo al tercero. El tiempo de juego es un tiempo de compañerismo, que conduce a una experiencia de oración con música y explicación de la Biblia (cuando es posible, utilizamos las lecturas del mismo domingo). Después del tiempo de oración, se hacen pequeños grupos para la clase del día.

Viajeros del tiempo

A nuestro programa de liturgia de la Palabra para niños lo llamamos *viajeros del tiempo*; el nombre ya transmite algo interesante. Pero también lo llamamos así porque enseñamos a los niños una verdad de nuestra fe: queremos que entiendan que la Palabra de Dios está viva y que ellos pueden vivir esa Palabra. En *viajeros del tiempo* viajan "al pasado" para presenciar las historias de la Biblia y conocer sus enseñanzas, recibiendo el mensaje importante para sus vidas hoy y mañana. Las lecturas de la Biblia se basan siempre en las del domingo, y el mensaje está en la misma línea de la homilía de la Misa. Casi siempre el mensaje lo dan miembros de la parroquia que se disfrazan como los personajes de la Biblia (si tu parroquia es como la nuestra, seguro que habrá gente a la que *le encante* hacer esto). Nuestro programa tiene lugar en un viejo salón de clases que está junto a la iglesia. Llamamos a este lugar *el teatro de los viajeros del tiempo*, lo cual suena como un lugar divertido para niños. Cualquier espacio se puede adaptar para ello. Junto con la charla, también incluimos un tiempo de oración dirigida. Viajeros *del tiempo* es para niños de uno a cuatro años.

¿Deseas saber más, profundizar?

Conoce a Lisa, nuestra directora del equipo para niños, y deja que ella te explique con más detalle cómo son nuestros ambientes para niños. Entra en www.rebuiltparish.com/chapter7 y abre el video "Programas de fin de semana para niños" (*Weekend Kids Programs*).

El equipo para niños les ayuda a vivir, orar y crecer en su relación con Cristo. Estos programas no tienen por qué ser caros y, aunque nuestra anterior experiencia era distinta, es posible involucrar voluntarios que sean jóvenes o adultos. Es un programa particularmente adecuado para involucrar a las adolescentes y a mamás cuyos hijos ya no viven en casa; pero, aunque no es lo más común, también invitamos a hombres por el impacto tan positivo que tiene su presencia en los niños. A la gente le gusta pasar tiempo con los niños y si los preparas adecuadamente para que hagan un buen trabajo, sin duda *se involucrarán*.

Los programas de niños nos aseguran que los mismos niños, seguirán trayendo a sus papás.

Una vez que están funcionando, los programas de niños nos aseguran que los mismos niños seguirán trayendo a sus papás. Un párroco nos contó que en una ocasión vio un papá arrastrando a su niño enfrente de la puerta principal de la iglesia repitiendo "nos tenemos que ir ya". En un momento el niño se soltó y gritó: "Quiero regresar a la maldita iglesia".

La experiencia que buscamos está bien expresada en esta carta, similar a muchas otras que hemos recibido.

> Querida parroquia de la Natividad:
>
> Solamente quería agradecer a todos en la iglesia por habernos recibido a mí y a mi familia de una manera tan amable. Para nosotros, la barrera que la Natividad ha derribado es la de haber quitado la frustración que habíamos experimentado al tener que ir a Misa con nuestros tres niños. Dejamos de ir a la iglesia porque estábamos frustrados, al tratar de mantener a nuestros hijos ocupados, sin conseguir nada, excepto enfadarnos entre nosotros.
>
> Alguien nos recomendó la Natividad y decidimos probar. En nuestra primera visita, una persona muy amable nos llevó por las instalaciones y nos mostró dónde podíamos dejar a nuestros hijos. Se mostró muy contenta de que estuviéramos ahí y dispuesta a ayudarnos, y nuestros hijos se sintieron tan a gusto que querían volver. Siempre que hemos entrado a la iglesia o salido de ella, alguien nos ha sonreído y recibido, y eso significa mucho para nosotros. Los voluntarios del estacionamiento fueron siempre solícitos, atentos y amables.
>
> La hospitalidad y las atenciones, la caridad fraterna, y la excelente organización nos han convencido de la presencia

viva de Cristo en esta iglesia. El programa para nuestro bebé de veinte meses es excelente y seguro, y el *juego de estrellas* para nuestros hijos de cuatro y cinco años ha sido una experiencia muy enriquecedora para ellos.

¡Gracias a la Natividad, mi esposa y yo podemos sentarnos ahora como pareja durante una hora, rezar, cantar y renovar nuestro corazón para poder afrontar con altura otra intensa semana! Ahora cada semana estamos esperando a que llegue el domingo y tenemos pensado involucrarnos más en la que, según mi conclusión, es la única manera que tenemos de mantener viva nuestra fe.

> *La mejor forma de comenzar es dejar de hablar y comenzar a actuar.*
>
> Walt Disney[2]

Cuidar los programas para estudiantes

Centrarse en el domingo significa... "cuidar los programas para estudiantes". Los programas específicos para los jóvenes y los adolescentes son un elemento fundamental en nuestra experiencia del fin de semana. El mismo lugar que ocupan en el horario muestra que prestamos tanta atención a los jóvenes como a las demás personas de la parroquia y que buscamos intencionalmente hacer que se involucren en la vida de la Iglesia.

Tenemos un programa para estudiantes de preparatoria y otro para los de secundaria, porque, si los pones juntos, al final vas a terminar solo con un programa para jóvenes de secundaria. Los jóvenes de preparatoria necesitan su propio programa. Recientemente, hemos dividido el programa para los de secundaria en dos: los de quinto y sexto grado por una parte, y los de séptimo y octavo por otro. Mientras más específicos sean los programas para niños y para adolescentes, se vuelven más atractivos y eficaces.

Nuestro actual programa para adolescentes se ve un poco afectado porque tiene que compartir el espacio con los programas para niños –lo cual significa que deben tener horarios distintos –y que las familias con niños en diferentes grados tengan que hacer varios viajes–. Esperamos cambiar esto algún día, pero por ahora ofrecemos los programas para niños los sábados por la tarde y los domingos por la mañana; y los programas para adolescentes los domingos por la tarde. Lo ideal sería que nuestros programas para secundaria pudieran tenerse también el domingo por la mañana; por otra parte, no importa cuánto espacio tengas, los jóvenes de preparatoria deben tener sus actividades por la noche porque no pueden tenerlas los domingos por la mañana.

Los programas para estudiantes incluyen tiempo de diversión con otros jóvenes, con jóvenes voluntarios un poco mayores, hombres y mujeres, dispuestos a socializar con los jóvenes cuando llegan. No hay inscripción, solo es necesario presentarse y, si quiere, puede traer también a sus amigos. Después viene el tiempo de oración, en el que hay grupos musicales de jóvenes y una charla, por lo general ofrecida por el encargado de la pastoral juvenil, Chris. La charla se basa en las lecturas de la Misa del domingo, y sus ideas son muy parecidas a las de la homilía. Lo llamamos *programa de multitudes* y aunque no quiere ser un sustituto o una alternativa de la Misa, un excelente complemento y un buen lugar para que los chicos que no van a la iglesia comiencen a hacerlo.

La función de la charla de Chris es dar una orientación a las conversaciones que se tendrán después. Cuando termina, los estudiantes se dividen en pequeños grupos para profundizar y hacer una aplicación a sus vidas. Estos grupos están compuestos solo por chicos o por chicas, tienen de seis a ocho personas cada uno, y los dirige una pareja de adultos. Los mismos grupos organizan actividades durante la semana como viajes, voluntariado, deportes y otras actividades recreativas. Volveremos sobre estos grupos más adelante.

Cuando llegamos, nos dimos cuenta de que prácticamente no había adolescentes y jóvenes. Trabajamos durante años, y aun así era difícil tener algo más que el programa de Confirmación. Los jóvenes no estaban interesados y, cada vez más, sus papás tampoco o al menos no tenían intención de luchar esa batalla. Todavía ahora seguimos teniendo dificultades con la pastoral juvenil: hacer que los jóvenes vengan a la iglesia, que vuelvan, y mantenerlos interesados no es fácil. Una de las cosas que más nos llamó la atención de todas las iglesias que analizamos era su éxito con la pastoral juvenil. ¿Cuál es el secreto? No son fórmulas mágicas, sino solo unos sencillos pasos, los cuales son mejores que esfuerzos aleatorios o meros sentimientos de culpa.

1. **Construye tu programa de niños**

   En el fondo, la razón por la que no teníamos un programa de jóvenes venía de que los programas de niños eran aburridos y malos. Ten un buen programa para niños. Y asegurarás un buen programa de jóvenes. Si tienen una buena experiencia como niños, van a seguir viniendo cuando sean mayores. Se convierte en una forma de vivir, en lugar de una materia escolar que se debe aprobar, un requisito que hay que cumplir. Un buen programa de niños está construyendo un buen programa de jóvenes. Por esta razón el director del programa de niños y el director del programa de jóvenes trabajan juntos, muy cerca, incluso comparten la misma oficina.
2. **Ten al mejor colaborador para el programa de jóvenes**

   Después del párroco, el miembro con las mejores cualidades debe ser el encargado del programa de jóvenes, alguien conocido y apreciado por la gente de la parroquia. ¿Por qué? Porque puede suceder que se pierda entre la multitud y entonces le va a pasar lo mismo a tu programa para jóvenes. Fíjate: los niños pequeños no se preocupan mucho de quién es el director de su programa. Pero el director del programa de jóvenes es quien debe vender el programa a los adolescentes y jóvenes. Actualmente, Chris es el que da los avisos en muchas de las Misas del fin de semana, incluso cuando los avisos no tienen nada que ver con la pastoral juvenil. Todos lo conocen y ayuda mucho que él sea muy simpático (él también piensa que, además de simpático, es *cool*, pero eso puede entenderse de muchas formas…).

¿Deseas saber más, profundizar?

Deja que Chris hable de sí mismo y de las lecciones que ha aprendido al estar al frente de la pastoral juvenil en nuestra parroquia. Entra en www.rebuiltparish.com/chapter7 y abre el video "Chris cuenta su experiencia" (*Chris speaks!*). También puedes visitar su blog "maratón de pastoral juvenil" en christopherwesley.org.

Conviene que tu director de pastoral juvenil sea un joven adulto. Esto lo hará más accesible a los jóvenes. También, por lo general, infunde más energía y es más flexible a la hora de organizar actividades. Si tu director es un chico, encuentra a una chica que lo apoye (o viceversa). Los jóvenes necesitan modelos de su propio sexo en este puesto. Asegúrate de que tu director de pastoral juvenil sea exactamente el tipo de adulto que los papás quieren que esté cerca de sus hijos. Y él o ella necesitan todo el apoyo del párroco, deben poder comunicarse con él fácilmente.

Al mismo tiempo, haz todo lo que sea necesario para que los jóvenes se sientan importantes en la experiencia del domingo, tanto en la liturgia como en los diversos programas.

3. **Asegúrate de que tus programas para jóvenes son accesibles**

El secreto para los programas de jóvenes es "no hace falta que te inscribas, solo ven". No hay libros, salones de clase ni ninguna otra cosa que pueda parecerse a la escuela. En nuestro programa para jóvenes de preparatoria tampoco hay cuotas o inscripciones, los jóvenes son bienvenidos en cualquier momento y siempre pueden traer a sus amigos. Si un adolescente puede traer a un amigo, es algo muy bueno, sobre todo en una comunidad como la nuestra donde los jóvenes van a escuelas muy diversas.

4. **Haz que tus programas sean excelentes y atractivos**

   Las mismas reglas que se aplican a los programas de adultos, se deben aplicar a los programas de jóvenes. La música, las charlas y los colaboradores tienen que ser de muy buena calidad. Los jóvenes reconocen y valoran la calidad, y esto da credibilidad a tu mensaje.

5. **Mantén los engranes en movimiento**

   A menudo las parroquias ponen muchísimo esfuerzo y dinero en *una actividad* para jóvenes y se desaniman por la baja participación; así que se rinden. Otras veces tratan de hacer algo durante un período de tiempo, queman a sus voluntarios y abandonan todo. No hagas solo actividades, no te preocupes por tener un determinado tipo de programa. No se trata de actividades ni de programas. Se trata de introducir a los jóvenes en el camino del discipulado y de crear un ambiente que los mantenga en el camino de su relación con Dios: ser amigos de otros jóvenes creyentes, crecer en el conocimiento y en el amor a su fe, servir a otros y compartir su fe. Haz de todo esto parte de tu cultura, mantén los engranes en movimiento.

No se trata de actividades ni de programas. Se trata de introducir a los jóvenes en el camino del discipulado.

Los problemas de la pastoral juvenil, y cómo superarlos han sido bien resumidos y explicados por Reggie Joiner, escritor de textos de formación espiritual para jóvenes:

> Ocho de cada diez jóvenes acuden a la iglesia durante su adolescencia, pero la mayor parte de ellos dejará de practicar su fe de forma permanente poco después de obtener su licencia de conducir…, diciendo que el Cristianismo es aburrido, irrelevante y está desfasado.

> Durante mucho tiempo hemos tratado de educar sus mentes en vez de involucrar sus vidas. Cuanto más tratamos de cambiar la forma en que llevamos una parroquia para que esta generación se acerque a nosotros, parece que ellos se quieren alejar más.
>
> Algunos estamos convencidos de que el sistema no funciona porque no sabemos qué es lo que queremos... ¿Y si nuestra meta no fuera meterlos a la Iglesia? ¿Y si la misma energía pudiera ser utilizada para hacer que ellos sean la Iglesia?[3]

La meta de nuestros programas es influir y motivar a los jóvenes para que sean la Iglesia ahora mismo.

¡TÚ TAMBIÉN PUEDES HACERLO!

Pasos que puedes dar en tu parroquia

Tú eres párroco o encargado de pastoral juvenil y no tienes todavía un programa para jóvenes más allá del programa de Confirmación. Comienza a hablar con los chicos y chicas de octavo grado sobre la posibilidad de seguir involucrados el siguiente año, planea algo para la primavera que sea solo de ellos, y preséntales la idea de hacer un programa cuando estén en preparatoria.

Busca jóvenes de preparatoria que ya estén viniendo a Misa. Invítales a hacer cosas en Misa: recibir en la puerta, ser lectores, acólitos o acomodadores. Si tocan algún instrumento, también puedan ayudar con los cantos de vez en cuando, pero ten cuidado de no formarles en una cultura consumista.

Procura estar atento para identificar a un adulto que sepas que es sensible a los adolescentes y que sepa llegar a ellos. Invítalo a ser director del programa y estar disponible para los adolescentes que están ayudando en la organización de la Misa. Deja que el nuevo director dé avisos a la comunidad después de la Comunión o antes de Misa. Ofrece a la gente de la parroquia un rostro y un hombre al que puedan acudir para todo lo relacionado con la pastoral juvenil. Ante todo, asegúrate de que es alguien a quien conviene dedicar tiempo y energía, especialmente si es un joven adulto. Lo más grande que puedes dar a un encargado de pastoral juvenil es tu atención, tu apoyo y tu amor.

Una cosa más

El fin de semana es lo más importante. Casi más que cualquier otra cosa. Casi.

Hay un elemento más de tu experiencia de fin de semana cuya importancia es tan grande que supera cualquier otro aspecto. Si no logras entenderlo, todos tus esfuerzos se van a ver afectados, tu duro trabajo no va a dar los resultados esperados y tu parroquia probablemente no crecerá. Por eso, organizar el fin de semana desde la perspectiva de los que están lejos significa que te has dado cuenta de que debes hacer también otra cosa…

8

HAZ QUE EL MENSAJE CUENTE

El orador debe hablar de tal modo que enseñe, deleite y mueva.

SAN AGUSTÍN[1]

Uno de los grandes predicadores de la historia del cristianismo, san Agustín, fue el primero en aplicar deliberadamente los principios de la retórica de Cicerón –enseñar, deleitar, mover– a la predicación cristiana. Para san Agustín, la predicación es fundamental para la labor de la Iglesia, siendo su finalidad interesar a la gente, y enseñar la Palabra de Dios para lograr su conversión. Es lo que vemos desde los primeros tiempos de la Iglesia, cuando los Apóstoles siguen el ejemplo que les dio Jesús: interesa y enseña a la gente para lograr su conversión y ayudarles a parecerse más a Cristo. Eso es todo. La Palabra de Dios tiene el poder de cambiar a la gente.

En la historia de la Iglesia los grandes periodos de reforma han estado marcados por una renovación en la forma de predicar. Son esfuerzos por hacer una predicación más efectiva e interesante: la fundación de los Dominicos y de los Franciscanos, la Reforma y la

Contrarreforma, el movimiento jesuítico, los esfuerzos misioneros de la Iglesia en toda América, Asia y África; y, en nuestros días, una comunidad católica más centrada en el Evangelio.

Una y otra vez, en medio de las vicisitudes de las diversas épocas, hay un redescubrimiento de la importancia de la predicación para la vida de la Iglesia y se la vuelve a colocar en un lugar preponderante en la actividad que esta realiza.

La mesa de la Palabra de Dios

El Concilio Vaticano II muestra el camino para un renacer del Catolicismo en nuestro tiempo:

> A fin de que la mesa de la Palabra de Dios se prepare con más abundancia para los fieles ábranse con mayor amplitud los tesoros de la Biblia.
>
> La homilía, en la cual se exponen durante el ciclo del año litúrgico, a partir de los textos sagrados, los misterios de la fe (…) en las Misas que se celebran los domingos y fiestas de precepto, con asistencia del pueblo, nunca se omita si no es por causa grave.[2]

> *Tengo intención de predicarles la Palabra de Dios hasta que haya una diferencia entre quienes eran cuando entraron y quienes son cuando salgan.*
> Mons. T.D. Jakes[3]

Los católicos lo llaman "homilía" y los protestantes "sermón". Nosotros lo llamamos el "mensaje". Durante unos minutos cada semana, compartimos el Evangelio de Jesús que es capaz de transformar vidas. Es una oportunidad extraordinaria para ayudar a los miembros de la iglesia a profundizar en su fe. Junto con los sacramentos, la predicación de la Palabra de Dios es una de las cosas más importantes que puedes hacer para formar discípulos, y es todavía más importante cuando se trata de llegar a los que están lejos. Tanto para llegar a los que están lejos como para los que están empezando el camino del discipulado, el mensaje del Evangelio es el elemento esencial de la experiencia del domingo, porque ellos todavía no entienden ni aprecian la Eucaristía.

Durante unos minutos cada semana, compartimos el Evangelio de Jesús que es capaz de transformar vidas. Es una oportunidad extraordinaria para ayudar a los miembros de la Iglesia a profundizar en su fe.

Cuando llegamos a la parroquia, nos dimos cuenta de ello. Semana tras semana entregábamos nuestro púlpito a cualquiera que viniera para ayudarnos con la "cobertura del fin de semana" (así se llama a la práctica de traer sacerdotes de fuera para que ayuden con las Misas del fin de semana). Cualquier cosa que quisieran decir nos parecía bien, con tal de que lo hicieran en menos de ocho minutos. Por lo general, ni siquiera sabíamos lo que iban a decir. Y algunas veces, según nos dimos cuenta, hubo incluso mensajes conflictivos y contradictorios. A lo largo de los años, nuestros predicadores tendían a caer en uno (o más) de los siguientes estilos:

1. **Estudio bíblico para creyentes**

   Dado que el Concilio Vaticano II invitó a los católicos a profundizar en la Escritura, en las décadas siguientes muchos predicadores comenzaron a profundizar seriamente en el texto (lo cual ciertamente es un gran progreso). Un predicador así dedica la homilía a hacer exégesis y crítica textual. Esto les gustaba mucho a algunos del grupo de *gente de Iglesia*, porque les parecía interesante (y quizás también porque les hacía sentirse inteligentes). Para los que estaban lejos de la Iglesia, aquello era como si estuvieran hablando en chino.

2. **Charlas de iglesia para *gente de Iglesia***

En este caso las noticias curiosas, los chismes y los chistes que solo entienden algunos toman el lugar de la Palabra de Dios. Para los que están lejos de la Iglesia, es una señal inequívoca de que no tienen nada que hacer.

3. **Sermón para seminaristas**

> **P. Michael.** Mirando al pasado, este era mi estilo de predicación. Yo me había preparado para predicar en el seminario y mi auditorio habían sido siempre otros seminaristas. Mucha teología, distinciones teológicas muy precisas, hechos graciosos de la liturgia, grandes momentos de la historia de la Iglesia, todos eran para mí temas importantes. Algunas veces las homilías de este tipo pueden ser terribles o, si se dicen en el lugar adecuado, como el seminario, muy eficaces. Pero este tipo de homilía no es solo un claro mensaje a los que están lejos de la Iglesia de que este no es su lugar, sino también un claro recordatorio de por qué no quieren venir a la Iglesia.

4. **Convencer a los convencidos (sí, "predicar al coro")**

Conocemos sacerdotes que todas las semanas predican con fervor exactamente lo que la asamblea espera oír y ya cree. Este mensaje será bien recibido por la gente que ya está en la parroquia. Pero cuando tú siempre les dices lo que *quieren* oír, en lugar de lo que *necesitan* oír, no estás predicando la Palabra de Dios completa. Esta fórmula te garantiza que no les ayudarás a crecer. Había un sacerdote que siempre hablaba de la obligación de ir a Misa todos los domingos y de la importancia de "vestir adecuadamente". La gente de saco y corbata que nunca faltaba a Misa no podía dejar de pensar: dígaselo a *ellos*, padre. El único problema era que *ellos* nunca estaban ahí.

En esta categoría también están los que tienen una predicación política. Algunos párrocos, especialmente si han estado en un mismo lugar mucho tiempo y comparten las convicciones políticas de la comunidad (o creen que las comparten), aprovecharán la predicación para hablar de sus ideas políticas o sociales. Nada va a desanimar más rápido a los que están lejos, incluso si están de acuerdo contigo, que eso, pues es una de las cosas que le achacan a la Iglesia.

5. **Hartar al que no está interesado**

P. Michael. En la parroquia donde crecí, se contrajo una enorme deuda al construir una nueva iglesia. Semana tras semana el párroco subía al púlpito para insistir en que dieran más donativos, lo cual tenía muy poco resultado.

En una ocasión un predicador aprovechaba cualquier oportunidad para hablar de lo pequeños que eran los donativos pero lo hacía de un modo poco eficaz y nada atractivo. Regañan a la gente o dan pena tratando de convertirles para que hagan lo que ellos quieren. Sus argumentos son la obligación y la culpa. Desgraciadamente eso no es suficiente para motivar a la gente que no está interesada, y nadie está menos interesado que los que están lejos.

6. **El club de los bromistas**

En otra parroquia, el predicador siempre empezaba contando chistes. Siempre. Además, eran viejos, a veces ofensivos, a menudo repetidos y completamente innecesarios. No vienen a cuento y quizás ayudan a afianzar el mito de una cultura católica que ha desaparecido desde hace mucho tiempo. Incluimos en esta categoría las anécdotas sin una verdadera finalidad, los resúmenes de películas o de libros y amplias digresiones sobre noticias y deportes. Por supuesto, la gente se ríe mucho, pero…

Es el mensaje de "acabemos rápido con esto" en su máxima expresión. Dado que lo que estamos haciendo es solo una obligación, el predicador nos la hace lo menos dolorosa posible. Esta actitud asegura que los acomodadores harán comentarios positivos después de la Misa como "Eso estuvo bueno, padre". Para los que están lejos, que no tienen ningún sentido de la obligación, este admirable entretenimiento no vale la pena (e incluso puede ser hasta vergonzoso). Además les confirma la convicción, como ellos sospechaban, de que no hay nada importante para ellos en *el mundo de la Iglesia.*

7. **Dramatizar**

Cierto sacerdote ofrecía un entretenimiento completo: cantaba, bailaba, contaba anécdotas, te podía hacer reír y llorar, y conseguía que te fueras deseando todavía más. Buen trabajo, gran talento; pero todo el mensaje era sobre él mismo: sus problemas, sus preocupaciones, su perro (algunas veces incluso lo llevó a la iglesia). La gente que está lejos de la Iglesia probablemente disfrutaba aquello como todos los demás (especialmente a los que les gustan los perros), pero no se acercaba más a la Palabra de Dios.

8. **Jamón enlatado**

Sermones enlatados. El predicador habla de experiencias que no fueron suyas, hace afirmaciones que ni siquiera entiende y habla en un estilo que no es el suyo; incluso a veces usa palabras que no sabe cómo se pronuncian. Es una buena persona, pero su aparición en el púlpito significaba para todos una desilusión, tanto para los que iban a la Iglesia como para los que no.

9. **Amantes de las sobras**

El predicador recicla sin cesar sus viejas ideas, las vuelve a decir sin ninguna reelaboración. Y si a él no le importa, ¿por qué habría de importarle a los que están lejos?

10. **Supongamos que (tengo un mensaje)**

Un sacerdote fingía semana tras semana tener un mensaje. De verdad, eso hacía. Simplemente no tenía mensaje, nunca preparaba la homilía y no tenía nada que decir. En su lugar, hablaba sin pensar mucho, repitiendo lugares comunes, axiomas y afirmaciones evidentes sobre Dios, afirmaciones sin importancia alguna. Eran como burbujas de jabón: a ver, intenta coger una. Parecía decir algo, pero en realidad no decía nada. Constantemente introducía sus débiles afirmaciones con la frase "nuestro Dios es…". Y siempre te dejaba con la sensación de que nuestro Dios era poco menos que nada. La expresión se volvió insoportable para sus feligreses. Y los que están lejos la evitarán siempre que puedan.

11. **Confesión pública o pública exhibición**

Algunos predicadores utilizan el púlpito para desahogarse de sus propias preocupaciones y problemas, o incluso de sus defectos y fracasos. Se parecen a Jimmy Swaggart gritando "He pecado".

> **P. Michael.** Un párroco a quien conozco era, con gran mérito, un alcohólico rehabilitado. Pero la homilía de cada domingo resultaba una versión distinta de la historia de su propia rehabilitación. No dudo que era algo bueno para él (y muy probablemente también para los demás). Y nunca hacía alguna referencia a la Palabra de Dios.

En el extremo opuesto está el predicador que constantemente se vanagloria de sus éxitos o trata de presentarse como alguien inteligente e importante. Un sacerdote entretenía a la gente con sus premios, sus estudios y las frases de latín y griego que había memorizado. Era un exhibicionismo absurdo e incluso tedioso y vano al mismo tiempo. No entendía que eso no le importaba a nadie. ¿Y por qué debería importarles? Además, la pomposidad y el orgullo, durante la predicación, es una de las cosas que más odia la gente que está lejos.

12. **Seamos simplemente amigos**

Había un sacerdote que recorría constantemente el pasillo, quitándose los lentes a intervalos para limpiarse las lágrimas y dirigirse a todos con una voz suave y aterciopelada. El mensaje era "todos somos amigos". Eso no tiene nada de malo, hasta que comienza a reducir el mensaje del Evangelio a que te sientas bien y seas feliz. Es una homilía insulsa e incluso una desilusión para los que están lejos, quienes no están buscando amigos; están buscando a Dios.

La práctica hace al maestro

Los sacerdotes muestran su personalidad cuando predican, y es correcto hacerlo. Además, la forma natural en que un predicador capta la atención es adoptando un estilo que va de acuerdo con su personalidad. De la misma forma, encontrar buenos recursos y adaptarse al público es la fórmula más segura para hacer bien este trabajo semana tras semana. No tiene nada de malo; es lo que hace cualquier profesional. Hemos de buscar una forma eficiente de hacer un trabajo difícil. Se trata de convertirse en un verdadero profesional. La Biblia nos dice:

> "¿Conoces a alguien diestro en su oficio?
> Se pondrá al servicio de reyes y no de gente insignificante"
> (Prov 22:29).

Pero, ¿por qué se utiliza la homilía o el mensaje para otros fines? ¿Por qué el mensaje se ha convertido en algo tan trillado y poco original? ¿Por qué se le da más importancia a otras tareas que a su preparación? ¿Por qué se le trata frecuentemente como una simple reflexión sin mayor relevancia?

Porque predicar la Palabra de Dios y prepararse para predicar la Palabra de Dios exige disciplina y la disciplina no es agradable.

Piensa en las abundantes y solitarias vueltas que da un nadador olímpico en una piscina; en la dedicación de un corredor de fondo o el esfuerzo concentrado, a veces más allá de los límites ordinarios, de cualquier atleta cuando está entrenando. Lo mismo sucede con la preparación del mensaje: es un trabajo que no puede hacer otro; un trabajo solitario y constante, concentrado y que algunas veces exige más de un sacrificio. No es fácil ni agradable, y día tras día no trae recompensas ni aparente satisfacción por el esfuerzo. Ni siquiera parece importante.

> **P. Michael.** Recuerdo a una señora que vino a mi oficina sin previo aviso; vio que estaba preparando mi homilía y, mientras se sentaba, me dijo: "Qué bien, no está haciendo nada", y prosiguió con su interrupción.

Es más interesante estar atendiendo crisis y emergencias; es más gratificante satisfacer las expectativas y peticiones de la gente. Hay muchas cosas más que pueden distraerte y ocupar el tiempo que tenías destinado a preparar tu homilía. Así ha sido siempre.

Los Hechos de los Apóstoles nos dicen que la Iglesia primitiva crecía rápidamente porque la gracia de Dios actuaba intensamente en la *predicación* de los apóstoles. Pero en el capítulo 6 de los Hechos, leemos que algunos comenzaron a quejarse. Un grupo sintió que los apóstoles no los atendían suficientemente (¿te suena?):

> "Los Doce convocaron la asamblea de los discípulos y dijeron: 'No está bien que nosotros abandonemos la palabra de Dios por servir a las mesas…Nosotros nos dedicaremos a la oración y al ministerio de la palabra'" (Hch 6:2, 4)

No es correcto abandonar la predicación de la Palabra. No dice que otras formas de ministerio y de servicio carezcan de importancia, sino que el servicio de la Palabra de Dios es *más* importante y es algo que solo *ellos* podían hacer. Otros podían servir a las viudas, y de hecho lo hicieron. Del mismo modo, no es correcto que nosotros abandonemos la predicación de la Palabra de Dios (y la preparación para ello), solo para hacer cosas que la gente de la parroquia puede hacer para ayudar a otros feligreses.

P. Michael. La gente no viene a la parroquia el domingo por la mañana porque soy un buen líder. Ser un buen administrador o un excelente organizador no va a hacer que la iglesia se llene. Tratar de satisfacer las expectativas de cada una de las personas nunca hará crecer a la Iglesia. Junto con la celebración de los Sacramentos, he visto que la preparación y presentación del mensaje del domingo es lo más importante que yo hago. Es la actividad con la que puedo influir en mayor cantidad de gente, pues el mensaje es el primer lugar en donde los que están lejos se ponen en contacto con el Evangelio y los que ya son miembros de la parroquia reciben retos para seguir creciendo.

Desde un punto de vista superficial, puede parecer difícil creer que el mensaje es importante. Después de todo, son solo palabras. Y además, de todas formas nadie presta atención, ¿no? Pero, una y otra vez, la Escritura habla del poder de la palabra. Para empezar, Dios *llama* al mundo a la existencia con su palabra. Y nosotros hemos sido hechos a su imagen, por tanto nuestras palabras también tienen un poder.

Esto no significa "dicho y hecho". Algunos predicadores se dedican simplemente a decirle a la gente lo que quiere escuchar. Son solo palabras huecas y no tienen ningún efecto más allá de agradar a los feligreses. A quienes trabajamos en la parroquia nos gusta decir, con más realismo, "Dicho no equivale a hecho".

> El mensaje es el primer lugar en donde los que están lejos se ponen en contacto con el Evangelio y los que ya son miembros de la parroquia reciben retos para seguir creciendo.

No podemos hablar de algo como lo hace Dios, pues nuestras palabras no tienen poder para construir y para destruir. Nuestras palabras pueden cambiar y pueden transformar. La Biblia dice: "Muerte y vida dependen de la lengua" (Prov 18:21).

Las palabras tienen un poder y la palabra *de Dios* tiene el poder *de Dios*. Y cuando hablamos las palabras de Dios, desplegamos el poder de Dios.

> "Pues, viva es la palabra de Dios y eficaz, y más cortante que espada alguna de dos filos. Penetra hasta la división entre alma y espíritu, articulaciones y médulas; y discierne sentimientos y pensamientos del corazón" (Heb 4:12).

La Escritura misma nos lo enseña. Dios envía a Moisés al faraón y, cuando Moisés habla la Palabra de Dios, el poder de Dios se manifiesta desatando las plagas de Egipto (cf. Ex 7-12). Pedro se dirige al mendigo paralítico con la Palabra de Dios y este se cura (cf. Hch 3:1-8). Dios guía al profeta Ezequiel al valle de los huesos secos. Estos huesos representan la muerte espiritual en que se encontraba Israel, se habían vuelto duros de corazón. Dios le dice a Ezequiel:

> "Profetiza sobre estos huesos. Les dirás: Huesos secos, escuchen la palabra de Yahvé. Así dice el Señor Yahvé a estos huesos: He aquí que yo voy a hacer entrar el espíritu en ustedes, y vivirán. Los cubriré de nervios, haré crecer sobre ustedes la carne, los cubriré de piel, les infundiré espíritu y vivirán; y sabrán que yo soy Yahvé" (Ez 37:4-6).

Ezequiel habla la Palabra de Dios y obra el poder de Dios. Ese es el trato. Cuando eres fiel a la Palabra de Dios, puedes ver el poder de Dios actuando en tu vida.

> Si eres fiel a la Palabra de Dios, verás el poder de Dios actuando en tu vida.

Proclamar fielmente la Palabra logra que el poder de Dios actúe despliegue eficazmente en tu parroquia. Es el poder para cambiar las vidas de las personas: sanar lo que está dañado, curar lo que está enfermo, resucitar lo que está muerto. La Palabra de Dios produce cambios cuando tomamos el tiempo necesario para mostrar a la gente la importancia y significado que tiene para sus vidas.

Transmitir la Palabra de Dios transformará a tus feligreses. La Palabra cambiará a tu parroquia; se respirará una vida nueva en ella; quizás hará que tu parroquia resucite de la muerte.

El ejemplo más claro e impresionante lo vimos en las finanzas de la parroquia. Hablaremos de ello en un capítulo posterior; sólo adelanto que, cuando predicamos lo que Dios dice sobre el dinero, se infundió nueva vida en nuestra situación financiera. Y el nivel de los donativos ha seguido creciendo, incluso en un tiempo de crisis económica. No hicimos una campaña especial; no invitamos a consultores para decirnos qué hacer; comenzamos a usar la palabra de Dios y empezamos a ver cómo actuaba el poder de Dios. No éramos una parroquia "rica" en la que el dinero apoyara las estrategias de crecimiento. El dinero no fue el apoyo para la estrategia; más bien, la estrategia fue el apoyo para el dinero. Y fue una consecuencia de la predicación.

Una nueva vida se infundió en nuestro equipo de voluntarios después de que empezamos a predicar seriamente lo que Dios nos enseñaba sobre el servicio. El discipulado, el tiempo diario de oración, la gente cantando en la Misa y cualquier otra área que está creciendo en nuestra parroquia es, sin lugar a dudas, fruto de la predicación.

Un camino para mejorar la predicación

"Cuando acabó Jesús estos discursos, la gente se asombraba de su doctrina; porque les enseñaba como quien tiene autoridad, y no como sus escribas"
(Mt 7:28-29)

Esa es la clave. En un lugar como la Natividad, a menudo hablábamos solo desde nuestra propia autoridad. No estábamos apoyándonos en la autoridad de Dios. Y con ello fuimos limitando nuestra efectividad *y* el crecimiento de la parroquia.

Cuando analizamos las iglesias con mayor éxito en el país, descubrimos que su forma de hacer las cosas era muy distinta de la nuestra. Empezamos a revisar y cambiar algunas de nuestras convicciones. Actualmente nos apoyamos en estos principios.

1. **Predícate a ti mismo**

   La oración debe ser el fundamento de toda la predicación y de la preparación para esta. Al mismo tiempo, y si tú estás aplicando a tu propia vida lo que estás predicando, tu predicación será siempre auténtica. La primera vida que debe cambiar gracias a tu predicación es la tuya. Tu predicación debe nacer de una experiencia personal de estar caminando de la mano de Dios, aprendiendo de Él y siendo transformado a imagen suya. Por eso la predicación, y la preparación, deben tener su base en la oración.

2. **Predica a tu parroquia**

Nuestra predicación a la comunidad debe estar bien pensada. Predicar exige una comunicación a muchos niveles. Aristóteles dice que cuando alguien está hablando, la audiencia decide si lo escuchará o no dependiendo del *ethos*, del *logos* y del *pathos*[4].

El *ethos* hace preguntas como ¿tienes autoridad moral para hablar? o ¿nos estará diciendo la verdad? Como predicadores, nuestras vidas necesitan ser auténticas y transparentes, si queremos que alguien nos preste atención.

El *logos* pregunta ¿sabes bien de qué estás hablando? Como predicadores, debemos basar nuestro mensaje en la Palabra de Dios y en el Magisterio de la Iglesia para poder responder correctamente a esta pregunta.

El *pathos* pregunta ¿te importa mi persona? o ¿de verdad quieres mi bien? Para responder, necesitamos conocer a nuestra comunidad y saber cómo comunicarnos con ella desde el punto de vista emocional. Descuidar la parte emotiva hará que la gente desconecte y no escuche más. Tocar de forma eficaz las emociones implica trabajo, porque se trata de entrar en el mundo de otra persona y mirar las cosas desde su perspectiva.

Una buena forma de entrar en contacto emocional con el auditorio es a través del buen humor: no de los chistes, no de las teatralizaciones, no de las ironías; sino haciendo reír a la gente. Los antiguos se referían a los fluidos del cuerpo humano como nuestros "humores". Pensaban que el balance y la pureza de los humores era la clave para tener una buena salud[5]. Si bien ahora sabemos que el cuerpo humano no funciona así, sigue siendo verdad que el equilibrio que proviene del buen humor es saludable. Reír hace incluso que las circunstancias malas no lo parezcan tanto.

El sentido del humor se basa en la verdad y se da cuando la gente reconoce la verdad en una situación o se sorprende cuando un patrón es cambiado o interrumpido. Y *entonces* se ríen, y *cuando* se ríen se relajan… y escuchan. Usar el sentido del humor en la predicación mostrando nuestro lado humano, riéndonos de nosotros mismos o exagerando experiencias que todos hemos tenido son modos muy eficaces para captar el interés del auditorio y ayudarlo a escuchar un mensaje duro o exigente. El sentido del humor puede ganarte a un oyente.

En el otro extremo del espectro de emociones están las preocupaciones y las tristezas de la gente. En una ocasión, hubo una terrible tragedia en nuestra zona: un joven padre mató a su familia. Una noticia verdaderamente impactante y terrible; pero cuando llegó el domingo por la mañana, nosotros seguimos obrando como de costumbre. Una señora conmocionada por el hecho preguntó después de la Misa por qué ni siquiera lo habíamos mencionado. Lo creas o no, ni siquiera habíamos pensado en ello. Nos hemos dado cuenta de lo poco que sabemos de nuestra comunidad, de tantas cosas que tenemos que aprender y de lo fácilmente que nos aislamos del mundo que nos rodea. Constantemente nos sorprendemos de lo desconectados que a veces están los intereses y preocupaciones de la comunidad de lo que nosotros traemos en la cabeza.

Necesitamos predicar a nuestra comunidad teniendo en cuenta aquello que los ha distraído o preocupado. Ignorar los eventos de la actualidad solo nos hacen más irrelevantes a sus vidas.

3. **Predica un único mensaje**

En nuestra parroquia tenemos un principio. “Una iglesia, un mensaje”. Trabajamos mucho para poder ofrecer el mismo mensaje en todas las Misas del domingo.

> **P. Michael.** De acuerdo con lo que hemos dicho hasta ahora, de septiembre a mayo, es decir, durante nuestra temporada "alta", yo siempre predico en todas las Misas del fin de semana. No importa quién sea el celebrante. Sé que no es lo normal, pero así nos aseguramos de que toda la comunidad escucha el mismo mensaje cada fin de semana. En los últimos años, aunque seguimos creciendo, hemos reducido el número de Misas del domingo, descontinuado aquellas que tenían poca asistencia. Así también damos mayor valor a cada una de ellas.

Si tú no crees que debas hacer esto o si tienes sacerdotes que te ayudan regularmente, sus homilías se pueden coordinar con algún esfuerzo adicional. Conseguir que tu comunidad escuche un solo mensaje merece ese esfuerzo. Un solo mensaje mantiene a la parroquia centrada en un solo tema, afrontando los mismos retos y creciendo en la misma dirección.

4. **Predicar mensajes sobre el mismo tema**

Predicar mensajes sobre el mismo tema significa profundizar en él durante varias semanas. Esta es una práctica común en las iglesias evangélicas que hemos estudiado. Pero, si te fijas bien, la idea parece mucho más lógica para la Iglesia Católica que tiene períodos litúrgicos. Es interesante destinar las homilías a profundizar en los temas que van apareciendo a lo largo del año litúrgico.

Dedicar varias semanas al mismo tema hace la preparación más sencilla, porque no comenzamos con una hoja en blanco cada semana. Eso también anima a la gente a volver para escuchar el resto del mensaje. Actualmente dedicamos varias homilías de septiembre al tema del regreso a clases; las de octubre y noviembre son para hablar del apostolado que los miembros pueden hacer en la parroquia; las de Adviento, lógicamente, son de preparación para la Navidad y otra serie de homilías después del Año Nuevo las dedicamos a reflexionar sobre los nuevos propósitos y el cambio de vida. Durante la Cuaresma, tratamos de que la gente crezca en su discipulado animándolos a profundizar en su fe y en Pascua tenemos una serie de homilías más festivas. En los últimos años, tenemos series de homilías con un mismo tema a lo largo de todo el año, incluyendo el verano. De hecho, en los últimos veranos hemos tenido una temática doble: hemos hablado de la Biblia y de la Eucaristía.

Nos hemos dado cuenta de que las homilías que tienen más éxito son las que están más relacionadas con las lecturas de la Misa, las cuales además están en sintonía con los períodos litúrgicos del año y son interesantes para la gente desde el punto de vista emocional y experiencial. En definitiva, un mensaje en diciembre va a ser distinto en fondo y forma de uno de julio. Nos hemos dado cuenta de que las series de homilías más eficaces son las que duran entre cuatro y seis semanas de duración. Si duran más se hacen demasiado largas; y, si duran menos, no tienen suficiente impacto.

5. **Predica la finalidad del mensaje, es decir, predica el cambio de vida**

San Agustín dijo que se debe enseñar e interesar al auditorio para que cambie, para ayudarle a moverse, tanto intelectual como emocionalmente, desde el lugar donde está, hacia donde Dios quiere que esté.[6] Ayudamos a los fieles a que cambien su forma de pensar y el modo en que se sienten en relación con la Palabra de Dios, de modo que Él pueda modelarlos de acuerdo con su voluntad. En este proceso, sus vidas cambiarán. El fin de la predicación es cambiar vidas.

6. **Predica los frutos concretos del mensaje**

¿En qué cosa, en concreto, quieres que cambien? ¿Cuál es el mensaje y qué quieres que hagan con el mensaje? *No apuntes a nada y nunca acertarás.* A menudo los mensajes no consiguen nada porque no hay objetivo, no hay nada que conseguir. Para que las homilías sean eficaces, debemos dedicar tiempo a definir cuál es el blanco al que queremos acertar. Hablando de la predicación, Andy Stanley pregunta: "¿Qué quieres que sepan? ¿Qué quieres que hagan?"[7].

Cada semana tratamos de responder a esas preguntas con la mayor precisión que podamos: si la respuesta es confusa en el púlpito, habrá una densa y profunda niebla entre la gente. A menudo nos cuesta trabajo llegar a una respuesta, y empezamos a preguntarnos el lunes por la mañana: "¿Qué quieres que sepan? en concreto, ¿qué queremos que hagan?

> "¿Qué quieres que sepan? ¿Qué quieres que hagan?"

Desde hace un año, hemos añadido también algunos comentarios al final de la Misa, parecidos a los avisos que se dan en muchas parroquias. Les llamamos *notas finales*. No tratan de vender algo a alguien ni hablan necesariamente de las actividades que se van a tener. En vez de ello, con toda la intención y a veces con sentido del humor, subrayamos, una vez más, aquello que queremos que sepan y aquello que queremos que hagan. Además, es una excelente oportunidad para presentar a la gente de tu equipo parroquial a los fieles. La voz del párroco no tiene por qué ser la única que se oiga.

7. **Predica los objetivos**

Proponemos metas para toda la parroquia en nuestros bloques de homilías, haciendo esta pregunta: "¿en que será distinta la iglesia *antes y después*?". Una serie de homilías sobre la colaboración con la Iglesia pueden ir orientadas a incrementar los donativos. En una ocasión, durante el mes de enero, tuvimos un bloque sobre lo que Dios quería de nosotros y la meta general era contar con más gente en los ministerios. Hicimos otro bloque contemplando los Hechos de los Apóstoles durante un periodo de Pascua y la meta era que todos leyeran el libro completo. Hicimos un bloque sobre salud emocional e invitamos a todos a acercarse a la Confesión durante un fin de semana (cientos lo hicieron). Es muy motivante predicar una serie de homilías y tener este tipo de resultados que reflejan nuestros esfuerzos.

8. **Predicar las homilías de otros**

El plagio es una seria violación ética. Pero no es plagio ayudarte de los excelentes recursos que otros predicadores quieren compartir. Como Rick Warren dice: "Estamos en el mismo equipo". Leer y *escuchar* los mensajes que otros predicadores ponen a disposición de los demás con este fin, puede ser un modo extraordinario de incrementar tu repertorio, no copiando o remedando, sino adaptando los mensajes de otros y haciéndolos propios. Nos hemos dado cuenta de que nuestros mensajes y bloques más exitosos están basados en el material de otras personas que hemos adaptado y ajustado a las lecturas de la Misa. Por supuesto, esto significa que tenemos que reconocer que otras personas allá afuera son mejores que nosotros. Mientras más estudiamos a otros, más nos damos cuenta de cuánto talento hay allá fuera.

9. **Preparar bien la predicación**

Si siempre que subes al púlpito lo haces después de haberte preparado con solidez, si la gente puede estar segura de que te has preparado, si saben que pueden invitar a amigos y no quedarán en ridículo, siempre tendrás su atención. No vas a necesitar "captadores de atención" para lograr que escuchen lo que dices. La gente se da cuenta cuando has dedicado tiempo y esfuerzo a preparar tu mensaje y ellos lo valorarán. Además, la mejor forma para preparar tu mensaje de la siguiente semana es analizando el de la semana anterior. Y la mejor forma de revisar tu mensaje es ver un video o escuchar una grabación de tu homilía. Esto te va hacer mejorar de forma exponencial.

¿Quieres saber más, profundizar?

Ve a Michael y a Tom hablar sobre la preparación del mensaje y la preparación de bloques de homilías. Entra en www.rebuiltparish.com/chapter8 y abre el video "Preparación del mensaje" (***Message Preparation***).

10. **Predicar la Palabra de Dios**

Asegúrate de que lo que estás predicando es la Palabra de Dios y no otra cosa. Cuando somos fieles a la Palabra de Dios, la predicación se hace interesante de forma espontánea. Como dice un pastor de Oklahoma: "Es absurdo decir que tu predicación no puede ser interesante si estás haciendo una buena explicación del texto. Es absurdo. No hay necesidad de hacer interesante a la Biblia. Si somos fieles al texto, el texto no puede no ser interesante"[8].

Y predica *toda* la Palabra de Dios, las partes agradables y las partes más exigentes también. En el capítulo 20 de los Hechos de los Apóstoles, Pablo dirige su último mensaje a la iglesia de Éfeso, sabiendo que no volverá a verlos. Dice: "No evité predicarles íntegro el plan de Dios".

P. Michael. ¡Qué responsabilidad tan asombrosa, que oportunidad tan increíble de compartir toda la sabiduría de Dios con la gente! Esa responsabilidad y oportunidad merece lo mejor de nuestros esfuerzos, los de más calidad.

A decir verdad, en la Natividad, la homilía era la parte más temida de la Misa y probablemente *la* principal razón por la que la gente había dejado de venir. Es más, voy a ir más lejos y decir que en definitiva *era* la principal razón por la que la gente se estaba alejando. Y a menudo se iban para buscar iglesias que tuvieran un mensaje relevante e interesante, incluso si ello significaba abandonar los Sacramentos. Nuestra predicación debe llevar a la gente a valorar más la celebración de la eucaristía y no alejarla de ella.

Actualmente, mi mensaje del fin de semana dura aproximadamente 20 minutos. Y no pido disculpas por ello. El mensaje es importante… y mucho. La cruda verdad es que tu parroquia no va a contar mucho en tu comunidad hasta que el mensaje que des sea relevante. Da un vistazo al resto del pasaje en el capítulo 6 de los Hechos de los Apóstoles. Los apóstoles eligieron gente para que se encargara de aquellas tareas del ministerio que los habían alejado de la predicación. En otras palabras, contrataron gente y volvieron a la "oración" (la Eucaristía y la liturgia) y al "ministerio de la palabra" (la predicación). ¿Qué fue lo que pasó? "La palabra de Dios iba creciendo; el número de los discípulos se multiplicaba" (Hch 6:7).

Dios da una gran importancia a la predicación de su Palabra. Y cuando nosotros la predicamos, su Palabra se difunde. Y el número de discípulos crece. Tu iglesia crece.

¡TÚ TAMBIÉN PUEDES HACERLO!

Pasos que puedes dar en tu parroquia

- Si eres párroco, siéntate y haz un programa de una serie de homilías para el próximo Adviento o Cuaresma. Procura que contenga temas coherentes, retos claros y frutos atractivos.
- Si regularmente compartes el púlpito con otro sacerdote siéntense juntos y hagan el programa.
- Si eres director de vida pastoral, invita a tus celebrantes para planear la serie de homilías y discutir los temas.

- Busca recursos gratis en las páginas de internet de otras iglesias (esquemas de homilías e imágenes que puedas usar en la promoción). Intenta en LifeChurch.tv.
- Promueve tus homilías como un todo y despierta el interés de la gente. Hazlo sentir como una aventura que emprenderán juntos.

Vida corta de anaquel

P. Michael. Habiendo dicho todo esto, seamos honestos: incluso la homilía mejor escrita, finamente acabada, interesante y efectiva, tiene una vida de anaquel de dos días aproximadamente. Para el martes, todos más o menos han olvidado ya lo que dije el domingo. Para el miércoles, yo ya lo olvidé. Esto no debe desanimarnos porque el mensaje del fin de semana no se debe presentar como la última palabra sobre un tema. Más bien, es un punto de partida; es el lugar para comenzar una conversación. Las mejores felicitaciones que recibo, las que yo más valoro, son cuando la gente me dice que estuvo discutiendo el mensaje que di, en el coche cuando volvían a casa; que fue el tema de conversación en la cena o alrededor de una hielera; que la gente estuvo hablando de ella en la piscina la tarde del domingo. Queremos que la conversación se prolongue por toda la semana porque el discipulado no es solo un ejercicio del fin de semana. Queremos que con el mensaje se inicie una conversación.

Aun siendo muy importantes, la experiencia del fin de semana y su mensaje no son suficientes. Para hacer que siga la conversación, necesitas haber hecho otra cosa; necesitas haber...

9

CONSTRUYE DESDE ABAJO

"Revístanse, pues, como elegidos de Dios, santos y amados, de entrañas de misericordia, de bondad, humildad, mansedumbre, paciencia, soportándose unos a otros, y perdonándose mutuamente, si alguno tiene queja contra otro. Como el Señor los perdonó, perdónense también ustedes. Y por encima de todo esto, revístanse del amor, que es el broche de la perfección".

Col 3:12-14

La culpa la tienen los 225 canales de tu servicio de cable. O quizás es tu horario tan intenso y los deportes de tus hijos, o quizás es culpa de que estamos siempre en movimiento y en medio de un tráfico terrible; y no olvides la incesante distracción de omnipresentes pantallas que nos bombardean con información, útil o no. Cualquiera que sea la causa, los americanos cada vez viven más aislados del sentido de comunidad. Y más allá de la soledad y del aislamiento inevitable que esto produce, consecuencias incluso más graves. En su fascinante libro, *Jugar boliche solo*, Robert D. Putnam dice: "Nuestro creciente déficit de capital social amenaza el desempeño educativo, el poder contar con zonas seguras, la recaudación justa equitativa de impuestos, la sensibilidad democrática, la honestidad cotidiana e incluso nuestra salud y felicidad"[1].

En esencia, el problema es que estamos hechos para relacionarnos, literalmente: "Dijo luego Yahvé Dios: 'No es bueno que el hombre esté solo'" (Gn 2:18). Necesitamos relaciones y si no las podemos encontrar de modo natural, como lo demuestra el fenómeno de *Facebook* las vamos a buscar de forma artificial. Estamos hechos para relacionarnos porque así es como Dios nos hizo. Y la Escritura nos dice que aquellos que nos rodean influyen en la calidad y orientación de nuestras vidas.

> "Anda con sabios y te harás sabio;
> quien se junta con necios se perjudica". (Prov 13:20)

Si examinas tu propia historia, encontrarás un sinnúmero de relaciones. Crecemos, nos desarrollamos y cambiamos en compañía de otros. Y si queremos tener éxito en cualquier empresa, vamos a necesitar amigos que nos apoyen y animen. Así es como funciona la vida. Y lo que es verdad para tu vida, es también verdad para tu vida de fe; importan mucho las relaciones.

Tom. Mirando hacia atrás en mi propia historia, puedo decir que fui afortunado tuve grandes ejemplos de fe en mis papás y mi abuelo, así como una sólida educación católica. Cuando encontré a mi futura esposa, mi fe se convirtió en parte activa y vital de mi vida. En Mía, encontré a alguien con quien podía hablar y compartir mi fe, crecer y confiar en alguien.

Personal, no privada

La fe cristiana se vive de forma *personal*, pero no de forma *privada*. Esto se ve desde el principio, cuando Jesús llama a doce apóstoles para que vivan y trabajen juntos. De la misma manera, la forma de vida de la Iglesia primitiva que nos muestran los Hechos de los Apóstoles era una vida en *común*.

> "Todos los creyentes estaban de acuerdo y tenían todo en común... Acudían diariamente al Templo con perseverancia y con un mismo espíritu, partían el pan en las casas y tomaban el alimento con alegría y sencillez de corazón, alabando a Dios y gozando de la simpatía de todo el pueblo". (Hch 2:44,46-47)

Sin amistades centradas en Cristo nuestro caminar en la fe será más lento, menos constante; y es mucho más fácil que caigamos y fallemos. Cuando tenemos amistades en las que Cristo es un elemento central, nos encontramos con Él de una forma distinta, que no sucedería si lo hiciéramos a solas. Crecemos en la fe a través de las relaciones.

> "Pues ansío verlos, a fin de comunicarles algún don espiritual que los fortalezca, o más bien, para sentir entre ustedes el mutuo consuelo de la común fe: la suya y la mía". (Rom 1:11-12)

Históricamente, en la mayoría de las parroquias de los Estados Unidos, la amistad y la caridad fraterna se promovieron a través de muchas sociedades de fraternidad, grupos y clubes. Estas organizaciones han perdido miembros de forma dramática durante las últimas décadas. En algunos lugares han desaparecido por completo. Quizás se debe a que la finalidad con que se crearon se fue perdiendo, o porque sus actividades y reglas ya no eran atractivas para la sensibilidad contemporánea. Quizás son víctimas de los mismos cambios generacionales que han dejado sin miembros a grupos humanitarios o sociales como los *Shriners* o los Alces. En cualquier caso, a la par que estas organizaciones han ido desapareciendo, el sentido de comunidad de la Iglesia también se visto afectado.

Las parroquias en muchos lugares, especialmente en la parte del país donde vivimos, fueron sólidamente establecidas en barrios urbanos con alta densidad de población, donde casi todos se conocen. El compañerismo y el apoyo recíproco se daban con menor esfuerzo en estos lugares que en el contexto cultural en que trabajan muchas parroquias actualmente.

Por estas razones, así como por los cambios sin precedentes en el estilo de vida relacionados con la movilidad y la tecnología que todos los americanos están experimentando, las parroquias ya no son los centros sociales que solían ser. Los bailes del viernes por la noche de la *Catholic Youth Organization* y los días de campo de la parroquia el domingo por la tarde son solo para muchos un recuerdo entrañable y para otros una pintoresca curiosidad histórica. Pero el resultado es el mismo: la gente de la parroquia no se conoce entre sí. En la Natividad, la gente podía tener amigos que estaban *en* la parroquia, pero muy pocos tenían amigos *a causa* de la parroquia. Esto era obvio en las bodas, los bautizos y los funerales. Aparte de los que estaban involucrados directamente, rara vez veíamos a otros miembros de la parroquia en estas ceremonias. Los amigos de nuestros feligreses no eran nuestros feligreses.

> La gente se reunía en la Natividad, pero la parroquia no era una comunidad.

La gente se reunía en la Natividad, pero la congregación no era una comunidad. De hecho, la forma de hacer las cosas era *contraria* a la idea de comunidad. No había tiempo ni lugar para hacerlo; no había ningún plan para provocarlo. La gente llegaba tarde y se iba temprano. No se saludaban entre sí; el saludo de la paz era un gesto titubeante, que no salía del corazón. Un ejemplo: una persona que no era de nuestra parroquia estaba sentada junto a una señora que piadosamente pasaba las cuentas de su rosario durante la Misa. En el momento de la paz, el visitante se gira para tenderle la mano. La señora brevemente levanta la vista de su rosario y le dice: "A mí no me importan esas tonterías".

Nunca había una sintonía emocional entre los feligreses (excepto las tensiones en el estacionamiento). Eso no tiene nada de raro, pues los consumidores rara vez se preocupan por los demás.

Entre los feligreses no había un sentido de pertenencia y muy poco atractivo para los que están lejos. Posiblemente la principal razón por la que no van a la iglesia, es precisamente que las iglesias no les parecen un lugar acogedor.

La falta de amistades en la parroquia no nos ayuda en nuestra misión. Si estamos invitando a la gente a profundizar en su fe, pero no le ofrecemos un contexto que les apoye para perseverar en ese esfuerzo, el esfuerzo no va a funcionar. Si estamos invitando a la gente a asumir un estilo de vida distinto al de la cultura que les rodea y después les enviamos de nuevo a esa cultura tratando de que vivan sus convicciones a solas, va a ser difícil que lo logren.

Además, la comunidad no surge por generación espontánea ni siquiera con facilidad. En las grandes iglesias, ubicadas en barrios en crecimiento, no va a surgir, si no se busca de forma deliberada. Es más, todo parece indicar que nuestras parroquias se irán haciendo *más grandes* (por lo menos geográficamente) debido a, la creación de iglesias hermanas y las fusiones que se están haciendo en muchas partes, además de a causa del rápido crecimiento de la Iglesia en otros lugares. ¿Qué puede

Algunas veces quieres ir allí donde todos conocen tu nombre y están contentos de verte llegar. Quieres estar donde ves que todos tenemos los mismos problemas.

Gary Portnoy[2]

provocar todo esto en el ya deteriorado sentido de comunidad que existe en muchos lugares?

Debemos hacer grandes iglesias más personales, ofreciendo un sentido de fraternidad y una buena atención. Y debemos promover que se establezcan relaciones de amistad en las parroquias, sin importar su tamaño. Estas relaciones que son un apoyo para que la gente viva su fe. En una época de grandes desarrollos tecnológicos y de relaciones interpersonales cada vez más superficiales, debemos esforzarnos por crear una comunidad de amigos en la fe, igual que en el pasado la Iglesia ofreció apoyo material a los inmigrantes indigentes que se encontraban muy necesitados. Al mismo tiempo, hemos de promover que la comunidad surja. Nuestra estrategia en la Natividad está los grupos pequeños.

Grupos pequeños

Puede parecer una idea nueva que surgió en la época del post-concilio, pero los grupos pequeños son tan antiguos como las comunidades del Nuevo Testamento. Puede parecer otra "idea protestante" que estamos copiando de modo servil, pero es completamente católica. El beato Juan Pablo II enseñaba:

> Para que todas estas parroquias sean verdaderamente comunidades cristianas, las autoridades locales deben favorecer: (...) las pequeñas comunidades eclesiales de base, también llamadas comunidades vivas, donde los fieles pueden comunicarse mutuamente la Palabra de Dios y manifestarse en el recíproco servicio y en el amor; estas comunidades son verdaderas expresiones de la comunión eclesial y centros de evangelización, en comunión con sus Pastores»[3].

Empezamos con un grupo para jóvenes. Comenzamos utilizando grupos pequeños para relanzar nuestro dañado programa de educación religiosa para jóvenes de preparatoria. Inmediatamente, fue un éxito, infundiendo nueva vida en lo que era una iniciativa moribunda.

Después pasamos a los adultos. La primavera de 2005, formamos dos grupos con gente interesada en estudiar con nosotros durante una temporada. Nos dimos cuenta de que teníamos mucho que aprender. Uno de los grupos se disolvió incluso antes de que termináramos el curso y en el proceso se fue la mujer que estaba ayudando como la líder de voluntariado (y también dejó la parroquia; todavía no sabemos por qué). Parece que no hemos tenido mucho éxito… Pero seguimos trabajando y aprendiendo, y un año más tarde, invitamos a toda la parroquia a participar en una actividad de grupos pequeños para el tiempo de Cuaresma. Para las reuniones de esta iniciativa utilizamos la campaña de crecimiento espiritual preparada por Rick Warren titulada *Cuarenta días con sentido (40 Days of Purpose).*

Nos animó, mucha gente quiso probar, pero fue un éxito que duró poco. Nuestra primera temporada completa para grupos llegó dos años después con una participación mucho menor. Al inicio éramos un poco ingenuos creyendo que tener un programa de grupos pequeños no implicaba mayor esfuerzo. ¿Cuál era la idea? Solo pon a algunos adultos juntos, invítalos a hablar sobre la fe y todo funcionará. Como hemos dicho, la Iglesia no es fácil y esta iniciativa resultó uno de nuestros mayores retos.

Necesitamos una estrategia para hacer que una comunidad surja. Nuestra estrategia son los grupos pequeños.

Nos hemos dado cuenta de que los grupos pequeños son difíciles de promover en un ambiente católico. El primer obstáculo parecía ser el comprometerse a dedicar tiempo adicional cada semana a la iglesia o incluso considerar la posibilidad de hacerlo. Pero también hay otros: recibir gente en tu casa, hablar de tus problemas, incluso aceptar que tienes problemas; es algo que la gente no quiere hacer. Y que tampoco se ha enseñado a los católicos.

Desde el punto de vista administrativo, es una iniciativa que implica mucho trabajo, no importa cuál sea el tamaño del programa. Los grupos cambian mucho: se fusionan, crecen, se dividen y desaparecen. Encontrarán siempre problemas logísticos y habrá choques de personalidad. Desde el punto de vista emocional, son siempre problemáticos.

Pero después de muchos y grandes fracasos, y de algunos éxitos alentadores, seguimos trabajando. Siempre hablamos de los grupos y los promovemos. Y una vez al año, por lo general en enero, tenemos un evento en el que los presentamos a toda la parroquia, con el objetivo de poder formar nuevos grupos, y encontrar nuevos líderes y miembros.

Actualmente tenemos grupos para hombres y mujeres, jóvenes y gente ya mayor; tenemos grupos de parejas y de solteros; grupos basados en alguna afinidad: grupos de mamás y grupos que se reúnen a horas distintas de acuerdo con la conveniencia de sus miembros.

Junto con nuestro *programa de multitudes*, del que ya hablamos antes, los jóvenes también se reúnen en grupos pequeños. El programa de preparatoria que comenzó sigue adelante con paso firme y tenemos otro para chicos y chicas de secundaria. Los grupos han ayudado a involucrar a los jóvenes en una forma nueva de discipulado juvenil y, en este momento, son el corazón de nuestros programas para jóvenes.

El año pasado comenzamos también a transformar nuestro programa de educación religiosa desde primero hasta cuarto grado. Queremos hacer un programa de grupos pequeños, en vez de mantener el estilo tradicional de estar en un salón de clases. Aunque supone un gran esfuerzo, ha sido recibido con mucho entusiasmo, tanto por los niños como por sus padres. De hecho, los niños se han convertido en nuestros mayores seguidores de los grupos pequeños porque son mucho más divertidos que un salón de clases.

¿Deseas saber más, profundizar?

Ve el video en que Chris y Lisa hablan sobre los grupos pequeños para estudiantes y niños. Entra en www.rebuiltparish.com/chapter9 y abre el video *Niños y jóvenes*, grupos pequeños (*Kids and Students, Small Groups*).

La vida de los grupos no es todo lo que quisiéramos que fuera, pero es un elemento esencial de nuestra cultura. Estamos felices de que así sea, porque los frutos para el ambiente de caridad fraterna y de amistad en la parroquia y el discipulado tienen un valor inestimable.

Lo que hemos aprendido sobre los grupos pequeños

1. **Los grupos pequeños son pequeños**

   C.S. Lewis dice en su libro *Los cuatro amores* que la mejor forma de cultivar la amistad es teniendo un círculo pequeño de amigos[4]. De la misma forma, las relaciones basadas en la fe necesitan conservarse y fortalecerse en grupos pequeños. Un grupo debe tener entre seis y diez personas. Cualquier grupo más grande hará que los miembros comiencen a sentirse perdidos en la multitud y dejen de hablar. Y dejen de venir. Hacer los grupos demasiado pequeños tiene otro problema: dos personas son una pareja, no un grupo y tres o cuatro personas pueden sentirse muy presionadas a participar en las reuniones.

   Dado que los grupos pequeños se forman con gente cuya situación está cambiando constantemente, la composición de los grupos también cambiará constantemente, incluso en una cultura sana de grupos. Los grupos se expanden y se contraen, y la clave para manejarlos va a ser tomar decisiones oportunamente, dividiendo los grupos que se han hecho muy grandes y fusionando los que se han vuelto muy pequeños. Los grupos siempre se van a resistir a este tipo de cambios, pero para ello está el liderazgo de quien los dirige.

2. **Los grupos pequeños están integrados con la vida de la parroquia**

   Esto es sumamente importante. Los grupos pequeños no están pensados para ser comunidades aisladas, cotos cerrados para esfuerzos independientes, reuniones paralelas a la vida de la Iglesia para atender intereses especiales o círculos para conversaciones inútiles y chismes de parroquia. Estos peligros se deben evitar con mucho cuidado o dañarán el ambiente de caridad fraterna dentro la parroquia. Los grupos nacen de la comunión, tanto con la parroquia como con la Iglesia Universal, y deben permanecer *en* comunión con sus pastores, como enseñó el beato Juan Pablo II. Esto significa que cambian y crecen en la misma dirección que lo hace toda la comunidad, y que los miembros de los grupos son miembros que están contribuyendo a *toda la parroquia*. Esta es la razón por la que procuramos que los grupos se encarguen de iniciativas de la parroquia, especialmente de iniciativas de servicio. Los grupos que trabajan juntos en un ministerio concreto están más unidos entre sí y con la vida de la parroquia. Los grupos pequeños han ayudado muchísimo a la gente de la parroquia a interesarse de forma personal en la vida de nuestra iglesia y a dejar de ser simples consumidores y espectadores.

   La clave para hacer que esto suceda está en el líder de cada grupo pequeño. Cada vez nos damos más cuenta de lo importantes que son nuestros líderes para que el grupo funcione y se inserte en la vida de la parroquia. La clave: estar cerca de los líderes, apoyarlos, capacitarlos y darles las herramientas que necesitan como colaboradores y pastores de sus respectivos grupos.

3. **Los grupos pequeños son el sistema de entrega de nuestra atención pastoral**

Los grupos pequeños son el lugar donde nuestra gran iglesia se puede hacer pequeña y personal, donde somos conocidos, amados y cuidados por ella. Por esta razón, decimos que los grupos pequeños son nuestro sistema de entrega de la atención pastoral. Si la gente está en un pequeño grupo, podrá recibir el cuidado pastoral que necesita y mucho más de lo que le podría dar el equipo parroquial. Desafortunadamente, de vez en cuando, alguien se queja de la *falta* de atención que han sentido en nuestra parroquia. E inevitablemente nos damos cuenta de que no estaba en un grupo pequeño.

En una parroquia de nuestro tamaño, no importa cuánta atención preste el equipo parroquial a la gente, pues siempre habrá gente a la que no podrá llegar. Puede suceder, pero con grupos pequeños esto pasaría mucho menos. Vamos a ir incluso más lejos; ya pasó el tiempo en que los clérigos y el equipo parroquial eran en general, e incluso principalmente, los únicos responsables de esa atención. Lo decimos con plena convicción: eso debe cambiar. Es simplemente disponernos para la frustración y el fracaso, y es algo que de cualquier forma no se puede sostener, dadas las previsiones sobre el número de vocaciones[5]. Además, si de verdad queremos ser la Iglesia a la que Cristo nos llama, *todos* tenemos que preocuparnos por los demás. La Biblia nos dice que lo hagamos.

Tom. Quizás la principal razón por la que la gente no se preocupa por los demás es porque no hay una estructura que le permita hacerlo. Pero preocuparse por los demás puede hacerse fácilmente en los grupos pequeños. He aquí un ejemplo que la líder de un grupo nos compartió recientemente:

> Una mujer, que había estado cargando durante mucho tiempo un gran peso, se unió

> a nuestro grupo. Su esposo estaba pasando por un mal momento desde el punto de vista físico, emocional, mental y profesional. Pero él insistía en que nadie conocía sus problemas y ella no sentía ningún apoyo. Cuando entró a nuestro grupo, tuve el presentimiento de que tenía un problema muy serio. Cuando hacía comentarios, era como alguien que tocaba el agua con el dedo del pie para ver la temperatura, pero sin atreverse nunca a entrar. Después de algunos meses se abrió al grupo, lo cual fue un gran paso. Algunas de las señoras le dieron algunos consejos muy prácticos y concretos para sanar su matrimonio. Las cosas aún no han mejorado, pero ahora viene al grupo sabiendo que es aceptada, apoyada, amada y que rezan por ella; y cuando se va, tiene más esperanza y determinación para afrontar sus problemas.

Los fieles *pueden* ofrecerse sin problema cuidado pastoral entre sí y lo *harán* si están en un grupo pequeño. Cuidar a miembros que están enfermos; estar atentos a personas que atraviesan por problemas familiares; dar una mano para superar una semana especialmente difícil; ofrecer comida o llevar a alguien a algún lugar; cuidar a los niños o llevar al perro a pasear cuando se ha perdido a un ser querido; todos estos gestos pueden parecer pequeños, pero dan un gran valor a la vida de la parroquia. Y cuando, de vez en cuando, se presenta una tragedia, ya tienes reunido a un equipo dispuesto a ayudar.

Sabemos de un grupo que se enteró de que uno de sus miembros tenía un cáncer no operable y se organizó para ofrecerle apoyo y cuidarlo, ayudando además a su esposa que debía cargar con un gran peso para cuidarlo. Día tras día el grupo estuvo allí para apoyarlos, riendo y llorando con ellos amándolos siempre. ¿Qué cuidado pastoral más efectivo podría haber ofrecido nuestra parroquia?

P. Michael. En una ocasión, presidí un funeral muy triste por una bebita. A pesar de la tristeza, fue una ceremonia extremadamente bella, sobre todo por el pequeño grupo de la mamá. Las señoras se hicieron cargo de todo: recibieron a los invitados, hicieron y repartieron los programas, y se aseguraron de que todo saliera sin contratiempos. Una de ellas ofreció un panegírico que fue impresionante (imagínense, un panegírico para un bebé).

Después fueron a la casa con la familia y se quedaron con ellos todo el día, y los días difíciles que siguieron. La familia estuvo rodeada del amor y el apoyo de aquel grupo, con una profundidad y cercanía que el equipo parroquial nunca podría haber ofrecido. Para mí fue uno de los ejemplos más grandes que he visto en que nuestra iglesia estaba siendo lo que debía ser.

4. **Los grupos pequeños son para cambiar vidas**

Todo lo que hemos venido hablando en relación con la vida parroquial tiene que ver con el cambio de vida. Los grupos pequeños favorecen el cambio de vida en un nivel tan concreto y personal que raramente se daría algo similar cuando la comunidad se reúne el fin de semana; mucho menos sucederá en otra parte.

El poder de los grupos pequeños viene de que se entablan relaciones en las que se dan *conversaciones* que llevan a la *conversión*. Dios nos hizo para aprender de las experiencias y ejemplos de otros. Cuando la gente se sienta en un círculo y escucha las historias de otros, entiende mejor lo que funciona en la vida y cómo funciona la vida misma. Como lo describe un autor:

> No es casualidad que las palabras *conversión* y *conversación* tengan la misma raíz latina. A lo largo de nuestras vidas, nuestras conversaciones nos cambian y nos mueven, y a menudo nos convierten. La raíz que relaciona conversión y conversación es más que una curiosidad lingüística. La conexión etimológica nos muestra también una importante verdad. Nos habla de nuestra humanidad. Y de nuestra divinidad[6].

La estructura de las reuniones de los grupos pequeños es lo más sencilla posible. Los grupos se reúnen en las casas de los miembros (no en la parroquia, lo que sería un trabajo innecesario para nosotros). Generalmente hay un tiempo previo para socializar y tomar algo, quizás también para comer algo. Después viene un pequeño tiempo de oración, seguido de algunas preguntas iniciales que nosotros proporcionamos para que todos estén en la misma línea y comiencen a reflexionar en el tema de la reunión. Algunas veces se tiene también una presentación en DVD preparada por nosotros. Hay bastantes recursos sin costo que muchas iglesias ponen a disposición de todos.

El mensaje, generalmente dado por Tom, sigue el mensaje del domingo anterior que el P. Michael dio durante la homilía, pero probablemente desde un punto de vista distinto. Por tanto, para el momento en que los miembros comienzan su discusión, ya han oído dos mensajes sobre el tema. La discusión no es un intercambio intelectual de ideas; consiste en compartir *desde el corazón* cómo se sienten los miembros de cara al tema específico –cosas prácticas como el dinero, el matrimonio o la ira– y qué necesitan hacer. Antes de marcharse, el grupo ora unos momentos. Sugerimos que las reuniones duren de ordinario 90 minutos. Es asombroso lo que puede suceder en 90 minutos de honestidad y transparencia.

Tom. Una amiga nuestra nos compartió esta edificante experiencia sobre su carrera profesional:

> Hace unos años me sentía muy insatisfecha en mi trabajo y eso invadió otras áreas de mi vida y dominaba mis pensamientos. Afortunadamente tengo el apoyo de mi grupo cada semana que me ha animado. Esto me ayudó a escuchar y a hacer lo que Dios me estaba pidiendo: que empezara mi propio negocio. Nunca en un millón de años habría pensado que ese era mi camino. Pero gracias a las homilías de la Natividad y al apoyo de mi pequeño grupo, finalmente me di cuenta de ello, decidí renunciar a mi trabajo y comenzar mi propio negocio. Nunca he sido tan feliz.

P. Michael. Hace unos años estaba en un grupo (los miembros del equipo parroquial pertenecen a grupos) y un miembro compartió valientemente con nosotros que estaba luchando contra una seria adicción a la pornografía. Otro de los miembros había pasado ya por lo mismo y pudo explicarle paso a paso cómo había superado el problema. La actividad se mostró como un ejercicio para cambiar la vida en relación con el matrimonio de esta persona. He visto ejemplos de grupos que ayudan a la gente a dejar de fumar, a perder peso, a mantenerse en forma y restablecer relaciones rotas.

Tom. Uno de mis ejemplos favoritos de esta capacidad para cambiar la vida lo vi en un pequeño grupo en el que yo estaba. Un miembro contó cómo la relación con una de sus hijas había mejorado a partir de un hecho. Su hija se había ido a la Universidad y estaba pasando por un momento

> difícil. Llamó a casa para compartir sus problemas y su papá decidió que dejaría todo y haría el viaje de cinco horas hasta su escuela para demostrarle su amor y apoyo. A la mañana siguiente, se presentó fuera del dormitorio de la Universidad. Al instante, ella entendió, de una manera nueva, cuánto la quería y desde entonces su relación con ellos, que no había sido muy fuerte, se transformó. Aproximadamente un año después, otro miembro del grupo se encontró exactamente en la misma situación e inmediatamente supo qué tenía que hacer.

El líder de un grupo compartió este ejemplo de un cambio de vida:

> Un miembro del grupo llevaba con problemas dieciocho meses con su negocio: su socio estaba llevando a la quiebra la compañía; había tenido que despedir a la mitad de sus empleados y su propio dinero estaba invertido en el negocio. Su cuñado, un buen amigo suyo desde la secundaria, había caído en una adicción y estaba provocándole mucho estrés a su hermana y a su sobrino; no habían tenido éxito nada de lo que había hecho para ayudar a solucionar el problema. Su hijo había comenzado a presentar síntomas de depresión a causa de la muerte de un familiar cercano. Tenía un matrimonio sólido, pero sentía la necesidad de proteger a su familia de todo lo que estaba sucediendo. Cuando comenzó a venir hace dos años, él "pasaba" cuando formábamos un círculo para rezar al final de la reunión. Ahora es él quien inicia la oración; sus oraciones, dichas claramente desde el corazón, son de las más conmovedoras y sinceras del grupo. La semana pasada habló de la

> necesidad que tenía del grupo, "es el único lugar que tengo en mi vida en el que no necesito que poner buena cara". Su valor y fe nos han tocado profundamente.

En un mundo manchado con el pecado, todos tenemos batallas. No somos siempre las personas que *queremos* ser, ni siquiera las que *parecemos* ser. Muchos tampoco tenemos otro lugar a donde llevar sus batallas y problemas. No hay un lugar donde podamos compartir nuestras alegrías y tristezas. Se nos enseñó que debemos ocultar nuestros sufrimientos y dificultades, y disimular nuestras faltas y temores. Especialmente en lugares como la iglesia, usamos máscaras o creamos imágenes que consumen mucho tiempo y que, al final, son demasiado frágiles para no fallar en un momento determinado. Es una carga muy pesada. Irónicamente, cuando la máscara cae y la gente se expone como es realmente, muchas veces abandona *el mundo de la Iglesia* porque ya no se sienten dignos o bienvenidos. Cuando se marchan es precisamente cuando más pueden recibir la ayuda de los miembros de la parroquia, porque todos conocen ya su secreto: no son perfectos y sus vidas son un caos.

En un pequeño grupo podemos confiar a otros nuestra verdadera historia y aceptarnos a nosotros mismos a pesar de nuestras imperfecciones. Los grupos pequeños son la oportunidad que tenemos para hacer lo que la Biblia nos enseña que hagamos a otros cristianos: "Ayúdense mutuamente a llevar sus cargas y cumplan así la ley de Cristo" (Gal 6:2).

Los grupos pequeños son el lugar donde podemos encontrar apoyo; pero *no* son "grupos de apoyo". Tampoco son ejercicios de terapia hablada o programas de *los 12 pasos*. Su finalidad es ser lugares donde los individuos no se centren solo en sí mismos y en sus necesidades para que sea esto lo que domine la vida del grupo.

Dado que los grupos son para afrontar la vida juntos, animamos a los miembros a que sean tan transparentes y auténticos como puedan, a ser honestos sobre quiénes son y dónde están en su camino hacia el Señor. Los miembros se aman y apoyan unos a otros independientemente de quién sea y en qué lugar se encuentre en su itinerario espiritual. Los miembros del grupo también consideran a los otros como personas capaces de cambiar y de crecer.

Si queremos tomarnos en serio el cambio de vida, debemos tratar temas serios. Por eso, la confidencialidad es esencial. La confidencialidad crea un ambiente de confianza donde los miembros pueden ser honestos. La falta de confidencialidad puede matar la confianza de un grupo y entonces matar al grupo mismo. Una cosa que ayuda a fomentar esta atmósfera segura y agradable es procurar que los grupos sean estables. Los miembros permanecen en el mismo grupo por un periodo de tiempo previamente acordado. Cuando los miembros no están saltando constantemente de un grupo a otro, sino que están comprometidos con un mismo grupo, la gente se siente más a gusto, prefiere este sentimiento de estabilidad.

5. **Los grupos pequeños son nuestras escuelas para el discipulado**

Los grupos pequeños son para lograr el cambio de vida, pero el principal cambio que hacemos es el crecimiento como los discípulos. El principal objetivo de nuestros grupos pequeños es ayudar a la gente a convertirse en discípulos de Jesucristo en constante crecimiento. Las iglesias sanas no solo tienen más miembros; tienen cada vez mejores discípulos. Los grupos pequeños son nuestras escuelas para el discipulado.

Esperamos que esto suceda gracias a la aplicación de la Palabra de Dios en su vida diaria. Pero no insistimos mucho en el estudio de la Biblia o en cualquier otro tipo de estudio por sí mismo, porque cuando comienza a centrarse en los contenidos, deja de abrir su interioridad. Nuestros grupos pequeños son "escuelas" no como educación para adultos ni tampoco como formación en la fe: son para lograr una *transformación de vida.*

Tom. Según nuestra experiencia de los grupos pequeños, la historia más llamativa de conversión, de frutos de cambio de vida y discipulado, es la de nuestro amigo Jack. Jack estaba tratando de rehacer su vida después de un doloroso divorcio y de un inesperado cambio en su carrera profesional. Ya asistía a la parroquia pero se mostraba escéptico sobre muchas de nuestras iniciativas. Cuando le llegó su momento a los grupos pequeños, su escepticismo fue profundamente cínico.

Sin embargo, después de muchas invitaciones, Jack quiso probar, no sin reticencias, para demostrarnos que él estaba en lo correcto, nosotros equivocados y los grupos pequeños eran una idea profundamente tonta. Pero poco a poco, la experiencia abrió su mente y cambió su corazón. Empezó a preocuparse por los demás miembros del grupo; le conmovió darse cuenta de que los demás se preocupaban por él. Comenzó a valorar el alivio que sentía al abrir cosas que tenía guardadas. Se vio a sí mismo cambiando y creciendo hasta convertirse en un miembro entusiasta del grupo y en su discípulo más comprometido. Al final, se convirtió en el líder del grupo e incluso en miembro de nuestro equipo directivo. Cuando tuvimos oportunidad de añadir a un director de los grupos pequeños como parte de nuestro equipo, Jack fue la elección lógica. Por su conversión de perseguidor a convencido promotor

Los miembros del grupo también consideran a los otros como personas capaces de cambiar y de crecer.

de los grupos pequeños, lo llamamos el "san Pablo" del programa.

¿Quieres saber más, profundizar?

Escucha a nuestro líder de los grupos pequeños hablar sobre cómo invitar a la gente y lograr que permanezca en el camino del discipulado a través de los grupos pequeños. Entra en www.rebuiltparish.com/chapter9 y abre el video "grupos pequeños" (*Small Groups*).

¡TÚ TAMBIÉN PUEDES HACERLO!

Pasos que puedes dar en tu parroquia

- Comienza un pequeño grupo con algunos miembros de la parroquia que quieran probar. Reúnanse semanalmente desde septiembre hasta mayo, con un descanso en Navidad.
- Los recursos para grupos pequeños que usamos están disponibles sin costo en nuestra página de internet. Esto los mantendrá atentos a las lecturas de los domingos. Lleven sus biblias (y úsenlas). Si quieren profundizar en otros temas, hay otros recursos muy buenos (comiencen su búsqueda con Libros Liguori).
- Elige a un líder para el grupo. Su trabajo consistirá en asegurarse de que nadie acapara las reuniones, que todos hablan y que la conversación no se queda sin contenido. Sean abiertos, honestos y amables.
- Sigue invitando a otros miembros de la parroquia a formar parte del grupo, pero tampoco permitas a la gente solo venir e irse. Deben comprometerse a asistir a varias

reuniones. Cuando llegues a más de doce miembros, divídelos en dos grupos. El líder del grupo es quien debe animar a los miembros a dar ese paso. Repite el proceso, pero asegúrate de estar en contacto con los nuevos líderes de los grupos.

- Invita al párroco a hablar de los grupos pequeños desde el púlpito. Es una forma de comenzar a hacerlos parte de la cultura de tu parroquia.

Compañeros de camino

El discipulado está hecho de pequeños pasos y, cuando tenemos compañeros en el camino, todo se hace menos difícil. En cierto sentido, el simple hecho de estar con gente que está *tratando* de vivir la vida cristiana, hará más fácil el esfuerzo. Lo que buscan los grupos pequeños son las relaciones auténticas enraizadas en una relación cada vez más profunda con Cristo. Y estamos convencidos de que ese es el camino que debe seguir la Iglesia Católica.

> El futuro de la Iglesia está en formar pequeñas comunidades nacidas de la libre iniciativa y del deseo de caminar con otros en la fe. Debemos tener cuidado para no obstaculizar este desarrollo, promoverlo y conducirlo por los cauces adecuados. La Iglesia solo existirá si se renueva constantemente por una decisión libre de sus miembros de abrazar la fe[7].

Si bien trabajamos por crear una cultura que promueva, asesore y apoye los grupos pequeños, en última instancia se trata de la acción de Dios en las almas. Jesús nos lo enseñó:

> "Si me aman, guardarán mis mandamientos; y yo pediré al Padre y les dará otro Paráclito, para que esté con ustedes para siempre, el Espíritu de la verdad". (Jn 14:15-17)

La doctrina central del Cristianismo es la verdad de que en Dios hay tres personas: Padre, Hijo y Espíritu Santo, un solo Dios, tres personas distintas. Este es un misterio que se debe creer y celebrar, incluso si no podemos entenderlo del todo e. Pero el misterio revela algo sumamente importante acerca de *cómo* es Dios y actúa: en íntima relación, como una comunidad. La Trinidad es una comunión de personas y, como tal, el "pequeño grupo" originario. En realidad, la vida de los grupos pequeños busca reflejar la vida de Dios, quien es uno en tres personas.

Hay que compartir y después… compartir

Cuando se trata de lograr que los discípulos crezcan, se trata de compartir tu vida…, pero eso no es todo lo que tienes que compartir. Hay algo mucho más difícil de compartir que solo tu vida.

10

NO ROBES A DIOS

> La paga de los diezmos es debida a Dios, y usurpan los bienes ajenos cuantos no quieren pagarlos, o impiden que otros los paguen. (…) Las personas que o los quitan, o los impiden, excomúlguese, y no alcancen la absolución de este delito, a no seguirse la restitución completa.
>
> CONCILIO DE TRENTO[1]

Jesús habló mucho sobre el dinero. ¿Por qué? Porque entendía cómo domina nuestros pensamientos, cómo posee nuestros corazones y cómo es un gran obstáculo para nuestra relación con Dios. Tanto, que nos dijo que no podíamos servir a dos señores. Tenemos que escoger.

> "Ningún criado puede servir a dos señores, porque aborrecerá a uno y amará al otro; o bien se dedicará a uno y desdeñará al otro. No pueden servir a Dios y al dinero" (Lc 16:13)

En una ocasión alguien le pidió a Jesús que interviniera en un asunto de finanzas y este fue su consejo: "y les dijo: "miren y guárdense de toda codicia" (Lc 12:15).

La ambición o la avaricia son el amor al dinero y a la riqueza de una forma inapropiada e incluso destructiva. Se presenta de diferentes maneras. Por tanto, debemos estar en guardia para reconocerlas. En la Teología Moral católica se considera un vicio muy serio porque hace del dinero el fin de la vida misma.

Si la ambición era un problema en una comunidad pobre y agrícola de hace dos mil años, debe serlo mucho más en nuestra cultura contemporánea, permeada de consumismo. Se gastan miles de millones de dólares cada año en anuncios y *marketing*. Nuevas tecnologías, estilos, sabores, modelos y marcas llegan a las tiendas todos los días. Y a diario nuestra cultura nos recuerda lo que no tenemos y nos hace creer que si lo tuviéramos, seríamos felices. Compramos la mentira y gastamos como nadie lo ha hecho en la historia de la humanidad.

El católico, como cualquier otra persona, también gasta de más con su tarjeta de crédito y tiene algunas otras deudas como todo consumidor. Muchos se han comprometido en hipotecas y con dificultad pueden pagarlas. Un párroco contaba que había visitado a varios de sus feligreses en sus enormes casas que prácticamente no tenían muebles porque, al parecer, se habían quedado sin dinero. Otro párroco amigo nuestro calculaba que si sus feligreses le dieran a la parroquia lo mismo que pagan en intereses por la deuda de su tarjeta de crédito, los ingresos de la parroquia serían tres veces más grandes. Este es un problema que tienen todas las comunidades sin importar su nivel económico.

Algunos de nuestros feligreses, incluso si ganan mucho dinero, no pueden darnos nada, porque ya gastaron todo en sí mismos. La falta de disciplina en la forma de manejar las propias finanzas y las deudas son serias fuentes de estrés para la vida de muchas personas y un factor que contribuye al alto índice de divorcios[2].

La gente no solo está nadando en un mar de materialismo, se está ahogando en él. Cuando se trata del dinero, la gente no sabe cómo vivir porque no sabe cómo *dar limosna*. El antídoto para la ambición y la forma de salir de las deudas es *dando limosna*.

Dar limosna es muy importante

Cuando estudiábamos lo escrito por otros sobre cómo dirigir una parroquia, nos sorprendió e incluso nos impresionó notar que, por lo general, nadie hablaba del dinero. No recordamos que se haya hablado alguna vez de dar limosna en nuestros años de educación católica, incluyendo el Seminario. ¿Qué enseña la Iglesia sobre dar limosna? ¿Qué nos dice la Biblia? ¿Quién lo sabe? Nuestra experiencia confirma un serio malentendido y, en consecuencia, una enseñanza y predicación incompletas, así como metodologías imperfectas para reunir fondos en muchas iniciativas católicas. Por tanto, no sorprende que el nivel de limosna de los católicos sea bajísimo, el más bajo entre todos los cristianos. Es un escándalo que deshonra a Dios y revela un cierto grado de inmadurez.

Que los feligreses den limosna es algo importante cuando se trata de crear una parroquia sana por dos razones más. La primera es la más obvia, una que muchos católicos ignoran cándidamente: cuesta dinero mantener una parroquia. No puedes mantener las luces prendidas, calentar el edificio u ofrecer programas sin él. Todo ministerio tiene un costo y la falta de limosnas obstaculizará o incluso matará todos tus esfuerzos. Todavía más importante: necesitas dinero para pagarle al personal de la Iglesia. Los católicos están acostumbrados

El nivel de limosna de los católicos sea bajísimo, el más bajo entre todos los cristianos. Es un escándalo que deshonra a Dios y revela un cierto grado de inmadurez.

a recibir los servicios de la Iglesia sin dar prácticamente nada y las escuelas de ordinario se gestionaban con gente que prácticamente no cobraba. Eso era muy agradable, pero ya no puede ser así.

Conforme el tiempo pasa, las parroquias van a ser manejadas principalmente por laicos, la mayoría de los cuales recibirán un salario. Y si queremos que nuestras parroquias tengan éxito, el personal deberá recibir un salario competitivo o de lo contrario la gente más valiosa no querrá estar con nosotros mucho tiempo. Como se puede ver, el tema de que la parroquia cuente con fondos es serio y cada vez lo será más. Si no se entiende este punto, puede llevar a las parroquias a la misma crisis financiera que está destruyendo actualmente al sistema de escuelas católicas en todo el país. Quizás esa crisis ya la tenemos encima.

La limosna es todavía más importante cuando se trata del discipulado. En una ocasión un joven se acercó a Jesús porque quería ser su discípulo. Parecía tener madera para ello. Tenía todas las cualidades, excepto una. Cuando Jesús le dijo: "anda, vende lo que tienes y dáselo a los pobres, y tendrás un tesoro en los cielos; luego sígueme" (Mt 19:21), el joven se marchó. Mateo nos dice que se fue triste, porque tenía muchos bienes. Y, hasta donde podemos saber, nunca llegó a ser un discípulo. En otra parte Jesús narra la historia de un rico insensato que es rico solo de una forma poco duradera y "y no se enriquece en orden a Dios" (Lc 12:21). Nuestro dinero y nuestro discipulado van de la mano.

A pesar de existir una concepción errónea tan difundida, basada en importunar constantemente a los fieles y centrarse en la recaudación de fondos, el tema es ampliamente ignorado en el púlpito como un problema espiritual. ¿Por qué?

Probablemente el mismo párroco y el personal de la parroquia no saben lo que la Palabra de Dios enseña sobre este punto y tal vez no estén convencidos del valor espiritual de dar limosna. Hablar del tema a una congregación con la misma falta de educación y convencimiento solo traerá conflictos. Además, frustrados y cansados de tanto escándalo y falta de sensatez a la hora de dirigir la Iglesia, y del desastre financiero al que todo ello ha llevado, muchos católicos se desconectan. Por tanto, lo más fácil para todos es ignorarlo.

Kermeses, árboles de Navidad y cenas de espagueti

No tenemos que culpar a nadie; la culpa fue nuestra. Una vez más, la Natividad es un excelente libro de texto para aprender lo que *no* se debe hacer, tanto antes como después de que llegamos. La Natividad comenzó a tener sus servicios en el gimnasio de una preparatoria. Desde el inicio, el párroco y la gente se entregaron en cuerpo y alma a la tarea de construir una iglesia lo más pronto posible. Es un error muy común, aunque comprensible. La *gente de Iglesia* quiere construir iglesias incluso antes de que se necesiten o sean viables desde el punto de vista financiero. Esto les evita la tediosa tarea de estar en un lugar prestado. Pero más importante todavía, el edificio de la iglesia define quiénes son ellos como comunidad. Es un error pensar de esa forma porque la identidad de la comunidad es la que define su espacio.

> *Construye a tu gente antes que tu campanario.*
> Rick Warren[3]

El consiguiente escenario en la Natividad era también el típico: una comunidad joven, todavía tratando de crecer en miembros, cargada con una deuda que se convirtió en la protagonista de la vida parroquial. Cuando los donativos y las limosnas no proveyeron los ingresos necesarios para pagar la deuda, se dedicaron frenéticamente a actividades de recaudación de fondos para poder maquillar el retraso en los pagos. La recaudación de fondos se convirtió en el centro de la actividad parroquial, consumiendo todos los esfuerzos del personal y de los voluntarios, y excluyendo otras tareas más evangélicas que debían hacerse. Y cuando incluso las actividades para recaudar fondos fueron insuficientes, la parroquia ofreció un "programa de bonos". Fue una forma inteligente de conseguir fondos pero también poco bíblica, pues los feligreses, en vez de *donarle* dinero a la parroquia, se lo *prestaron.*

A lo largo de los años, las diferentes formas de afrontar el tema confundieron completamente a la gente sobre las limosnas que deben dar y la parroquia siguió teniendo dificultades con sus finanzas. Para explicar mejor la situación, cuenta la leyenda que un domingo los líderes de la parroquia subieron al púlpito y explicaron las cosas de forma que todos pudieran entenderlas. Dijeron: "Para que este lugar funcione, necesitamos que cada familia dé ocho dólares semanalmente". En otras palabras, convirtieron las limosnas en una cuota de admisión. Irónicamente el fruto de esta estrategia fue recibir todavía menos limosnas. Al parecer, los únicos que obedecieron el aviso fueron los que estaban dando más de ocho dólares...

Cuando acabábamos de llegar a la Natividad, no pensamos mucho en el dinero. No éramos conscientes de su importancia ni de lo que podíamos hacer con él. Ni teníamos otro mensaje para la gente cuando se trataba de dar limosna más allá del "*queremos más*".

Parecía que siempre iba a haber alguna actividad de recaudación de fondos en marcha. Tal y como lo veíamos, esas actividades eran un complemento a nuestro "ingreso" y adquirir aquello que no cabía o no se podía justificar en el presupuesto. Recuerdo que una primavera estábamos tratando de rifar un coche, que habíamos comprado para ese fin. Nuestros esfuerzos iniciales ni siquiera reunieron dinero suficiente para pagar el coche, tuvimos que darnos más tiempo para poder vender todos los boletos. Durante todo ese tiempo el coche siguió estando enfrente de la iglesia, como un monumento brillante y luminoso de lo poco que sabíamos del tema.

Además de nuestra falta de conocimiento y comprensión del problema, estaba también nuestra falta de generosidad para dar limosnas. Ni siquiera nosotros dábamos mucho apoyo financiero a la Iglesia. Ni siquiera pensábamos en ello. Algunos miembros del equipo parroquial daban y algunos de los miembros de la parroquia más activos consideraban su *servicio* como su limosna. En una ocasión, durante una campaña para recaudar fondos, particularmente aburrida, uno de nuestros principales voluntarios dijo: "Yo no doy a la parroquia ni diez centavos de dólar porque el tiempo que le dedico tiene un valor, al menos, de veinte mil dólares anuales". Dada la situación económica por la que pasábamos entonces, tuvimos la tentación de pedirle que nos diera el dinero en efectivo y se fuera.

Por lo que ve a nuestras finanzas personales, los dos estábamos bastante perdidos: gastos tontos, deuda en la tarjeta de crédito, falta de planeación financiera y nada de ahorros. Todas estas cosas están relacionadas.

Una parroquia que conocemos decía en un letrero puesto en la calle: "En esta parroquia cobramos el diezmo". ¿A quién estaban tratando de convencer? Y luego contradecían su propia propaganda, porque justo al lado había otro letrero anunciando un bingo. Lo siento, no puedes tener ambas cosas.

Otra iglesia organizaba cada tres meses una cena de espagueti para recaudar fondos. Para realizar mejor esta actividad, pidió un préstamo considerable y construyó un vestíbulo y una cocina industrial. Sus cenas eran famosas en la comunidad; pero irónicamente, reunían con dificultad el dinero suficiente para pagar las mensualidades del préstamo.

Cualquier Iglesia en nuestra región organiza actividades de recaudación constantemente (actividades grandes, poco atractivas y que implican mucho trabajo). A la kermés de verano la sigue el festival de otoño; después viene la casa encantada del *Halloween* y la madre de todas las actividades de recaudación, la venta de árboles de Navidad que cierra la temporada. Es lo que hacen. Y es exactamente lo que el Señor nos dijo que no hiciéramos.

Las actividades para recaudar fondos pueden ser divertidas. Pueden ayudar al compañerismo y la caridad fraterna. Algunas veces son expresión de la cultura étnica y social de una comunidad, e incluso una fuente de sano orgullo. En cuanto tales, respetuosamente reconocemos su valor.

Pero, en el fondo, estas actividades son un intercambio de dinero por algo, o por la *posibilidad* de recibir algo. En ese sentido, son un intercambio comercial. Y a menudo, están tan basadas en una mentalidad de consumo que casi se convierten en una parodia de lo que debe ser la Iglesia de Cristo. Rifas, subastas, ventas, cenas, teatro con cena, bailes, rifas 50/50, bingo, ayudas para las colegiaturas, etc. No son lo que Dios nos enseñó que debíamos hacer para lograr que la Iglesia cumpliera su misión.

Sucede lo mismo que con la fruta. Las actividades de recaudación de fondos consisten fundamentalmente en ir por el "fruto", arrancándolo de las ramas, haciéndolo caer agitando el árbol y recogiéndolo del piso. Algunas veces tiene éxito a corto plazo pero es una mala estrategia a largo plazo. En algún momento, habremos cosechado todos los frutos del árbol; tampoco podemos dañar o matar al árbol cosechándolo excesivamente (los profesionales de la recaudación de fondos la llaman "fatiga del bienhechor"). Podemos ir a recoger el fruto… podemos plantar árboles que lo produzcan. Se trata de dos modos de actuar muy distintos, que llevan a resultados también distintos. Reunir fondos suficientes para la Iglesia tiene que ver con plantar árboles que den fruto, esto es, feligreses que den limosna. La recaudación de fondos reúne fondos. Nosotros debemos estar cultivando donadores.

Formar donadores

Nuestro cambio de mentalidad comenzó con la enseñanza que encontramos en el tercer capítulo del libro del profeta Malaquías. Dios dice al pueblo de Israel:

> "Desde los tiempos de sus antepasados vienen apartándose de mis preceptos y no los observan. Vuélvanse a mí y yo

> me volveré a ustedes, dice Yahvé Sebaot. —Dicen: ¿En qué hemos de volver? — ¿Puede un hombre defraudar a Dios? ¡Pues ustedes me defraudan!" (Mal 3:7-8a)

Dios dice a Israel que le ha dado una ley que debe seguir, y ellos la están ignorando. Su desobediencia los ha alejado de Él y de las bendiciones que Él quiere darles. De hecho, los acusa de estar robando. ¿Cómo puedes robar a Dios? No es tan difícil.

> "Y encima dicen: '¿En qué te hemos defraudado?' —En el diezmo y en la ofrenda reservada. Están repletos de maldición, pues me defrauda la nación entera. Lleven el diezmo íntegro a la casa del tesoro... pónganme así a prueba, dice Yahvé Sebaot, y verán cómo les abro las esclusas del cielo y derramo sobre ustedes la benéfica lluvia hasta que se agote" (Mal 3:8b-10).

> La recaudación de fondos reúne fondos. Nosotros debemos estar cultivando donadores.

Dios promete bendiciones para nuestras iglesias y para nuestras vidas si respetamos su Palabra. Por otro lado, ignorarla es una forma segura de impedir que derrame sobre nosotros sus bendiciones. Desafortunadamente hay miles de iglesias con problemas financieros, de todas las denominaciones, cuyos problemas ilustran esta verdad. Es importante notar cómo Dios dice: "Pónganme a la prueba en esto". Nos pide que lo pongamos a prueba. Cuando se trata de nuestro dinero, Dios quiere que lo probemos y veamos si Él va a ser fiel. Solo inténtalo y verás si eso no se va a convertir en bendiciones para tu vida y para la vida de tu parroquia. Es un reto.

Después de leer este pasaje, es fácil estar de acuerdo con la afirmación de Mark Twain: "no son las partes de la Biblia que no entiendo las que me preocupan, sino las partes que entiendo".

El diezmo

El diezmo es entregar, en honor a Dios, el diez por ciento de lo que hemos ganado. En el diezmo está incluido lo que damos a los pobres, así como lo que damos en el lugar al que vamos a Misa. La colegiatura de la escuela católica no forma parte del diezmo (lo sentimos). A lo largo de la Biblia, comenzando por el Génesis, el diezmo es la cantidad estándar que se da como oferta. En el contexto de su propio culto, Abraham da al sacerdote, el rey Melquisedec, la décima parte de lo que tiene. Es el dinero que se da a un rey y un sacrificio que se ofrece (Gn 14:18-20). Vemos después cómo su hijo Jacob también dio culto de esta forma:

> "Jacob hizo un voto, diciendo: 'Si Dios me asiste y me guarda en este camino que recorro, y me da pan que comer y ropa con que vestirme, y vuelvo sano y salvo a casa de mi padre, entonces Yahvé será mi Dios; y esta piedra que he erigido como estela será Casa de Dios; y de todo lo que me des, te pagaré el diezmo'" (Gn 28:20-22)

Muchos católicos escuchan la palabra "diezmo" y se sienten incómodos, "¿No es un concepto del Antiguo Testamento que Jesús ya abolió?". O lo ven como algo que hacen los protestantes y que nosotros ya hemos superado.

> **P. Michael.** La primera vez que deliberadamente hablé sobre el diezmo en una homilía, se me acercó una señora después de la Misa, agitando su dedo

> y en tono de regaño me dijo: "No quiero volver a oír esa palabra en esta iglesia". Y, aunque ustedes no lo crean, acepté su petición3; durante mucho tiempo, nunca usé la palabra. Simplemente ignoré esa parte de la Biblia.

El argumento de que el diezmo es un mandamiento del Antiguo Testamento suprimido por el Nuevo es cómodo, pero in correcto. Jesús dijo que no vino para abolir la ley, sino para llevarla a cumplimiento. En Mateo 23:23 y en Lucas 11:42, Jesús habla explícitamente del diezmo y lo alaba. Eleva el acto de dar parte de los propios bienes a un nuevo nivel. Alaba a Zaqueo por haber prometido que daría el cincuenta por ciento a los pobres (cf. Lc 19:9-10) y a la viuda pobre que dio el cien por ciento (Mc 12:43; Lc 21:3).

Dios no solo quiere que le demos la décima parte. Quiere que lo reconozcamos como el dueño de todo y que abracemos con diligencia nuestro papel de administradores de lo que nos da, administramos en su lugar. Dinero y bienes que al final, de una u otra forma, recuperaremos totalmente. El diezmo es solo el umbral, el lugar para empezar.

Históricamente, el tema se volvió complicado porque en algunos países el diezmo se incluía automáticamente en los impuestos civiles. La gente no podía escoger, tenían que pagarlo. A medida que el desarrollo histórico en buena parte de Europa y Norteamérica llevó a la separación Iglesia – Estado (y con ello a que el Estado ya no financiará más a las iglesias), el diezmo se perdió de vista o se dejó de entender. En Irlanda el diezmo se vio seriamente afectado con el establecimiento de una Iglesia Protestante del Estado[4], que financiaban los impuestos. Llegó un momento en que el malestar de los católicos era tan grande que llevó a una revuelta llamada "la guerra del diezmo". Mientras tanto, en otros países europeos, el financiamiento del Estado, donde todavía existe, puede inhibir la generosidad de los fieles. En este país, además de todas las actividades para recaudar fondos, el diezmo se vio eclipsado por campañas constantes que financiaron los edificios que se necesitaban para responder al crecimiento de la Iglesia. La confusión que existe actualmente entre financiar a la parroquia y financiar a la escuela tampoco ayuda.

Aun así, el diezmo es indispensable si queremos abrirnos nosotros mismos y queremos abrir nuestras parroquias a las bendiciones prometidas por el profeta Malaquías. Es una enseñanza que se debe recuperar y volver a aprender si realmente queremos cambiar a consumidores católicos en discípulos de Cristo, y si queremos que las parroquias revivan y se rehagan de forma auténtica, esto es, siguiendo más de cerca el Evangelio.

Pero cambiar esto después de tantas generaciones en que hemos entendido mal el diezmo no es fácil.

Empieza por ti mismo

Teníamos que empezar por alguna parte y empezamos por nosotros mismos. Dar una parte a Dios nos obligó a poner cualquier otro gasto después de nuestra oferta. Y podemos decir honestamente que cuando empezamos a dar el diezmo, de pronto nos dimos cuenta de que nuestras deudas se hacían más pequeñas y nuestros ahorros más grandes. Recientemente, le hemos lanzado el reto al resto del equipo parroquial para que emprendan el camino del diezmo. Ahora algunos de ellos cumplen el diezmo y otros un porcentaje menor, pero están caminando para llegar al 10 por ciento. No es una coincidencia, porque dado que las ofrendas en nuestra parroquia se han incrementado en los últimos años, hemos podido elevar –y seguimos haciéndolo– los salarios del equipo parroquial. Estas cosas están relacionadas.

Después de cambiar nuestros corazones, podíamos animar a otros a cambiar también ellos, dando un mensaje coherente y claro, no contaminado con actividades de recaudación de fondos o invitaciones esporádicas para donar a causas especiales. Hemos tratado de formar discípulos que sean generosos y que den el diezmo. Aunque constantemente y con convicción animamos a los miembros de la parroquia a dar el diezmo, en este momento, aparte del equipo parroquial, probablemente muy pocos lo hacen. Eso está bien… por ahora. Solo queremos ponerlos en el camino correcto, para caminar en la dirección correcta, y si no podemos lograrlo ahora, que el diezmo sea una realidad en la siguiente generación.

> **El diezmo es solo el umbral, el lugar para empezar.**

Como una forma de avanzar y de seguir promoviendo la idea, animamos a la gente a cumplir la doctrina de la Biblia sobre la que se basa el diezmo. Lanzamos a los feligreses estos retos:

- Dar establemente (designar dinero en su presupuesto para donarlo).
- Dar con prioridad (dar primero a Dios antes que hacer otros gastos).
- Dar de acuerdo con un porcentaje (dar un porcentaje, no una cantidad fija de dólares).
- Dar progresivamente (incrementar el porcentaje regularmente)[5].

En vez de desanimar a la gente con un mensaje que no aceptarás, "den el 10 por ciento", estos pasos nos permiten comprometer a todos en un camino de generosidad. Solo animamos a la gente a dar un paso y después otro.

Si tú solo estás dando cada domingo el cambio que traes en la bolsa (algunas personas lo llaman la "propina" de Dios), planea mejor un donativo; hazlo una prioridad, de la misma forma que planeas otros gastos. Todos pueden hacer eso, sin importar el tamaño de su oferta. Dar de acuerdo con un porcentaje es el siguiente paso y es el momento clave para cambiar la forma de pensar. Al inicio lo importante no es el *diez*, sino el *por ciento*. Nos hemos dado cuenta de que llegar al porcentaje es el mayor cambio de mentalidad para poner a tu parroquia en el lugar correcto. Cuando la gente se convierte en alguien que da de acuerdo con un porcentaje, la parte "progresiva" se da por sí sola. De verdad, así sucede.

La gente debería dar de forma planeada, esa es una absoluta prioridad, y con un porcentaje progresivo. Y creemos que la mejor forma de mantener a la gente involucrada y dando es a través de una transferencia electrónica o lo que nosotros llamamos "oferta automática". Mientras dar de acuerdo con un porcentaje es el cambio clave en el *pensar*, dar por transferencia electrónica es el cambio clave en el *actuar*. Cuanta más gente dé su oferta a la iglesia de esta forma, más crecerán sus donativos y podrá funcionar mejor. Un fin de semana, hace un par de años, hubo una tormenta de nieve muy fuerte que daña a la Iglesia hasta el punto de que la tuvimos que cerrar. No tuvimos ninguna Misa. Pero todavía teníamos un ingreso decente gracias a los que donaban de forma electrónica. También hemos añadido recientemente una opción para ofrendas en nuestra página de internet y estamos buscando otras formas de hacer que las ofrendas se puedan hacer de forma simple y accesible (para no depender ya del dinero en efectivo o de los cheques que ya nadie usa).

Solo hablamos *una vez* al año de dar dinero a la parroquia. Actualmente, el fin de semana anterior a *Thanksgiving* lo hemos llamado "Domingo del servicio". Hacemos presentaciones en todas las Misas del fin de semana en las que de manera respetuosa recordamos a la gente cuánto cuesta mantener una parroquia y pagar a su personal; pero nunca en una forma insistente o como si estuviéramos en extrema necesidad. Lo principal del mensaje, sin embargo, es todo el bien y todo lo bueno que sus ofrendas están logrando. Queremos felicitar y animar a quienes que ya están dando e inspirar y motivar a los que aún no lo hacen. Usamos el Domingo del servicio para celebrar a nuestra parroquia y el cambio de vida que logramos con nuestro trabajo. Lejos de ser un evento anual que solo se tolera, para muchas personas es su fin de semana favorito.

¿Quieres saber más, profundizar?

Abre nuestro video del Domingo de servicio. Entra en www.rebuiltparish.com/chapter10 y abre el video "Domingo de servicio" *(Stewardship Sunday).*

Después del mensaje, damos tiempo para que cada quien reflexione sobre lo que está dando y haga un propósito para el año que viene.

Les pedimos que rellenen una tarjeta de compromiso, en la cual aparece lo que planean dar ese año. Después ponemos las tarjetas en el altar como símbolo de la seriedad de su compromiso. Sus donativos son una oferta a Dios.

La misma semana también tenemos una reunión llamada "reunión de finanzas". Los miembros del Consejo de Finanzas de la parroquia revisan los presupuestos del año en curso y de los años pasados y discuten los ingresos y egresos. Esta reunión está abierta a los miembros de la parroquia y al público en general, como una expresión de nuestra transparencia a la hora de manejar el dinero. Por cierto, en los últimos años, ya casi nadie viene. Vemos la falta de interés como una señal de que la parroquia está sana. Los fieles confían en nosotros cuando se trata de su dinero.

Otra forma de promover las limosnas es organizándolas, no solo de manera individual, sino también colectiva. Si hay un desastre natural, como el terremoto en Haití, las inundaciones en Pakistán o el tsunami en Japón, no hacemos una "segunda" colecta. En vez de ello damos el diezmo de nuestra propia colecta y la enviamos a *Catholic Relief Services* o a la agencia correspondiente.

En los últimos años, hemos ayudado a los miembros de nuestra parroquia a profundizar en lo que Dios nos enseña acerca del dinero, poniendo a su disposición buenos materiales. Nos gustan mucho los materiales de la *Financial Peace University* de Dave Ramsey, un sistema sumamente efectivo para ayudar a la gente a mejorar sus finanzas personales y que también influye en la calidad de sus ofrendas a la

Iglesia. Hay otros recursos muy buenos. El punto es ayudar a manejar su dinero de una manera más efectiva y de una forma que dé gloria a Dios, mejore su estilo de vida e incremente sus ofrendas.

De cualquier forma, el mejor modo de ayudar a vivir según Dios su relación con el dinero es a través de la predicación. Hablamos de dar dinero a la parroquia solo una vez al año, pero no tenemos miedo de hablar sobre el dinero cada vez que el tema aparece en las lecturas de la Misa. En años recientes, hemos dedicado alguna serie de homilías al tema. La primera vez que lo hicimos necesitamos bastante valor y nos ganamos muchas críticas, porque es algo que los consumidores no quieren escuchar. Pero como hemos hablado del tema frecuentemente a lo largo de los años, esto ya se ha vuelto más sencillo, la gente está más abierta y aporta incluso mejores frutos. Los corazones de la gente ciertamente no van a cambiar de la noche a la mañana, pero si de verdad tú vives en tu propia vida lo que Dios enseña acerca del dinero y después lo predicas, Dios comenzará a cambiar los corazones de la gente.

Tú recibes lo que das
The New Radicals[6]

Actualmente, a pesar de que la economía está en su peor situación desde la época de la Gran Depresión, nuestros ingresos han estado creciendo a paso firme. Mientras tanto, hemos eliminado todas nuestras deudas, seguimos incrementando nuestro personal y los sueldos del personal, hemos separado dinero para hacer mejoras y reparaciones en los edificios, y estamos ahorrando para proyectos más grandes que sabemos se nos presentarán. El incremento de donativos significa que también estamos apoyando más a la diócesis y que cada vez damos más ayudas en obras de caridad materiales.

No vayan cojeando por el camino

En el primer libro de los Reyes, Elías pide al pueblo de Israel: "¿Hasta cuándo vas a estar cojeando sobre dos muletas? Si Yahvé es el Dios, síganlo; si Baal lo es, sigan a Baal". (1 Re 18:21).

El pueblo quería servir a Dios y a un falso dios llamado Baal. Elías les dijo que no podían servir a ambos. Escojan uno, de lo contrario simplemente están cojeando en tu fe. Acto seguido, lanza a los profetas de Baal un reto, cuyo fin es esencialmente probar la verdad del Dios vivo. Es una historia simpática, que en el fondo se reduce a: Elías gana, el pueblo vuelve a la fe y abandona al dios falso.

No vayan cojeando, no evadan el problema. Las actividades para recaudar fondos son fáciles, rápidas, y son métodos probados por el tiempo para reunir dinero. Pueden parecer esenciales. Están bien si eres una escuela o un hospital o una obra de caridad. Pero no son para las iglesias, son ayudas que solo las debilitan en sus mismos cimientos y cuando las usamos en lugar de las ofrendas y el diezmo, solo estamos cojeando, debilitándonos a nosotros y a nuestro ministerio. La Iglesia de Cristo no es un casino, una empresa que organiza banquetes o un carnaval. Nuestra misión es hacer discípulos y la recaudación de fondos no ayuda a ello. Esas actividades solo ayudan a fomentar una mentalidad consumista que mantiene a los consumidores exigentes consumiendo en vez de crecer como discípulos generosos.

¡TÚ TAMBIÉN PUEDES HACERLO!

Pasos que puedes dar en tu parroquia

- *Primer paso:* Como líder de la parroquia, comienza obedeciendo la Palabra de Dios cuando se trata de tus propias finanzas, comenzando con el diezmo. Devuelve a Dios su 10 por ciento.

- *Segundo paso:* reconsideren los eventos de recaudación de fondos y otros sistemas basados en la lógica del comercio que mandan mensajes confusos a la gente sobre cómo deberían apoyar a su parroquia. Si tu presupuesto depende mucho de los eventos de recaudación, comienza a abandonarlos, incluso si eso significa posponer proyectos y suspender temporalmente algunos. En la medida de lo posible, reduce tus exhortaciones a dar limosna y evita las "segundas" colectas o cualquier otra colecta aparte de la que ya se tiene en la Misa.
- *Tercer paso*: haz oración sobre las ofrendas recibidas cuando te las presenten.
- *Cuarto paso*: compra solo aquellas cosas que puedas adquirir con lo que recibiste en la colecta. Administra con cuidado todo lo que recibes.
- *Quinto paso*: Predica sobre el *dinero* cada vez que el tema aparezca en las lecturas. Predica sobre *dar dinero a la parroquia* una vez, y solo una vez al año. Pide a la gente que se comprometa basándote no en que *tú necesitas dinero*, sino en que *ellos necesitan dar*.

Repite estos pasos año tras año de una manera constante. A la vez, enseña siempre a la gente a hacer sus ofrendas en el lugar donde se tiene el culto, pues en realidad es un acto de culto. Ayúdales a hacer esto para dar gloria a Dios y crecer como discípulos. No sigas cojeando con actividades de recaudación de fondos mientras dices que confías en Dios. Forma discípulos y Dios mandaré el dinero.

Dar culto es el acto de darle un valor a algo. Es lo que Dios espera de nosotros, y Dios mismo nos ha enseñado cómo hacerlo. En varias ocasiones nos dice: "Nadie se presentará delante de mí con las manos vacías" (Ex 23:15)

Desde el inicio, cualquier cosa que se donaba a la Iglesia y cualquier cosa que se daba a los pobres era entendida como algo que se daba a Dios, como una oferta al Señor. En los primeros siglos, a medida que la liturgia comenzaba a tomar forma, estas ofrendas de caridad cristiana comenzaron a asociarse con el ritual en el que se preparan los dones para el sacrificio eucarístico. De esta forma los fieles podían colocar su oferta junto con el ofrecimiento del mismo Señor[7].

Actualmente hacemos una oferta en la Misa; damos dinero en el lugar en donde damos culto a Dios, es también un acto de culto. Ese ofrecimiento no nos exige *todo*, como le costó a Jesús; pero sí debe costarnos *algo*.

La Iglesia de Cristo no es un casino, una empresa que organiza banquetes o carnavales. Nuestra misión es hacer discípulos, y la recaudación de fondos puede ayudar a ello, o no.

El rey David, que sabía más sobre dar culto a Dios que ningún otro antes que él, insistía en que su culto al Señor le había costado algo significativo y que había sido un sacrificio (2 Sm 24:24). Lo mismo se aplica a nosotros: el culto a Dios nos debe costar algo.

Pero, por otro lado, es también una inversión. Lo mejor que podemos hacer con nuestro dinero es apoyar el trabajo del Reino de Dios. Es la mejor estrategia de inversión a largo plazo. Como Jim Eliot escribió: "No es tonto el que da lo que no puede conservar, para ganar lo que no puede perder"[8]. Usa tu dinero para apoyar el trabajo del Reino de Dios y para tu propio futuro.

> "Yo les digo: Háganse amigos con el dinero injusto, para que, cuando llegue a faltar, los reciban en las eternas moradas" (Lc 16:9).

Solo tienes que acudir a Dios

El dinero es un compromiso muy importante que deben asumir los verdaderos discípulos. Pero, como vamos a ver, se requiere también otro compromiso. Sin este otro compromiso, tu parroquia se llenará de clientes y tus discípulos no van a crecer. Es difícil, implica mucho trabajo y nadie te lo va a agradecer (en un primer momento); pero como líder de la Iglesia, lo tienes que hacer.

11

LLEVA A LA PARROQUIA MÁS ALLÁ DE LAS BANCAS

> Todos, no solo las Misioneras de la Caridad, pueden hacer algo bello por Dios (...). Este es el futuro –esta es la voluntad de Dios para nosotros– servir con amor haciendo actos concretos.
>
> Beata Madre Teresa[1]

P. Michael. Mi primer año aquí, solía pararme en la puerta de ingreso antes y después de cada Misa del fin de semana. Estaba allí para responder preguntas, recoger peticiones y, en general, para hacer que la gente se sintiera apreciada al ver que yo estaba ahí. También era yo quien quitaba los candados, abría las puertas, hacia el café, vendía los recordatorios y estampas, y cambiaba el papel higiénico en el baño de los hombres (no estoy seguro de quién lo hacía en el de mujeres).

Durante la semana, sentía que era mi obligación visitar a cualquiera que estuviera en el hospital, ver a todos los que quisieran contarme cualquier cosa (la mayoría de las veces de acuerdo con su horario y no con el mío), dirigir la oficina, hacer las veces de gerente, ser director de marketing, director de comunicación, jefe de la oficina de finanzas y jefe del equipo parroquial. También me encargaba del departamento de quejas.

La expectativa, es más, la exigencia era que yo –y por extensión todo el equipo parroquial– debía hacer todo. Y, si había algún tipo de evento o reunión para cualquier cosa, se suponía que yo también debía estar. Los eventos siempre eran como algo incompleto y poco auténtico sin mi presencia. Mi ausencia en el desayuno de las señoras o en el baile de los jóvenes de secundaria era algo más que una descortesía, era una irrespetuosa afrenta. Y cuando, inevitablemente, no lograba atender todas estas implacables demandas, se me acusaba de ser perezoso, incompetente o "poco pastoral".

Recientemente llamé a un colega y amigo. No estaba allí, pero en la respuesta automática de su teléfono estaba el número de su celular y una lista completa de otros números donde podía encontrársele el resto del día. El mensaje era claro: quienquiera que seas y cualquiera que sea la cosa que necesitas, llámame.

No consientas a los fieles, prepáralos

Este nivel de atención al cliente no es raro en el clero. Es generoso y poco egoísta y a todos se nos ha enseñado que debemos hacerlo así. Pero no es lógico. Si un cliente insatisfecho llama para quejarse y puede llamar directamente al jefe, ¿por qué va a llamar a otra parte? Si una simple queja sobre tu página de internet puede llegar a la instancia más alta, ahí es a donde se va a mandar. Si el párroco está a tu disposición para todo, desde dar una bendición final hasta lanzar la primera bola en un partido de béisbol, tú no vas a buscar menos. Es una forma de actuar que lleva a incrementar las exigencias e inevitablemente conduce a la fatiga, como a menudo tristemente lo vemos (a veces es algo más común entre los religiosos y ministros laicos que entre el clero diocesano). Pero hay una consecuencia todavía más triste: esta forma de actuar, por parte del equipo parroquial, *garantiza* que los fieles de la parroquia seguirán siendo consumidores exigentes más que discípulos comprometidos.

> Aún queda mucho camino por recorrer. Demasiados bautizados no se sienten parte de la comunidad eclesial y viven al margen de ella, dirigiéndose a las parroquias sólo en algunas circunstancias para recibir servicios religiosos. En proporción al número de habitantes de cada parroquia, todavía son pocos los laicos que, aun declarándose católicos, están dispuestos a trabajar en los diversos campos apostólicos[2].

La palabra ministerio viene del latín *ministerium* o servitium, que traduce la palabra griega *diakonía*, una palabra que se refiere al servicio que se da en el hogar, como servir a los dueños que están a la mesa. La Biblia es tan clara como puede serlo cuando se trata de quién puede hacer ese tipo de servicio en la casa del Señor:

De hecho, «cuanto más se desarrolla el apostolado de los laicos, tanto más fuertemente se percibe la necesidad de contar con sacerdotes bien formados, sacerdotes santos. De esta manera, la vida misma del pueblo de Dios pone de manifiesto la enseñanza del Concilio Vaticano II sobre la relación entre sacerdocio común y sacerdocio ministerial o jerárquico, pues en el misterio de la Iglesia la jerarquía tiene un carácter ministerial (cf. Lumen gentium, 10). Cuanto más se profundiza el sentido de la vocación propia de los laicos, más se evidencia lo que es propio del sacerdocio»[3].

Él mismo dispuso que unos fueran apóstoles; otros, profetas; otros, evangelizadores; otros, pastores y maestros, para la adecuada organización de los santos en las funciones del ministerio, para edificación del cuerpo de Cristo (Ef 4:11-12)

Si eres párroco, lee el texto otra vez. De verdad, léelo otra vez. Los párrocos deben estar preparando a los miembros, no consintiéndolos: prepararlos para las tareas del ministerio.

Jesús *insistía* en el apoyo y asistencia que sus discípulos debían darle a lo largo de todo su ministerio. Desde la multiplicación de los panes y los peces, hasta la resurrección de Lázaro, pidió a todos los que estaban a su alrededor que sirvieran a los demás, que le ayudaran. Se esperaba que ellos le brindaran cierta asistencia. En concreto, Él haría su parte solo *después* de que *los discípulos* hubieran hecho la suya. El ministerio debe ser un deporte de equipo.

Lo mismo sucedía en la Iglesia primitiva: los apóstoles se ocupaban de su papel y buscaban que los miembros de la Iglesia, también estuvieran activos. De hecho, insistieron mucho en este punto. Dice Pablo: "Considera el ministerio que recibiste en el Señor, para que lo cumplas" (Col 4:17).

La posterior centralización que se dio con los papeles del obispo y del presbítero, y la expansión de la vida religiosa consagrada parecen haber cargado al ministerio de tareas de una forma distinta a como sucedía en la Iglesia del Nuevo Testamento. De ahí, la importancia de contar con gente dedicada al ministerio de forma profesional.

> Otros bautizados podrían ayudar apoyando en cosas prácticas (...), pero se les mantuvo a cierta distancia del ministerio real y público, de la misma forma que se les alejó del altar. Sobreentendía que el ministerio tenía que ver principalmente con los métodos de espiritualidad y las rúbricas de la liturgia, que el mundo caído solo podía recibir redención que todo lo que no estaba relacionado con las órdenes por los votos pertenecía a la esfera secular incapaz de un ministerio sino solo de un vago testimonio[4].

La Iglesia ha corregido el rumbo de forma adecuada. Porque definir quién hace el "trabajo" de la Iglesia es la pregunta clave cuando se trata de cambiar la mentalidad de consumidor. Si las personas están ahí solo para recibir, entonces son consumidores; si están trabajando, son ministros. Nuestras iglesias van a ser asambleas enfermas con una mentalidad de consumidores, si no se empuja a la gente a involucrarse y a colaborar. Al igual que en una familia, los únicos que no ayudan son los bebés. Los cristianos que no ayudan a la familia parroquial son, en el mejor de los casos, bebés discípulos.

El Concilio Vaticano II dio una nueva orientación a este tema y nuestros obispos recientemente lo han subrayado todavía más. Nos dicen que el así llamado "ministerio eclesial laico" no es un plan B para paliar la falta de vocaciones, sino el fruto maduro de un bautizado:

Los cristianos que no ayudan a la familia parroquial son, en el mejor de los casos, bebés discípulos.

El ministerio es laico porque se trata de un servicio realizado por personas laicas. Su base sacramental son los Sacramentos de Iniciación, no el Sacramento del Orden. El ministerio es eclesial porque se realiza dentro de la comunidad de la Iglesia, cuya comunión y misión sirve, y porque está sometido al discernimiento, la autorización y la supervisión de la jerarquía. Finalmente, es un ministerio porque implica una participación en el triple ministerio de Cristo, que es sacerdote, profeta y rey. "En este sentido original, el término ministerio (*servitium*) manifiesta sólo la obra con la cual los miembros de la Iglesia prolongan, a su interior y para el mundo, la misión y el ministerio de Cristo"[5]

Todo miembro es un discípulo

El ministerio es algo más profundo, significa más que un simple ayudar. Expresa el trabajo gracias al cual la misión de Cristo en la tierra continúa. Por tanto es algo esencial en el discipulado y en la evangelización. Para crear un ambiente lleno de vida que anime a nuestros miembros a crecer, es necesario que sirvan. Para ser un lugar lleno de iniciativas y entusiasmo que sea irresistible a los de fuera, es necesario que tengamos a los fieles fuera de la iglesia. Los visitantes, los visitantes y quienes están comenzando deben ser servidos. Los miembros de la parroquia deben servirlos así como deben servirse entre ellos. No es algo instantáneo, no aparece desde el inicio, pero queremos que cualquier miembro de la parroquia ingrese a un equipo de ministerio y sirva a la familia parroquial y a la comunidad. Nuestra meta es *cada miembro un ministro.*

> *Uno por uno*
>
> Lema de la compañía de zapatos *Toms*[6]

¿Cómo hacer que la gente quiera servir? Hablemos de ello siempre en la predicación. No solo cuando necesitamos ayuda, no solo cuando estamos desesperados. Pero procuramos hacerlo sin incomodar a la gente. Nadie quiere unirse a un equipo perdedor; a nadie le entusiasma tapar huecos. Las personas quieren seguir un ideal y contribuir a un proyecto que va a tener éxito. Esa es la forma en que hablamos del ministerio. Un discípulo lo que hace es servir. Y para crecer como discípulo, para hacer más discípulos, tienes que haber estado sirviendo. Como ministros, nuestros miembros logran estar en el equipo vencedor.

Hablamos de diversos ministerios disponibles que se ajustan a los dones y talentos de nuestros fieles. Queremos que se den cuenta de que Dios los ha creado para servir:

> Hay diversidad de carismas, pero un mismo Espíritu; diversidad de ministerios, pero un mismo Señor; diversidad de actuaciones, pero un mismo Dios que obra todo en todos. A cada cual se le otorga la manifestación del Espíritu para provecho común. (1 Cor 12:4-7)

Por otro lado, limitamos los ministerios en los que la gente que acaba de llegar puede involucrarse. Si hay muchas opciones, puede suceder que no elijan ninguna. Se vuelve confuso para ellos asumir un compromiso e imposible para nosotros asegurar que les irá bien. En última instancia, lo que queremos es aprovechar los talentos de nuestros ministros, plenamente; pero cuando están empezando, los nuevos ministros escogen solo de entre unos cuantos ministerios sencillos como hacer el café o vaciar los botes de basura. Nadie es demasiado grande o importante como para no poder empezar con algo pequeño. Dicho sea de paso, nadie puede comenzar en un ministerio litúrgico. Tiene que empezar con tareas más sencillas y humildes. Solo los ministros que ya han servido de forma adecuada, son invitados a algún ministerio litúrgico.

Para ayudar a hacer más accesible el ministerio, tenemos un programa que se llama "Servir primero", un nombre que tomamos prestado de la Willow Creek Community Church. Consiste en probar uno de nuestros ministerios. Ayudan solo una vez sin obligación de comprometerse. Si te gusta, regresas; si no, prueba otro.

Nuestra meta es *cada miembro un ministro.*

Otro secreto para lograr que la gente se involucre en el voluntariado es hacer que al inicio no solo el *trabajo*, sino también el *compromiso*, sean fáciles de cumplir. Cuando la gente ve que de verdad pueden hacer el ministerio y disfruta de la experiencia, se compromete más.

El compromiso que pedimos al inicio es de un par de horas, dos veces al mes. Eso es fácil de entender, fácil de recordar y a nadie intimida. Es un cambio cultural extremadamente importante, porque *el mundo de la Iglesia* a menudo consiste en cargar sobre un pequeño grupo grandes compromisos. Eso, además de no funcionar, puede asustar.

Por ejemplo, una razón por la que la Natividad nunca podía encontrar suficientes maestros de educación religiosa era que estábamos esperando mucho de gente que no estaba dando nada. Se requería una capacitación que ellos no tenían y un compromiso que implicaba cambiar la propia rutina del fin de semana. No había una "cantera" para preparar a más personas.

P. Michael. Y en el otro extremo del compromiso, pedíamos colaborar por tiempo indefinido. Solo rellenábamos con gente los huecos que había que llenar y esperábamos que todo se quedase así hasta la segunda venida de Cristo. Recuerdo muy bien un domingo de mi primer año, cuando estaba visitando los salones de clase del programa de educación religiosa. Visité un salón de sexto grado, bastante caótico, con una maestra claramente desconcertada. Después de la visita, la maestra desesperadamente me dijo: "Me tiene que sacar de aquí. Entre como sustituta hace diez años y nunca han buscado a nadie que me reemplace. Yo no soy maestra".

El primer ministerio en el que trabajan nuestros miembros es como la cantera para que la gente después asuma compromisos más grandes y, algunas veces incluso, ser líder de algún ministerio.

No había una "cantera" para preparar a más personas.

Ya en el equipo

Para entrar al equipo, todos los ministros reciben un entrenamiento de cuidado infantil y se revisan sus antecedentes. Se les pide que rellenen un formulario de inscripción y que realicen una capacitación.

Tratamos de cuidarles mostrándoles que valoramos su servicio y apreciamos sus esfuerzos. Queremos que triunfen. Ello implica darles los horarios con suficiente antelación; estar seguros de que tienen un supervisor (que es también un voluntario), para apoyarlos y hacerse responsable de ellos de alguna manera; y les damos las herramientas necesarias para su apostolado. Cuando tienen éxito, disfrutan más el servicio que están ofreciendo y se comprometen más.

Estamos trabajando en un programa para hacer una evaluación cada año, de forma que los líderes de cada equipo puedan asegurarse de que sus ministros están haciendo bien su trabajo y que están contentos en él. Animamos a los colaboradores a tomarse un descanso si lo necesitan o a cambiar de ministerio si así lo desean.

Muchos de nuestros voluntarios del fin de semana utilizan un uniforme que hace fácil identificarlos, sobre todo camisetas y gafetes con su nombre. Esto los hace más accesibles para los miembros y a los visitantes. Pero también nos gusta que tengan una ropa distintiva, porque al usarla están diciendo que son parte de nuestro equipo. Eso, en sí mismo, es un compromiso más y un signo concreto de ese compromiso.

Además de los ministros del fin de semana, tenemos docenas de ministros y que ayudan a los demás días. Como ya se dijo anteriormente, en este momento no tenemos secretario como parte de nuestro equipo de trabajo; la mayor parte del trabajo de oficina lo hacen miembros de la parroquia. También se encargan de pedir y almacenar todo lo necesario para el café, y buscan los materiales y recursos necesarios para los programas de niños. Cada vez más el mantenimiento de los edificios es realizado por voluntarios de la parroquia (esperamos que un día todo lo hagan ellos). Como la mayoría de las parroquias, tenemos un programa para visitar a los enfermos el cual nos asegura que cualquier enfermo que esté en casa o en un hospital tendrá atención y oraciones, incluso si no está en un pequeño grupo. Estos ministros también organizan servicios de oración en muchos asilos de ancianos de nuestra comunidad.

Los voluntarios, como en una ocasión dijo una persona, no son gratis. Nos aseguramos de que haya algo de comida y refrescos, para los que trabajan el fin de semana, en el "salón de voluntarios" (lo cual suena muy refinado, pero es el área que está afuera de nuestra oficina). Nos aseguramos de que tengan un lugar para colgar sus abrigos, y que puedan estar con otros voluntarios, lo cual fomenta el compañerismo y la amistad. Invitamos a los equipos a que tengan otras actividades juntos, apoyarse unos a otros y celebrar sus triunfos como equipo. Tenemos una persona de tiempo completo, María, que es la líder de todos los líderes de equipo. Ella los atiende, les hace sentir que son capaces de realizar la misión y de vivir los valores de la parroquia y se asegura de que se sientan apreciados. A veces tiene que recordar al equipo parroquial: "Un momento, no hagan eso, dejen a los voluntarios que se encarguen".

Por otro lado, nosotros como iglesia no dedicamos mucho tiempo a agradecerles públicamente su labor, porque no queremos que la Iglesia sea solo para los que están dentro. No es atractiva una Iglesia que se felicita a sí misma y, en definitiva, eso provoca que pongamos nuestra atención en nosotros mismos y no en los nuevos discípulos. Además, no es por ese tipo de reconocimiento por el que los voluntarios deben trabajar. El pasado domingo de Pascua tuvimos a 600 miembros de la parroquia, trabajando con sus camisetas; atendieron a unos 6000 feligreses e invitados. Tras bambalinas motivamos a nuestros ministros y les agradecimos su trabajo (y nos aseguramos de que tuvieran desayuno y comida); pero desde el altar solo agradecimos a nuestros visitantes por haber venido. Esta sola modificación causa un enorme cambio en la mentalidad de tu parroquia.

¿Quieres saber más, profundizar?

Conoce a nuestro director de los ministerios de adultos y aprende a atraer y conservar equipos de voluntarios. Entra en www.rebuiltparish.com/chapter11 y abre el video "Construir equipos de ministerio" (*Building Ministry Teams*).

El hecho de que los ministros voluntarios estén trabajando sin cobrar no significa que pueden hacer las cosas como ellos quieran. Es una actitud muy común *en el mundo de la Iglesia* y, al final, siempre crea problemas. Tenemos valores y normas que los ministros deben seguir más allá de las elementales normas de seguridad y del control de antecedentes que ahora son obligatorios en todas partes. Estos valores y normas fueron desarrollados por María y su equipo, y se explican y discuten en el *primer servicio* antes de comenzar a trabajar. Si un ministro no los cumple, nos podemos ver en la necesidad de pedirle que se marche.

1. **Primer valor:** Los ministros son conscientes de que están trabajando para Dios. Además de rezar como equipo, pedimos a nuestros miembros trabajar con espíritu de oración y verse a sí mismos como servidores de Dios.
2. **Segundo valor:** los ministros trabajan juntos como equipo y mantienen una comunicación clara y respetuosa con los demás miembros y con sus líderes.
3. **Tercer valor:** Los ministros comparten una misma visión, reconociendo que lo que hacen es servir a la misión de toda la Iglesia. No hay ministerios que no sean importantes, no importa lo modesta o sencilla que sea la tarea que estén realizando. Los voluntarios son los encargados de su ministerio y se hacen responsables de él. Independientemente de la tarea que realicen, sirven con amabilidad, acogen a todos, especialmente a "Tim" y a su familia. En su trabajo dan prioridad a aquellas tareas que ayudarán más a los nuevos miembros en su experiencia; cuidadosamente evitan convertirse en servidores de gente de la parroquia que solo exige servicios.
4. **Cuarto valor:** Los ministros están atentos a obstáculos físicos o emocionales, y a bloqueos reales o imaginarios que

> No hay ministerios que no sean importantes, no importa lo modesta o sencilla que sea la tarea que realizan. Los ministros son los servidores de su ministerio y se hacen responsables de él.

puedan impedir a los visitantes tener una profunda experiencia de la parroquia. Se sienten orgullosos de poder ofrecer un ambiente limpio y atractivo que evita al máximo aquello que puede distraer del mensaje que ese día quiere darse en la parroquia. Todos, desde el párroco hasta el ministro de operaciones que limpia el baño (y ahora también cambia el papel), se sienten responsables de que la iglesia ofrezca una buena experiencia y, cuando es necesario, dan una mano para hacer que el lugar esté bien.

5. **Quinto valor:** Los ministros se esfuerzan por crear ambientes que sean siempre excelentes; comparten las mejores prácticas y trabajan para seguir mejorando el servicio que ofrecemos.

Para asegurar que estamos viviendo estos valores, también están de acuerdo con las siguientes normas:

Primera norma: *presentarse al ministerio*

Confiamos en que los ministros serán responsables a la hora de hacer su trabajo e irán donde prometieron estar y en el momento en que deben estar. Si por alguna razón no pueden acudir, deben conseguir un sustituto; es responsabilidad suya, no nuestra.

Segunda norma: *vestir dignamente*

Como hemos dicho anteriormente, muchos usan camisas, camisetas, chalecos o delantales que los distinguen. Además, les pedimos que vistan dignamente porque así se viste "Tim" cuando va a la Iglesia.

Tercera norma: *preparar a los ministros*

Solemos enviar un correo electrónico a media semana para asegurarnos de que los ministros conocen y oran por las actividades que se tendrán el fin de semana y que nosotros queremos realizar. Aún estamos buscando la forma más efectiva de hacerlo, pero en esencia, lo que queremos es comunicarnos con ellos a mitad de la semana para que lleguen el sábado y el domingo bien preparados para afrontar su trabajo. Siendo nosotros ministros de tiempo completo en la iglesia, tenemos mucha mayor conciencia de que el siguiente fin de semana es domingo de Ramos o Adviento. Es muy probable que los ministros no lo recuerden.

Cuarta norma: *ministerio y culto*

El viejo episodio de *Todos quieren a Raymond*, en el que Ray descubre que sí es un acomodador ya no tiene que ir a Misa, explica esto perfectamente. A menudo en *el mundo de la Iglesia* las diversas tareas reemplazan el culto. Cierto tipo de gente procura estar ocupado durante el tiempo de Misa en vez de dar honor y gloria a Dios. De forma equivocada, creen que lo que hacen es más importante que dar culto a Dios. Por esta razón, pedimos a nuestros ministros que se comprometan a servir en una Misa y a asistir a otra. Aún no lo hacen todos, pero estamos trabajando en ello. El ministerio es una forma de honrar y dar culto a Dios, pero no es una alternativa a la oración junto con toda la asamblea de los fieles en la Eucaristía. Los discípulos hacen ambas cosas.

Quinta norma: *ministerio para ganar*

Pedimos a los ministros que estén atentos a lo que Dios puede estar obrando a través de ellos y alrededor de ellos, así como en toda la comunidad de la iglesia. Los animamos a decir y celebrar sus triunfos como equipo, a compartir sus éxitos con los líderes de equipo y a hacer de los éxitos parte de la cultura de toda la iglesia.

¡TÚ TAMBIÉN PUEDES HACERLO!

Pasos que puedes dar en tu parroquia

- Comienza un ministerio (no un ministerio de liturgia): un equipo que se encargue de recibir a los visitantes en la puerta principal de la iglesia o un "equipo de hospitalidad" que sirva el café en el *lobby* después de la Misa. Además de la gente que ya estaba, invita a gente nueva que no haya sido ministro antes. Nombra a un líder de equipo a quien conozcas y en quien confíes. Dale una autoridad real al igual que responsabilidad.
- Invierte en tu líder y en tu nuevo equipo, dales todo el tiempo que sea necesario para lanzar el ministerio. Juntos reflexionen en sus normas y valores, y en qué victorias están buscando. Decidan qué ropa van a usar. Consigan camisetas, distintivos, gafetes o aquello que funcione mejor en tu iglesia y cultura.
- Cuando lances el ministerio, no hagas mucha propaganda de él ante toda la parroquia. Si ellos lo hacen, está bien; pero tú no. Se trata de prometer menos y dar más: te queda todavía mucho camino por recorrer en tu nuevo ministerio.
- Prepárate para los inevitables contratiempos (el líder se va; el equipo no aparece un domingo; alguien comienza a quejarse del esfuerzo). No te desanimes ni te rindas. Mantén los engranes girando incluso si, de vez en cuando,

todo depende de ti. Pero, sobre todo, sigue invirtiendo en tu equipo. Esto asegurará que no todo depende de ti.

- Una vez que tengas a tu equipo consolidado, comienza un segundo equipo para que ayude de otra manera (en el estacionamiento u organizando a la gente). Será más fácil la segunda vez.

El "ahí" de ahí

La escritora Gertrude Stein en una ocasión bromeaba sobre Oakland, California: "No hay ahí, ahí"[7]. Desafortunadamente, lo mismo se puede decir de muchas experiencias de Iglesia. La gente viene, la gente se va, y comienza a sentirse como que no hay "ahí", ahí. Para la gente nueva y para los visitantes, nuestros ministros son el "aquí, aquí".

El pastor Bill Hybels, que tiene una iglesia impresionante fuera de Chicago, y que ha creado uno de los equipos de voluntarios más grandes del país, escribe:

> Imagínense qué sucedería si la gente en nuestro mundo –las masas– tomara unas pequeñas toallas, se las pusiera en el brazo como los meseros y con gusto (incluso con gozo) sirviera a los demás todos los días de su vida. ¡Esas actitudes y actos cambiarían nuestro mundo! Creo que puede darse una revolución de voluntarios y las iglesias debemos marcar el paso y señalar el camino. A mi parecer, la gente nunca está más cerca de vivir las enseñanzas de Cristo que cuando está ayudando a otros en su vida. Y la gente que está lejos de Dios rara vez se siente más impresionada que cuando ve que los seguidores de Cristo del siglo XXI se comportan como Jesús se comportaba[8].

Ministros en la iglesia, para la iglesia

Es muy bueno tener miembros que hacen el ministerio *de* la Iglesia, en la Iglesia. Pero eso no es suficiente cuando se trata de crear una Iglesia sana como la que Cristo quiere que seamos. Los fieles de tu parroquia deben haber llegado a ser ministros de la iglesia, en la iglesia y *para* la iglesia; y deben llegar a ser ministros *para* la Iglesia en el mundo. Allá afuera, en el mundo, es donde queremos a nuestros ministros de la Iglesia para…

12

SEAN RESTAURADORES

A todos los exhortamos una y otra vez en el Señor a que no regateen trabajo, a que no se dejen vencer por ninguna dificultad, sino que de día en día crezcan en valor y fortaleza.

Papa Pío XI[1]

Ya desde el principio, Dios dio a los seres humanos un trabajo que hacer para servir a su Creación. A lo largo del Antiguo Testamento vemos que es una tarea que se va expandiendo cada vez más, prestando especial atención a los pobres, las viudas y los huérfanos. La relación con Dios exige relaciones justas y rectas entre la gente, y la preocupación por los demás. El único culto que Dios desea, es el que está acompañado por estas obras.

En el sermón inaugural del Evangelio de Lucas, Jesús pone la visión de Isaías en el centro de su misión: "*El Espíritu del Señor sobre mí, porque me ha ungido para anunciar a los pobres la Buena Nueva*" (Lc 4:18). Jesús quiere que el servicio al prójimo sea para sus discípulos el segundo mandamiento más importante, y lo asocia estrechamente con su misión fundamental de evangelización: "Brille así su luz delante de los hombres, para que vean sus buenas obras y glorifiquen a su Padre" (Mt 5:16).

Jesús, además, no pone límites a las formas de servicio que los discípulos pueden realizar en el mundo. Y deja claro que su servicio a los demás será el principal criterio para evaluar cómo aprovecharon su vida. "En verdad les digo que cuanto hicieron a uno de estos hermanos míos más pequeños, a mí me lo hicieron" (Mt 25:40).

¿Por qué dijo Jesús esto?

El corazón de la enseñanza y predicación de Jesús es el anuncio de la llegada del "Reino de Dios". Este Reino no es tanto un lugar al que debemos dirigirnos, sino un *movimiento* presente en el mundo y en los corazones de hombres y mujeres que están abiertos a él. Los fundamentos de este movimiento son reordenar nuestro mundo, reconciliar a la Creación y volver a lo que era el designio originario del Creador. El Reino de Dios restaura lo que Dios quiso desde el principio.

Este es la cuestión: la redención que Cristo nos ganó, su victoria salvífica en nuestro favor, sucedió de una vez para siempre y abarca a todos. Pero eso no significa que no tengamos nada que hacer. La redención de la creación es tarea de Cristo; y su *restauración* es una tarea que compartimos con Él.

> *"¿No será éste el ayuno que yo elija?: deshacer los nudos de la maldad, soltar las coyundas del yugo, dejar libres a los maltratados, y arrancar todo yugo".*
> Isaías 58:6

Piénsalo de esta manera: pierdes tu casa por un embargo a causa de decisiones equivocadas y una deuda mal llevada; viene otro y la compra, pero deja que se deteriore por falta de mantenimiento; entonces otra persona compra la casa y te la devuelve. Él te "redimió" la casa, pero todavía hay algunas partes muy deterioradas. Necesita ser restaurada. Redención y restauración son dos cosas distintas, aunque íntimamente relacionadas. Cristo redime y *en Cristo* los cristianos restauran.

Desde el inicio, la vida de la Iglesia ilustra este movimiento de restauración. En los Hechos de los Apóstoles, unos días después de Pentecostés, mientras Pedro y Juan caminan hacia el lugar donde darán culto a Dios, se encuentran con un paralítico de nacimiento el cual, por su incapacidad, debía pedir limosna para vivir. Esto es lo que sucedió:

> "Pedro le dijo: 'No tengo plata ni oro; pero lo que tengo, te lo doy: En nombre de Jesucristo, el Nazareno, echa a andar'. Y tomándole de la mano derecha le levantó. Al instante sus pies y tobillos cobraron fuerza y de un salto se puso en pie y andaba. Entró con ellos en el Templo andando, saltando y alabando a Dios" (Hechos de los Apóstoles 3:6-8).

Más que la movilidad, lo que se le dio al hombre fue una vida nueva: puede unirse nuevamente a la sociedad en vez de contemplarla; puede dejar de pedir limosna y conseguir un trabajo; puede volver a dar culto a Dios en el Templo. Es una restauración.

> **Cristo redime y *en Cristo* los cristianos restauran.**

Se trata de un movimiento del Reino. Cuando nos unimos a un ministerio, nos estamos uniendo al movimiento del Reino de Cristo, anunciando y extendiendo su señorío sobre la tierra. Por supuesto, este trabajo no estará completo hasta que el Señor venga en su gloria, pero ya ha comenzado y es responsabilidad nuestra seguir avanzando, con la ayuda de su gracia.

Falsa distinción

El movimiento misionero moderno, como nosotros le llamamos, nació en la época de la ilustración en el siglo XVIII, fruto de un nuevo sentido de libertad y esperanza promovidas por la modernidad. Más tarde, en Estados Unidos, se dio un nuevo impulso a la comunidad protestante con el "gran despertar". Este movimiento animaba a los cristianos a abrazar su fe con vigor, para reformar el mundo y dar paso a una nueva era caracterizada por la justicia y la prosperidad. La época industrial que vino después produjo un crecimiento de la pobreza urbana e hizo este esfuerzo más urgente que nunca.

En las primeras décadas del siglo XX, el protestantismo americano comenzó a andar a la deriva siguiendo dos caminos diferentes. Una rama (pronto etiquetada como liberal) se dejó consumir más y más por la preocupación del cambio y transformación sociales. Mientras tanto, su entusiasmo por la evangelización al estilo antiguo declinó y comenzó a emerger lo que se conoció como "evangelio social"[2]. La otra rama, la fundamentalista, respondió en la dirección contraria subrayando "los peligros del mundo, las comodidades de una piedad individualista, la centralidad de la evangelización y la expectación por el fin de los tiempos"[3]. Así se introdujo una dicotomía entre la evangelización y la misión como servicio.

Los orígenes del servicio de los católicos en este país están en la necesidad que surgía de la pobreza en que vivían los católicos inmigrantes. Este servicio, que se parece al desarrollo del "evangelio social" en la comunidad protestante, fue realizado sobre todo por las muchas comunidades de religiosas que había en aquel entonces en la Iglesia y cuyo ejemplo debe ser celebrado en todas partes y no caer en el olvido.

Más tarde, cuando mejoró la situación económica de los católicos, trataron de ayudar más allá de sus propias comunidades. "El movimiento de reforma, etiquetado como progresismo, estaba formado principalmente por la nueva y emergente clase media, durante el cambio de siglo: hombres y mujeres educados que creían en el progreso y en la capacidad de la gente para crear un mundo mejor"[4].

Este movimiento llevó a impresionantes programas para reducir la pobreza, ofrecer servicios familiares y sociales, servicios sanitarios y humanos, apoyo ante catástrofes naturales, educación, asistencia legal y muchas otras cosas, todas en última instancia bajo la dirección de las redes internacionales de agencias católicas dedicadas a ofrecer asistencia médica y ayuda caritativa en este país y fuera de él.

Pero, al igual que sucedió con los protestantes, esta labor se está viendo más como una tarea independiente del trabajo dirigido a hacer discípulos. Muchos esfuerzos comenzaron a aparecer distintos, no solo desde el punto de vista administrativo, sino también mirando a la los objetivos, como.

Haz que la pobreza sea historia

– Bono

Actualmente, es necesario que superemos cualquier distinción o división. Tener que elegir entre *salvar el mundo y cambiarlo* es una falsa disyuntiva. La labor de redención y la labor de restauración están íntimamente relacionadas.

Restaurar representa una forma de testimonio y expresión auténticos de nuestra fe católica. Alimenta la renovación de la parroquia porque su trabajo ayuda a formar y preparar discípulos. Y hay un consenso cada vez mayor de que la unidad cristiana y la reconstrucción van a comenzar por aquí. En su libro *Los cristianos que vienen*, Gabe Lyons lo explica muy bien:

> He visto a una nueva generación de cristianos que se siente capaz de muchas cosas. Los restauradores muestran una forma de pensar, una humildad y un compromiso que parecen destinados a rejuvenecer la fe. Tienen una forma peculiar de pensar, de ser y de hacer radicalmente distinta a la que tenían generaciones anteriores…
>
> Los llamo restauradores porque ven el mundo como debería ser y trabajan de acuerdo con esa visión. Los restauradores tratan de remendar las rupturas de la tierra… Sembrando las

> semillas de la restauración, creen que otros verán a Cristo a través de nosotros y la fe cristiana tendrá una cosecha mucho más abundante[5].

Los fieles deben servir y nuestras parroquias deben ser modelo de servicio en nuestras comunidades y fuera de ellas. Los apostolados de servicio deben estar en el centro de la vida parroquial, enraizados en la oración y fluyendo de la Eucaristía como una respuesta ineludible a aquello que hemos recibido. Deben ser una parte esencial de cómo y quiénes somos.

Pero, ¿qué haces para lograr esto en una parroquia grande o incluso, a otra escala, en una parroquia pequeña? ¿Qué haces para quitar de los hombros de unos pocos todo el trabajo y ponerlo en las manos de muchos haciendo que sea siempre así? Estos son unos pasos que tratamos de dar.

1. **Ten una meta, trabaja con Dios y con los demás**

   Si no está claro cuál es exactamente la misión-servicio (y no está claro) o por qué lo estás haciendo, tus mejores y más nobles esfuerzos pueden fracasar. Nosotros distinguimos "misiones" como un servicio *fuera* de la parroquia, de "ministerios", como servicio a otros miembros de la parroquia *dentro* de ella. Son términos intercambiables pero son dos cosas distintas, y los discípulos deberían abrazar ambos, por lo menos de vez en cuando.

   Las misiones son una tarea de restauración:

   - Fuera de la comunidad parroquial
   - Junto a otros
   - Hechas por amor a Dios

   Lavar coches para reunir dinero que pueda servir al grupo de jóvenes no es un servicio de la misión. Es recaudación de fondos. Ayudar en la casilla electoral de la colonia un día de elecciones es servicio comunitario, no el servicio del que estamos hablando. Se trata de trabajar para que el Pueblo de Dios, para que la creación de Dios, vuelva a lo que Él quiere que sea, como una forma de servir a su Reino y crecer en el amor a Él.

Quizás la clave sea *trabajar con otros*. El servicio que damos a la misión debemos hacerlo junto con otros. Cualquier cosa que hagamos es solo una parte de lo que Dios está haciendo. A cualquier lugar que vayamos, Dios está ya ahí, invitándonos a unirnos a su trabajo. Y a cualquier lugar que vayamos, el Pueblo de Dios también ya está ahí y Él también está trabajando en ellos también. El servicio que damos a la misión no es un generoso paternalismo; consiste, más bien, en unirse a un equipo que incluye a Dios y a las personas que queremos servir.

Trabajar con otros también nos protege de hacer daño cuando tratamos de hacer el bien, haciendo que nosotros nos sintamos importantes y los otros se sientan gente necesitada. Steve Corbett y Brian Fikkert hacen esta aguda afirmación: "Uno de los mayores problemas en muchos esfuerzos para aliviar la pobreza es que la forma en que están pensados y realizados fomenta la pobreza de los que son económicamente ricos –su complejo de ser dioses– y la pobreza de los que son económicamente pobres –los sentimientos de inferioridad y vergüenza–"[6].

Planea todos sus esfuerzos para realizar la misión desde la perspectiva de trabajar con otros. Trabajar con respeto y apoyándose mutuamente, alimentados por la fe para llegar al amor.

2. **Encuentra un líder y haz un equipo**

Las misiones de servicio son parecidas a la evangelización, al menos en una comunidad de clase media como la nuestra, porque es difícil centrarse en los que no están aquí, como los sintecho y los que pasan hambre. Pero, mientras la evangelización puede ser hecha por toda la parroquia, las misiones no. Es siempre un trabajo específico y deliberado, y si no hay un encargado, que tenga voz en las reuniones del equipo parroquial y en las discusiones estratégicas, va a ser difícil, a pesar de todo tu trabajo.

Sin un líder propio, las misiones de servicio, si llegan a funcionar, serán un ministerio encerrado en un "silo", aislado del resto de la iglesia y compitiendo por recursos y apoyo con otros ministerios (incluso a lo mejor hasta trabajando en contra de ellos). Donde no hay liderazgo, los esfuerzos de la parroquia serán caóticos, sin mayor impacto que la existencia de los mismos proyectos. Los esfuerzos van y vienen –y los fieles creen que eso es lo normal– y el resultado es un apoyo tibio. Sin un liderazgo real y efectivo, las misiones de servicio siempre se convierten en el lugar de unos pocos, que crecen solo para sufrir la apatía de la mayoría.

Cuando llegamos a la Natividad, había algunos corazones valientes que llevaban adelante misiones de servicio en nombre de la parroquia (Dios los bendiga). Pero este era el problema: la mayor parte del trabajo caía sobre los hombros de unos cuantos, haciendo el trabajo pesado e incluso muy costoso. Y cuando quienes los dirigían se rindieron o murieron, los proyectos también murieron con ellos.

Había una persona en la Natividad que era muy sensible a la gente que pasa hambre en la zona centro de la ciudad de Baltimore. Inició un proyecto para reunir cada mes comida enlatada. Trabajó durante mucho tiempo muy duro, pero el pobre encontró un camino cuesta arriba desde el inicio: otros equipos de la parroquia entraban regularmente a su almacén y hasta invadían su espacio; sus anuncios en el boletín parroquial se perdieron y, lo más triste de todo, nosotros como equipo parroquial prácticamente lo ignoramos. Desgraciadamente, nunca se preocupó por crear un equipo de gente para que le ayudara y su sistema de recolección y distribución no estaba muy bien organizado. Su desilusión y frustración por el proyecto crecieron al mismo tiempo que su energía e interés se fueron debilitando. Un día, apareció en la oficina parroquial y se fue… de la parroquia. Nos culpó porque el proyecto no había salido adelante y, en cierto modo, tenía razón. No hubo liderazgo y no hubo apoyo.

Necesitas un líder que sirva de referencia para mantener las misiones de servicio en el lugar que deben ocupar dentro de tu parroquia, lo cual es una disciplina esencial del discipulado. Actualmente, tenemos un equipo bastante grande (para una parroquia católica) y tenemos un puesto en nuestra estructura dedicado a las misiones de servicio. La principal tarea de Brian es hacer que las misiones de servicio siempre sean la máxima prioridad para todos nosotros.

Pero si tú eres como éramos nosotros hace no mucho, no podrás tener a alguien encargado de este proyecto. Probablemente hay alguien en tu parroquia que pueda hacer esto sin cobrar, quizás hasta ya están involucrados en algún equipo. Encuéntralos, identificados y ponlos al mismo nivel de los otros miembros del equipo parroquial. Invítalos a participar en las reuniones (al igual que en las fiestas y las comidas del equipo parroquial). Dales todo el apoyo que necesiten para que se sientan miembros del equipo de pleno derecho.

Y entonces asegúrate de que no tratan de hacer todo por sí mismos. Anímalos a formar un equipo para apoyar, mantener y llevar adelante las misiones de servicio. Después, el mismo equipo se puede encargar de que se den los demás pasos.

3. **Procura que tus esfuerzos tengan el mayor impacto posible**

P. Michael. En una parroquia en la que trabajé un tiempo, había un grupo muy activo que se encargaba de un comedor para los pobres. Hacían varios platillos y reunían comida, y regularmente iban a otro lugar para servir los alimentos. Había un grupo que ayudaba en un albergue para los sintecho. Reunieron calcetines, útiles de aseo y ropa para invierno. Un fin de semana, justo antes de ***Thanksgiving***, ambos grupos estaban, uno a cada lado de la puerta principal, pidiendo ayuda para ***su obra de caridad***. A medida que el fin de semana avanzaba, se fueron haciendo más y más insistentes en su promoción, cada vez con menos éxito. Fue contraproducente: cuando la gente no tiene claro qué hacer, no hace nada; cuando no está segura de a quién debe apoyar, no apoyan a nadie.

Algunas veces el problema no es hacer poco; el problema es hacer demasiado. Las iglesias, grandes y pequeñas, tienen proyectos de misión y servicio por todas partes y nadie sabe qué es lo que están haciendo... Quizás no mucho, al menos en proporción ante tan grandes esfuerzos. Cuando Brian comenzó como director, le tomó algunos meses conocer bien todas las iniciativas que ya estaban llevando adelante nuestros feligreses en nombre de la parroquia. A decir verdad, no sabíamos qué estaban haciendo.

Comienza por centrar tus esfuerzos. Decidirse a hacer eso va a ser difícil, quizás hasta doloroso porque nadie quiere abandonar el buen trabajo que ya está haciendo y es difícil *permanecer* centrados porque siempre hay más necesidades que capacidad para satisfacerlas. Pero enfocar los esfuerzos va a tener un mayor impacto en aquellos a los que sirves y en tu parroquia. Esos resultados van a motivar más a los miembros de la parroquia a para dar un paso adelante e involucrarse.

El equipo de misiones debe empezar haciendo oración y buscar ahí luz para saber cómo orientar su trabajo. Debe proceder con el más grande de los respetos hacia lo que ya se está haciendo y hacia los esfuerzos de otros en el pasado. Pero, al final, la parroquia deberá eliminar algún proyecto o programa para poder centrarse en su trabajo.

Cuando se trata de *dónde* hacer las misiones, siguiendo a Rick Warren, encontramos luz en las palabras de Jesús en el momento de su partida: "de este modo serán mis testigos en Jerusalén, en toda Judea y Samaría, y hasta los confines de la tierra" (Hch 1:8).

Si nos ponemos a pensar, son tres destinos distintos: Jerusalén, donde los discípulos vivían, lo más cercano; Judea y Samaria, su tierra natal, su parte del mundo; y después, el resto del planeta. Nos está dando tres encargos… no sabemos exactamente por qué, quizás para que su Iglesia sea universal y quiere que nos preocupemos por todos. Una sola comunidad no puede hacer todo, pero podemos hacer tres cosas y decidimos que eso era lo que íbamos a hacer. Nos pusimos la meta de que nuestros esfuerzos de misión responderían a esos tres encargos.

Actualmente, tenemos una asociación con dos comunidades en Nigeria y varias docenas de miembros de la parroquia han formado equipos que han viajado allá. Muchos más han ayudado en el equipo *quédate en casa*, como llamamos a quienes trabajan aquí. Al inicio, su esfuerzo misionero consistió en conocer mejor a la comunidad a la que quieren servir y en aprender a amarla. Solo en un segundo momento comienzan a trabajar en un servicio específicamente misionero.

Recientemente nos hemos hecho parroquia hermana de una iglesia en Haití, a la que estamos ayudando a reconstruir su escuela que sufrió daños por el terremoto y también apoyamos sus esfuerzos educativos y nutricionales de diversas maneras. Usamos la misma estructura de equipos que viajan y equipos en casa, la cual permite participar a la gente que no puede viajar. Por supuesto, donde la mayoría de la gente ayuda es en las misiones locales. Estamos en estos momentos desarrollando o construyendo alianzas con muchas agencias dedicadas a combatir la pobreza, la violencia, la orfandad, el tráfico humano o agencias que trabajan en favor de la vida. Todos estos son problemas que necesitan afrontarse aquí en nuestra comunidad.

¿Quieres saber más, profundizar?

Conoce a Brian y ve todo lo que hacemos en nuestros proyectos de misiones de servicio, qué estamos descubriendo y cómo financiamos al equipo. Brian también habla de ideas que puede aprovechar tu parroquia para mandar a un representante o a una delegación en misión de servicio tanto dentro del país como fuera. Entra en www.rebuiltparish.com/chapter12 y abre el video "Conoce a Brian" (*Meet Brian*).

---

4. **Involucrar a todos**

Parte de nuestro plan para el discipulado de los miembros de la parroquia son las misiones. Todos, al menos todos los que están físicamente sanos, pueden ayudar en alguna misión. Pero no necesariamente siempre, solo algunas veces. En el momento en que las personas comienzan a ver las misiones como un simple trabajo, están actuando ya como simples clientes. Todos tienen que servir de alguna forma. Y no debe ser algo tan sencillo como escribir un cheque para financiar los esfuerzos de otros. Nuestros miembros deben "arremangarse" y ponerse a trabajar.

Queremos animar y movilizar a los miembros para que amen a los demás y hagan discípulos a través de un servicio local, nacional e internacional. Para ello es necesario predicar el mensaje de la restauración. Como cualquier otra cosa, esto nunca se hará si no se lo promueve desde el púlpito. Y el mensaje debe ser coherente, claro y entusiasmante.

Pero la predicación no llegará a nada si las misiones no son accesibles. Tiene que estar claro qué estás haciendo, cuándo lo estás haciendo y cómo lo estás haciendo. Involucrarse en alguna de las misiones debe ser la cosa más sencilla de tu parroquia, más fácil hacerlo qué no hacerlo.

Además de ser claro sobre lo que *tú estás haciendo*, tienes que ser claro sobre lo que *ellos van a hacer*, paso a paso. Divide el proyecto en pequeñas piezas. Si dices: "vamos a renovar una casa", yo no puedo ayudar porque no sé cómo hacerlo. Si dices: "vamos a ir a África a promover iniciativas para obtener agua potable", está fuera de mis posibilidades. En cambio, puedes decir: "vamos a pintar una casa el próximo sábado por la mañana de 9:00 a 12:00" o "el próximo verano, durante dos semanas, vamos a llevar medicinas a una población de Nigeria y a conocer mejor cuáles son sus problemas". Entonces la gente puede verse a sí misma como parte del proyecto.

Ofrece todos los detalles prácticos que necesita para involucrarse: qué usar, dónde estacionarse, etc. actualmente, lo que hacemos es que la gente paga su viaje para servir en alguna misión y nosotros ofrecemos, según sea necesario, las comidas y el alojamiento. Es importante explicar cómo financiamos estas actividades. Dado que no organizamos actividades de recaudación de fondos, el dinero que la parroquia da a las misiones viene de nuestro presupuesto ordinario; damos un porcentaje.

Hay otros puntos que debemos considerar. Además de los gastos del viaje, también hay que prever la logística y la seguridad relacionadas con la misión en otras comunidades, sobre todo, en otros países. Aquí es muy importante el concepto de "alianza". Hay miles de organizaciones con las que tu parroquia puede trabajar. Ellas se encargan de que el viaje sea seguro, ofrecen un precio moderado y accesible, de forma que no sea imposible mandar misioneros a otros países.

Antes era habitual, tanto en comunidades católicas como protestantes, era que el trabajo misionero lo hicieran únicamente misioneros dedicados de por vida a ello. El papel de la parroquia era simplemente apoyar económicamente esos esfuerzos. La mayoría de los católicos ha escuchado alguna vez a misioneros que están de paso y que, desde el púlpito, cuentan historias maravillosas de lugares lejanos y exóticos.

Pero actualmente, los modernos medios de comunicación hacen que una misión de dos semanas a Nigeria, un fin de semana largo en Haití o un viaje más breve a otra parte de la ciudad sean compromisos que exigen un tiempo razonable.

También estamos más interesados en lo que se puede hacer *con* comunidades y congregaciones de otra denominación. Actualmente, estamos en conversaciones con una iglesia evangélica que está en nuestra misma zona, así como con algunos párrocos que dirigen iglesias en la ciudad de Baltimore. Buscamos formas de colaboración en campos como el ecumenismo, los grupos raciales y los grupos socioeconómicos.

Estamos participando en unas oraciones que se tienen en colonias urbanas particularmente violentas. El objetivo es que la Iglesia actúe como un agente de paz. Esta primavera unimos esfuerzos con una iglesia evangélica vecina a nosotros, comprometiendo a cientos de feligreses en un servicio que duró todo un día. A través de buenas obras, el objetivo era estar como Cuerpo de Cristo en nuestra comunidad. Si bien son solo nuestros primeros pasos para nosotros, hay otros que tienen más que enseñarnos. Una interesante iniciativa en Portland muestra esta tendencia y sus potenciales frutos cuando se trata de trabajar en la restauración:

> Más que retirarse a sus iglesias y hacer las cosas como siempre, estos cristianos con una mentalidad restauradora interpelaron a su ciudad como las manos y los pies de Cristo que reman contracorriente. Con el tiempo, la Iglesia se ha ganado un lugar en aquellos lugares donde se toman las decisiones. Se incluye a estos cristianos en importantes discusiones sobre el futuro de Portland e ilustran muy bien

> el influjo que una comunidad que va a contracorriente y que busca el bien común, puede tener en su propia ciudad[7].

El beato Juan Pablo II enseñaba que los católicos deben estar completamente dispuestos a colaborar en este campo con otras iglesias y comunidades eclesiales, así como invitarlas a participar en nuestras iniciativas[8]. Juntos, podemos hacer más.

5. **Celebrarlo**

Si te tomas en serio las misiones, involucrarás a la mayor parte de tu parroquia y centrarás tus esfuerzos para tener mayor impacto. Verás el fruto de tus esfuerzos. Y necesitas seguir adelante y celebrarlo, no como una felicitación de la parroquia a la parroquia, sino como una forma de dar gloria a Dios por lo que está haciendo a través de ustedes.

Hace un par de años, tuvimos un excelente programa llamado *conspiración de Adviento*. Es un esfuerzo que muchas iglesias también han realizado. Se trata de hacer que la Navidad esté más centrada en Dios y que se dedique más tiempo a la gente a través de regalos "relacionales". La idea de fondo es que los regalos relacionales (por ejemplo, tiempo pasado con otros y tiempo invertido en una relación) reemplacen el regalo que uno puede comprar en la tienda. Y después invitamos a todos a dar el dinero que habrían gastado en un regalo para nuestro proyecto de agua potable en Nigeria. Reunimos mucho dinero, más de lo que necesitábamos para los pozos. Más tarde, un grupo de misioneros fue para construir los pozos y se preparó un video sobre el trabajo realizado. Hoy 90,000 personas disfrutan de agua potable, limpia y fácil de obtener gracias a aquel esfuerzo.

Esto es lo importante: el fin de semana que mostramos el vídeo del viaje con los niños nigerianos golpeando el agua fresca y jugando, fue uno de los momentos más emotivos de la vida de esta parroquia. Cuando la gente se dio cuenta de cuánto había ayudado a esos niños, se sintió profundamente conmovida. Algo en la cultura de nuestra parroquia cambió profundamente aquel día. Hay mucho que celebrar cuando, después de realizar diversas misiones, levantas la vista y contemplas todo lo que Dios ha podido hacer gracias a tus esfuerzos.

> Vemos las dimensiones parroquiales del ministerio social (...) como parte de lo que mantiene viva a una parroquia y la hace verdaderamente católica. El ministerio social efectivo ayuda a las parroquias no solamente a hacer más, sino a ser más –más reflexiva en el Evangelio, más piadosa evangelizadora, más fiel a la comunidad–. Es una parte esencial de la vida parroquial[9].

¡TÚ TAMBIÉN PUEDES HACERLO!

Pasos que puedes dar en tu parroquia

- Busca a una persona con liderazgo que sea sensible a la tarea de la restauración. Posiblemente ya está haciendo algo por su cuenta en tu parroquia y quiera comprometerse un poco más. Asegúrate de que se pueda comunicar fácilmente con el párroco y que tenga todos los privilegios del equipo parroquial.
- Ayuda a esa persona a crear un equipo de líderes.
- Encárgale a ese equipo que evalúen todos los esfuerzos que se han hecho y se están haciendo en la parroquia: qué está funcionando y qué no; quienes están involucrados; con qué recursos se cuenta. Deben reunir toda la información posible y ser honestos sobre lo que encuentren. También deben considerar oportunidades

que no se están aprovechando actualmente. Necesitas saber con precisión con quiénes estás trabajando en tus proyectos o con quiénes puedes trabajar en proyectos potenciales. Deben hacer recomendaciones al párroco y al equipo parroquial sobre los proyectos en los que conviene centrarse (y cuáles conviene eliminar). El párroco debe tomar muy en cuenta sus recomendaciones.

- Con una clara visión sobre cómo, cuándo, y dónde va a trabajar la parroquia para ir más allá de los miembros de la comunidad, el párroco debe comenzar a hablar de ello en sus homilías, cada vez que parezca oportuno. Mientras tanto, el equipo estará diseñando proyectos accesibles para que la gente se involucre.
- Reza por quienes trabajan contigo. Celebra sus triunfos.

Mi prójimo me puede abrir los ojos

P. Michael. Nuestra primera incursión en misiones lejos de casa fue después del huracán Katrina. En los días posteriores a ese terrible desastre, fue fácil reunir dinero para ayudar a los damnificados. Pero decidimos que en esta ocasión sería distinto, y comuniqué a la gente que iríamos al lugar del desastre para ayudar de forma más directa. No sabíamos ni cómo iríamos, ni con quién, ni a dónde ni qué haríamos; pero seguí adelante y dije públicamente que esa misión nos esperaba. En los años siguientes, docenas de personas se involucraron en estas misiones, pero el truco estuvo en dar el primer paso.

Como sucede con muchas otras cosas, si fuera fácil, cualquiera lo habría hecho. Y no fue fácil. Reunimos un equipo de gente muy capaz y después de mucho buscar encontramos una parroquia en Pass Christian, Misisipi, en la que podíamos ayudar. Este primer viaje al sur fue una experiencia inolvidable para las seis personas que fuimos. Parecía como si el huracán hubiera pasado por ahí el día anterior. Aunque las calles ya estaban limpias, la devastación y los escombros estaban por todas partes: coches encima de árboles, árboles caídos sobre casas, edificios de departamentos destruidos y otros arrastrados dejando solo los cimientos. La iglesia de la parroquia era una concha vacía y llena de lodo. El edificio de la escuela se veía inclinado a un lado. La casa parroquial parecía como si hubiera recibido un fuerte golpe.

Pero la experiencia nos enseñó una lección importante que ha marcado todos nuestros esfuerzos posteriores. Lo único que hicimos en aquel primer viaje fue escuchar a la gente y a su párroco. Nos contaron con todo detalle lo que les había sucedido. Una y otra vez, durante todo el día, nos narraron llenos de conmoción lo que les había sucedido.

Recuerdo que antes de regresar me estaba disculpando con una de nuestras anfitrionas por *no haber hecho* prácticamente nada. Ella me miró con admiración y comenzó a llorar. Le tomó un poco de tiempo reponerse y finalmente pudo decirme: "Usted no entiende, simplemente usted no entiende".

Entonces, improvisamente, entendí. En medio de aquel paisaje surrealista de una comunidad devastada, nosotros habíamos estado con ellos: simplemente los habíamos acompañado y los habíamos amado.

El movimiento del Reino de Dios es un movimiento de amor. En última instancia, solo estamos ayudando a restaurar el Reino del amor. Y no lo veremos –seremos incapaces de descubrirlo– a no ser que nos sirvamos unos a otros.

> Solo el servicio al prójimo abre mis ojos a lo que Dios hace por mí y a lo mucho que me ama. Los santos —pensemos por ejemplo en la beata Teresa de Calcuta— han adquirido su capacidad de amar al prójimo de manera siempre renovada gracias a su encuentro con el Señor eucarístico, y viceversa, este encuentro ha adquirido realismo y profundidad precisamente en su servicio a los demás. Amor a Dios y amor al prójimo son inseparables, son un único mandamiento[10].

El servicio de caridad cristiana es mucho más que satisfacer de forma eficaz las necesidades de los demás. No consiste principalmente en *hacer* algo por el prójimo. Se trata, más bien, de reconocer el rostro de Dios en nuestros hermanos a través del servicio. Se trata de dejar que nuestro servicio abra nuestros ojos a Dios mismo y nos permita enamorarnos más de Él. Las misiones son la forma en que la Iglesia, como comunidad de amor, ama.

No puedes hacerlo tú solo

Para tener una parroquia sana, hay que tener discípulos sanos. Los discípulos sanos crecen profundizando en la Palabra de Dios y con la Eucaristía, compartiendo sus vidas con otros, haciendo lo que Dios quiere que hagamos con el dinero y sirviendo a otros.

No importa de qué tamaño sea tu parroquia, no puedes hacer todo esto tú solo. Necesitas un equipo. Y no solo un equipo, sino un grupo de gente que quiere...

13

ENAMÓRENSE

"Subió al monte y llamó a los que él quiso; y vinieron junto a él. Instituyó Doce, para que estuvieran con él, y para enviarlos a predicar con poder de expulsar los demonios".

Mc 3:13-15

P. Michael. En una ocasión, estaba en una tienda de comida y me encontré a un sacerdote, que acababa de ser nombrado párroco. Como es natural, estaba muy emocionado y quería hablar del tema. Lo primero que me preguntó fue: "¿Cuál va ser el mayor reto?". Sin dudarlo le respondí: "Tu equipo". Lo dije sin conocer a ninguna de las personas que trabajaban en su parroquia. Un mes más tarde, me lo volví a encontrar (otra vez en la tienda de comida). Le pregunté cómo le estaba yendo. Respondió: "tengo ganas de despedir a todos".

Dolores de cabeza provocados por el equipo

Hace tiempo había dos secretarias de tiempo parcial en la Natividad que se sentaban una enfrente de la otra en el área principal de la oficina. Nunca se hablaban. Se miraban una a la otra y parecía que se odiaban recíprocamente (y parecía que tampoco nosotros les caíamos muy bien). Su anterior jefe les daba una pequeña lista de tareas y era a lo que se dedicaban. Y se encargaban, además, de hacernos entender que no tenían tiempo para ayudarnos.

Había también un contador. Tenía noventa años (de verdad). Era un amable caballero con la sólida convicción de que el dinero no era para gastarse. Era para contarse, para ahorrarse y para llevar cuidadosamente el control en los grandes libros de contabilidad que había heredado de Ebenezer Scrooge. Me imagino que estaba un poco frustrado porque la Natividad no tenía ahorros. Había una encargada de pastoral juvenil, bastante despreocupada por cierto, y curiosamente no había ningún programa para jóvenes. Su trabajo parecía consistir en cuidar a su hija de tres años. Había un encargado del mantenimiento, amable y de fácil trato, de cuya generosidad todos se aprovechaban y un ama de casa extranjera a la que todos ignoraban.

Estaba también la directora de educación religiosa, que era la que en realidad gobernaba al equipo. Inexplicablemente, esta mujer mantenía unido al equipo a través de un elaborado entramado de chismes, intrigas y dramas que hábilmente hacía surgir cada vez que era necesario. Al menos, esto le daba algo que hacer…

Los días de trabajo se desarrollaban de acuerdo con un horario que todos respetaban. Todo comenzaba alrededor de las 9:30 a.m., cuando los acólitos del anterior párroco llegaban allí después de Misa para tomar un café y platicar con todo el equipo. Este era el momento de mayor actividad en la oficina, pues en él se intercambiaban las últimas noticias. Finalmente, la conversación se centraba en el problema del día: la comida. Lo pagaba la parroquia y se mandaba comprar diariamente.

Si querías conocer la cultura de esta parroquia en su más pura expresión, bastaba con que fueras a la comida del equipo parroquial. Era un banquete de chismes. La discusión recalcaba las divisiones *nosotros y ellos*; y si salías del cuarto, inmediatamente te convertías en uno de *ellos*.

Como grupo, nuestro equipo parroquial no funcionaba. Y lejos de trabajar juntos trabajábamos unos contra de otros. Tampoco actuábamos como líderes porque no estábamos guiando a nadie a ningún lugar, y mucho menos al discipulado.

Tuvimos suerte, en los primeros dos años la mayor parte de ellos se fueron. Las dos secretarias se enojaron y se fueron en diferentes días (no sabemos exactamente por qué, pero creo que en el fondo no les caíamos bien). El contador se retiró y ayudamos a la encargada de pastoral juvenil a encontrar un mejor trabajo, dadas las necesidades de su familia. La encargada del programa de educación religiosa encontró otro trabajo a nuestras espaldas y renunció en el momento menos adecuado.

Desde entonces, hemos hecho buenas contrataciones y también hemos cometido algunos serios errores. Como ya dijimos antes, un gran problema fue contratar gente con precipitación, sin tomarnos el tiempo necesario para encontrar a la persona correcta, y muchas veces sin saber exactamente qué queríamos que aquella persona hiciera.

Cada vez es más encontrar gente en *el mundo de la Iglesia*, por la escasez de candidatos disponibles. Junto con la "crisis de vocaciones" al sacerdocio y a la vida religiosa, hay otra crisis de laicos que trabajen por la fe. La generación de directores de educación religiosa y de ministros de jóvenes que surgió después del Concilio Vaticano II se está ya retirando en estos momentos y no vemos quién los va a reemplazar. El fin de este libro no es explicar por qué sucede esto; de hecho, ni siquiera creemos saberlo, aunque volveremos sobre el tema más adelante. Un importante estudio hace un buen resumen de aquello a lo que nos enfrentamos:

> El trabajo del ministerio laico necesita más gente joven. El promedio de edad en estos momentos es muy alto. Gente más joven le daría más vigor y sería señal de que el ministerio laico tiene futuro. Serían también más aptos para el ministerio con jóvenes y adultos. Los jóvenes más valiosos son aquellos que ven el ministerio como una llamada y como una carrera a largo plazo[1].

Nos sorprendió saber que esta situación ha llevado muchas veces a quitarle miembros de su personal a otras parroquias, lo cual hace que las iglesias vivan atrincheradas cuidando a su gente. A veces los equipos de las parroquias se parecen a una orquesta: los directores de educación religiosa y los encargados de pastoral juvenil van pasando de parroquia en parroquia. Se aparecen, como Mary Poppins, con su bolsa llena de trucos; hacen lo que siempre hacen. Después, una vez que han terminado, se van a otra parroquia para hacer exactamente lo mismo. Algunos incluso logran salir del sistema y consiguen un trabajo en una escuela católica, que paga más y ofrece mejores horarios, o consiguen un trabajo en la diócesis, que paga todavía más y ofrece todavía mejores horarios.

> Tampoco actuábamos como líderes porque no estábamos guiando a nadie a ningún lugar, y mucho menos al discipulado.

Los constantes cambios debilitan el compromiso de los voluntarios y los mismos programas. El otro extremo es el de aquellos que se instala en sus puestos como si fueran cargos de por vida. Llevan el ministerio casi como aplicando una rutina de mantenimiento para poder retirarse después. Cuando se van, generalmente hay muchas cosas que limpiar y subsanar.

Muchas diócesis ofrecen programas para la formación de ministros, lo cual es un paso muy positivo. Pero no está claro lo eficaces que son o serán estos programas, o a qué tipo de personas están atrayendo. Además, si la formación es solo teológica, si es impartida solo por teólogos o religiosos que no tienen experiencia de trabajo parroquial, va a ser una ayuda limitada.

En la Natividad, el principal criterio para contratar a alguien era su disponibilidad y su deseo de trabajar por una paga módica. Después cruzábamos los dedos y esperábamos que todo saliera bien. Y, con mucha frecuencia, lo único que lográbamos era que no funcionara el equipo. Muchas comunidades parroquiales no funcionan precisamente porque el equipo parroquial no funciona. Por el contrario, si se cuenta con un equipo parroquial bueno, se habrá dado un gran paso para tener una sana cultura de parroquia.

Estrategias de contratación

Estas son las estrategias que hemos tomado y adaptado de otros y que actualmente utilizamos para hacer buenas contrataciones. Nos está ayudando en los últimos años.

> ***Primera estrategia:*** *contratar a gente de buen carácter.*
>
> No puede haber un buen equipo si no está compuesto por buenos miembros. Por tanto, haz un equipo con gente de buen carácter: no gente perfecta, no gente con un pasado impecable; pero sí de buen carácter. Como dice el dicho, el carácter es "esa persona que eres cuando nadie te está viendo". O, como dijo Thomas Paine, "la reputación es lo que los hombres y las mujeres piensan de nosotros;

el carácter es lo que Dios y los ángeles saben de nosotros"[2].

El carácter tiene que ver con el centro de la persona, autocontrol, disciplina, respeto, buen trato, honestidad, integridad, ser fiabilidad y humildad. Tener éxito en *el mundo de la Iglesia* actualmente requiere mucha humildad. Al mismo tiempo, la humildad se complementa con la confianza. No con el orgullo o la arrogancia, sino con una actitud positiva que debe acompañar a la fe. San Pablo enseña que el carácter nace de la perseverancia y lleva a la esperanza, en otras palabras, es un requisito indispensable para trabajar por Dios (cf. Rom 5:4).

Nunca hay que prescindir de esta cualidad, porque es una pieza fundamental. Las demás estrategias no van a funcionar durante mucho tiempo si esta no se encuentra a la base de todo. Sin un buen carácter todos los demás cualidades que una persona pueda tener terminarán siendo inútiles. Cuando el carácter no es bueno, tu contratación se convertirá en algo muy caro de una forma u otra. Y contratar a una persona con problemas de carácter es garantía de que habrá más problemas en el equipo. Bill Hybels sostiene:

> No es fácil saber si alguien tiene buen carácter en una entrevista de quince minutos. Tendrás que haber tomado tus previsiones para saber si la persona que estas apunto de contratar para tu equipo tiene una buena reputación como alguien que dice la verdad, que mantiene su palabra (…), alguien que maneja bien las relaciones humanas y sabe dar su crédito a los otros en sus victorias[3].

Y dado que estamos en el "negocio" de hacer discípulos, el buen carácter en el ministerio de la Iglesia significa también el discipulado en Cristo. No contrates a alguien que no se tome en serio su discipulado. No importa donde comenzaron o donde *están*, pero importa, y mucho, que estén en el camino. De hecho, procura identificar siempre a los que han conversado contigo, pues podrían ser tu próxima mejor contratación. Ellos tendrán más posibilidades que tú de entrar en contacto con la gente que no viene a la Iglesia.

Barry es un buen ejemplo de lo que estamos hablando. Gustosamente se describiría a sí mismo como un verdadero "Timonium Tim", cuya vida se alejó de la Iglesia después de haber asistido a una escuela católica; pero, al final, volvió a la fe gracias a la Natividad. Entró a un pequeño grupo, comenzó sirviendo el café y viviendo con autenticidad el discipulado en su vida. En su caso, los grupos pequeños y el servicio fueron el camino para llevarlo de nuevo a asistir a Misa. Presentó su solicitud cuando hubo una vacante en el equipo parroquial. No hubo mucho que pensar, el trabajo era suyo. Actualmente, es el director del fin de semana, una especie de ingeniero de las actividades del fin de semana, que se asegura de que todo funciona y de que los problemas, si se presentan, se resuelven rápidamente.

Segunda estrategia: *contrata a gente capaz*

De ordinario, cuando se va a contratar a alguien se le pregunta por su experiencia. La experiencia es por lo general deseada, requerida y recompensada. Creemos que en estos momentos, *el mundo de la Iglesia* está cambiando tan rápidamente que la experiencia ha llegado a tener un valor muy relativo, porque en realidad nadie sabe exactamente cómo funciona. La experiencia previa de los miembros del equipo no se va a traducir necesariamente en buenos resultados ni el día de hoy ni el día de mañana. Y si tienen la mentalidad de "siempre lo hemos hecho así", eso puede frenar todavía más a tu equipo. Por supuesto, las habilidades de la gente, su laboriosidad y el conocimiento que se pueda tener de cómo funcionan las cosas pueden ser útiles para cualquier equipo. Pero no es en lo primero que nos fijamos.

Buscamos talentos reales o potenciales. ¿Puede esta persona aprender, crecer, adaptarse y cambiar rápidamente ante circunstancias cambiantes? ¿Puede hacer *eso* esta persona? Por supuesto, también buscamos *habilidades* específicas para un determinado *trabajo*, pero eso no es indispensable si creemos que pueden desarrollarlas.

Lucas está en esta categoría. Comenzó a trabajar para nosotros unas cuantas horas cada semana, cuando estaba en la universidad y en cierta forma creció con nosotros, aunque todavía no era cristiano. Después de la Universidad, entró a la Iglesia y se unió a nuestro equipo de tiempo completo. A medida que crecía en la fe, fue creciendo también en el conocimiento de nuestra misión y comenzó a pensar en cómo podría ayudar la tecnología a su realización. Su capacidad es evidente en todos nuestros esfuerzos relacionados con la tecnología para hacer llegar a más personas nuestro mensaje.

Kristin también está en esta categoría. Recién salida de la Universidad, no tenía ninguna experiencia sobre lo que iba a hacer en la parroquia. Pero sus cualidades naturales y sus hábitos de disciplina para aprender le permitieron aplicar su talento creativo a nuestros esfuerzos de comunicación.

P. Michael. Otro aspecto de la capacidad de aprender es la pasión. Mi principio es: "Quiero que se preocupen por esto más de lo que yo me preocupo". Sé que tengo a la persona adecuada cuando consigo a alguien que se preocupa más que yo (y yo me preocupo mucho) por el ministerio de niños, por el ministerio de tecnología o por la página de internet, etc.

Brian es un buen ejemplo. Siguió una trayectoria típica de educación católica y de asistencia a la parroquia, seguida de una experiencia universitaria vagando lejos del Señor. Finalmente regresó y comenzó a trabajar en nuestro equipo como voluntario. Cuando nos fue posible, lo contratamos a tiempo completo y durante un tiempo hizo distintas cosas; pero en el entretanto descubrió su verdadera pasión: las misiones. Actualmente Brian es nuestro director de misiones, y se asegura de que estas sean siempre la prioridad número uno al pensar en las actividades de la parroquia.

Tercera estrategia: *Contrata a gente que te caiga bien*

Cuando llegué a la Natividad, la gente del equipo parroquial no se caía bien entre sí y no se llevaban bien. Los conflictos internos y los chismes eran una parte importante de la cultura de parroquia. Aprendimos una dura pero valiosa lección con la experiencia. No es agradable trabajar con gente que te cae mal; le quita a la vida mucha de su alegría, hace los días de trabajo muy largos y contribuye fácilmente a que la gente se canse. Por otra parte, trabajar con gente que ***sí*** te cae bien o incluso estimas, es un gozo y una bendición, y nada va a ayudar más a que un equipo permanezca unido.

Es algo en lo que debes seguir tu corazón; no puedes conocer el futuro y saber con certeza si la nueva persona va a encajar bien en el equipo. Tienes que seguir tu instinto y si no tienes buen instinto para esto, quizás no debas ser tú quien contrate a la gente.

Después de que nuestra primera directora de educación religiosa se marchó, se sucedieron varios directores más que tampoco funcionaron, por una u otra razón. Nunca hubo una buena química con *ninguno* de ellos (no por su culpa, sino por la nuestra). Lisa comenzó a trabajar como voluntaria en nuestro equipo para niños hace un par de años y nos impresionó mucho ver cuánto la querían los niños. Actualmente, es la directora de todos nuestros ministerios de niños y también nos cae bien. Cuando Lisa está en la iglesia todos sonríen.

Cuarta estrategia: *contrata a gente de dentro*

La mejor forma de asegurarte de que cumples las estrategias 1 a 3. Esta es la razón por la que tu mejor voluntario es tu próxima mejor contratación. Fíjate en cada uno de los que ya están trabajando para ti como voluntarios: ¿te cae bien?, ¿puede aprender y tiene un buen carácter?, ¿entiende tu misión y la de la parroquia? Cuando llegue el momento de contratar a alguien, ¡contrátalos a ellos!

Hemos seguido esta regla en los últimos años y gracias a ella ahora van bien las cosas. Es posible que hagamos alguna excepción... Pero en este momento ni siquiera podemos imaginar cuál sería.

Jeremy y Maggie son dos ejemplos de lo que es contratar a gente de dentro. Jeremy estaba trabajando mucho con nuestro equipo de tecnología los fines de semana. Nos dimos cuenta de que era inteligente y simpático, nos gustaba que estuviera en la parroquia. Maggie era muy buena voluntaria en la guardería y nos dimos cuenta de que tenía un corazón de oro para tratar a los niños pequeños. Entonces, cuando tuvimos oportunidad, simplemente les dimos a Jeremy y Maggie un escritorio y salario, y les dijimos: "Ahora forman parte del equipo".

Todavía nos acordamos de aquel tiempo en que no podíamos encontrar a nadie para un puesto, a pesar de nuestros mejores esfuerzos. Actualmente, podemos hacer una larga lista de gente a la que traeríamos a nuestro equipo si tuviéramos dinero. Y probablemente, un día, van a formar parte de nuestro equipo de ministerio de tiempo completo. Mientras tanto forman parte ya del equipo que no recibe salario.

Quinta estrategia: *contrata a gente que esté enamorada de la parroquia*

Algunas veces hemos tenido trabajando con nosotros a gente que nos caía bien y que parecía tener buen carácter y capacidad de aprender. Pero no funcionó porque no hicieron "clic"; no hicieron clic con nosotros. Algunas veces pensaron que sí era este es su lugar, pero no lo era. Les gustaba solo una parte de lo que hacíamos y creyeron que eso era todo. Posteriormente, cuando nos conocieron más a fondo, se dieron cuenta de que este lugar no era para ellos.

Cuando contrato a alguien para un puesto verdaderamente importante, la pregunta esencial para mí es: ¿se va a enamorar de Apple? Porque, si se enamora de Apple, las demás cosas se pondrán en su lugar por sí solas.

– Steve Jobs[4]—

Tuvimos a un director de música que era un extraordinario músico. Formó un coro excelente y en Navidad y Pascua podía hacer que el techo de la iglesia se elevara. Pero en realidad nunca se sintió a gusto con la cultura de nuestra parroquia. Poco a poco se fue distanciando y sintiendo más ajeno conforme nos íbamos transformando. Finalmente se fue. No hay resentimientos, seguimos siendo amigos. Simplemente no pertenecemos al mismo equipo.

No contrates a nadie, por mucho talento que tenga, si no está completamente convencido de la misión de tu parroquia. Probablemente la persona de nuestro equipo que mejor hace "clic" es María. Llegó inmediatamente después de la Universidad y fue la primera contratación que hicimos después de que empezamos a implementar nuestra nueva estrategia. El primer discípulo de nuestra Iglesia en transformación, María, ha madurado y se ha convertido en un líder en nuestro equipo. Al mismo tiempo, como directora del ministerio de adultos, está llevando a más y más fieles por el camino del discipulado. María ama a nuestra parroquia y nuestra parroquia se ha enamorado de ella.

Invertir en tu equipo

Formar un equipo implica mucho trabajo y perseverancia, además de suficiente tiempo. Después de comenzar a reunir tu equipo, es necesario que lo mantengas y apoyes. Y va a ser un trabajo que nunca se termina, porque los seres humanos nunca están completamente hechos. Siempre habrá partidas y llegadas, y cada vez que las hay, la dinámica del grupo cambia; ya tienes un nuevo grupo. Estas son algunas cosas que nos han ayudado

1. **Oración**

   Cada semana rezamos juntos como equipo. Pedimos por los demás y por lo que vamos a hacer esa semana. A lo largo de la semana, tratamos de tenernos presentes en nuestras oraciones.
2. **Respeto y confianza**

   Si contratas a gente que conoces y que te cae bien, con un buen carácter, será fácil respetarla. Confiar es más complicado porque depende, tanto de las capacidades de la persona como de su carácter. Se puede confiar en la mayor parte de la gente para algunas cosas. Cuando un miembro del equipo demuestra ser competente, es más fácil confiar en él para otras cosas. Igualmente, cuando las palabras y las acciones de un miembro se corresponden, es más fácil confiar en su carácter.

La falta de confianza nace de la distancia que hay entre lo que se espera y lo que se recibe, e inevitablemente va a presentarse en uno u otro momento. Y es necesario afrontarlo cada vez que suceda. Es un trabajo exigente y nadie quiere hacerlo. Pero si no se hace, comenzamos a hacer nuestras "listas" sobre los demás. La confianza que queda también es dañada y hasta el mismo equipo puede destruirse. Haz el esfuerzo por ser honesto y franco; ten "listas cortas"; hazles a los demás saber cuándo estás herido, aburrido o enojado; y mantengan una constante comunicación.

3. **Comunicación coherente**

> **P. Michael.** Es común ver las reuniones como algo aburrido e improductivo, muchas reuniones lo son. A decir verdad, ha sido bastante difícil definir cuáles son las reuniones que queremos y necesitamos, cuáles nos parecen útiles y productivas, y cuales son improductivas. Posiblemente la clave esté en evaluar constantemente la finalidad de las reuniones. Soy muy aficionado a reuniones *con una finalidad*. El excelente libro *Muerte por reuniones* de Lencioni, es una guía muy útil para las iglesias sobre este tema[illegible].

Hace algunos años, cuando todavía estábamos tratando de definir nuestra estrategia como parroquia, habíamos tenido varias reuniones sobre el tema. Eran reuniones largas, discusiones sin fin que a menudo no llevaban a ningún lado, que algunas veces creaban más confusión que claridad y solo de vez en cuando encontrábamos algo útil. Ya no tenemos muchas reuniones de este tipo para todo el equipo, porque no las necesitamos y sería una pérdida de tiempo para muchos de los participantes.

A medida que pudimos definir mejor nuestra estrategia, nos descubrimos teniendo reuniones sobre cómo llevarla a la práctica. Todos los que estaban alrededor de la mesa, trabajaban metódicamente sobre cómo hacer realidad lo que queríamos lograr. Esas fueron reuniones muy fructíferas para el equipo en aquel momento, para aprender *cómo* hacer lo que queríamos hacer. Ahora tampoco tenemos ese tipo de reuniones con mucha frecuencia.

Ahora que nuestra estrategia está clara y la metodología ha sido establecida, y que nuestro equipo es más grande, nuestras reuniones han cambiado otra vez. Hemos organizado al equipo en grupos de trabajo que se reúnen semanalmente. Estos grupos están organizados en torno al ministerio de adultos, al ministerio familiar (niños y jóvenes), tecnología creativa y administración. Los líderes de cada grupo se reúnen cada semana. Nosotros confiamos y apoyamos para que haya colaboración y consenso en esas reuniones.

Todo el equipo se reúne solo dos veces a la semana. Los lunes nos reunimos para la comida (sí, hemos recuperado la comida para el equipo de la parroquia, pero con otra finalidad). Esta reunión es una actividad de compañerismo y caridad fraterna, una oportunidad para compartir triunfos y éxitos del pasado fin de semana, hablar sobre lo que hemos aprendido últimamente o sobre nuestros errores y celebrar el trabajo que Dios está haciendo a través de nosotros. También nos sirve para valorar los esfuerzos de la semana pasada, para tomar un respiro y descansar del incómodo sentimiento que a veces surge de que estamos todo el tiempo sobre una caminadora.

P. Michael. Los martes me reúno con el equipo para compartir con ellos todo lo que estamos haciendo, en qué estoy trabajando y qué está sucediendo. Es también una oportunidad para que ellos me comenten cómo va su trabajo. Por cierto, esta reunión y la reunión semanal del grupo de líderes son las únicas que yo presido. El párroco no tiene que presidir todas las reuniones a las que asiste… y probablemente no debe.

También tenemos breves reuniones de evaluación a media semana y algunas veces también durante el fin de semana, reuniendo a todos los que están en la parroquia, para compartir información y comunicarnos lo que está sucediendo.

Dos veces al año tenemos retiros para el equipo, un tiempo para la oración, el discernimiento y para planear las actividades que tenemos por delante. Invertimos mucho para hacer que estas actividades sean verdaderamente productivas y renovadoras. Recientemente hemos comenzado a tener un cursillo de un día en el que participan todos nuestros líderes de ministerio para compartir la visión, la misión y la estrategia.

Cualquiera que sea el propósito de una reunión, su finalidad indispensable es la comunicación. Y la comunicación tiene que ser coherente y honesta. Nunca vas a tener un gran equipo sin una buena comunicación.

¿Quieres saber más, profundizar?

Ve a Michael y a Tom hablar sobre las reuniones y explicar cómo las dirigen. Entra en www.rebuiltparish.com/chapter13 y abre el video "Reuniones" (*Meetings*).

4. **Diversión**

   Creemos en el valor que tiene asegurarnos de que nuestro equipo disfruta y se divierte. Esta es una parte muy importante en las iglesias y corporaciones que tienen más éxito actualmente. Reconocemos que no hemos recibido algún don particular para ser simpáticos, pero tratamos de serlo. El buen ambiente fomenta el respeto y la confianza; fortalece la comunicación.

5. **Crecimiento**

   Junto con nuestras reuniones regulares, cada uno de nuestros departamentos se reúne cada quince días para sesiones de capacitación. Ellos escogen sus propias lecturas y después discuten sobre lo que han leído: teología, historia de la Iglesia, eclesiología, liderazgo. Todos estos pueden ser temas de discusión. Queremos que nuestro equipo se mantenga aprendiendo y creciendo.

6. **Compensación**

> Sospechamos que la razón por la que la gente no quiere trabajar en *el mundo de la Iglesia* es muy simple: porque no pagamos un salario justo.

No tienes por qué pagarle algo a tu equipo de trabajo. Jesús no lo hizo. Nuestra parroquia hermana en Haití no tiene ningún equipo de trabajo pagado, exceptuando al párroco; pero tienen muchos voluntarios en el equipo. Un párroco llegó un día a su nueva parroquia, se dio cuenta de que no tenía equipo y entonces dijo a su pequeña comunidad: "De acuerdo, ustedes son mi equipo".

Nuestro criterio aquí es: si le pagas a tu equipo, haz todo lo que sea necesario para pagar un salario que sea semejante al de la comunidad en que viven. Tomamos una decisión estratégica hace algunos años para invertir en nuestro equipo pagando buenos salarios. Queremos que la gente joven pueda venir a trabajar aquí, tener una familia y una vida fuera de la Natividad. Y queremos que la gente que está teniendo éxito en su carrera pueda hacer una transición a algún ministerio en la iglesia sin arriesgar su corazón y su casa, al igual que su seguro médico. Muchos sospechamos que la razón por la que la gente no quiere trabajar en *el mundo de la Iglesia* es muy simple: porque no pagamos un salario justo.

Por supuesto, esto depende de las finanzas de cada iglesia, como ya lo hemos hablado. Solo si afrontas de forma adecuada el tema del diezmo, podrás pagar bien a tu equipo.

Nuestro equipo sabe que sus salarios son una prioridad. También lo sabe la gente de la parroquia, porque siempre hablamos de ello en nuestra invitación anual a apoyar económicamente a la parroquia. No somos insistentes, no nos sentimos culpables al pedir dinero, solo les recordamos un hecho muy sencillo: esta es su iglesia, ellos son su equipo y es su responsabilidad mantenerlo.

¡TÚ TAMBIÉN PUEDES HACERLO!

Pasos que puedes dar en tu parroquia

No importa de qué tamaño sea tu equipo. Independientemente de que las personas trabajen a tiempo completo, a tiempo parcial, contratados para un servicio concreto o como voluntarios pueden ser un buen equipo si encuentras a la gente correcta y el trabajo adecuado para cada uno de ellos.

Si tienes un equipo

- Invita a cada uno a escribir un perfil laboral para ellos mismos. Revísenlos juntos como equipo.
- Fija una reunión semanal individual con cada persona que depende de ti. Usa ese tiempo para saber cómo está la persona y para saber cómo va su ministerio. Pide que te informen periódicamente sobre cómo van los proyectos,

pero también invierte el tiempo que sea necesario para ganarte la confianza.

- Comienza a juntar a tu equipo para tener reuniones de formación. Elige un tema que sea de interés para todos.
- Oren juntos.
- Diviértanse. Si es necesario, fija una fecha.

Si no tienes un equipo (y no tienes dinero para contratar gente)

- Haz una lista de todas las cosas que haces y que podría hacer otra persona. Haz una segunda lista de las cosas que haces y que otro podría hacer con un poco de capacitación.
- Lleva ambas listas a la oración y pídele a Dios que te dé la gente que necesitas para hacer esas tareas. No busques a una sola persona para que haga todo (eso solo perpetuaría el antiguo problema). Estás rezando para encontrar un equipo.

Dame la gente que necesito

P. Michael. En un momento particularmente difícil, después de que el equipo original se había ido y después de haber trabajado por un tiempo con otras personas a las que habíamos contratado, prometí no volver a tener ministros pagados. Estaba harto. Tome esa decisión. Había llegado a un punto en el que prefería trabajar solo y hacer todo por mí mismo (o dejarlo sin hacer) con tal de no tener que volver a pasar por los disgustos de las tensiones con los miembros de un equipo.

Tomé esta resolución precisamente el día en que Tom conoció a un joven que, según él, era justo lo que necesitábamos (Chris). No quise entrevistarlo, a pesar de que necesitábamos muchísimo su ayuda. Tom siguió insistiendo y yo me seguí negando. Al final, Tom me pregunto si al menos estaría dispuesto a rezar por él, lo cual –no hay que perderlo de vista– era exactamente lo que no había hecho. Me tomé el fin de semana y recé por Chris y por los serios problemas de nuestro equipo. Durante el fin de semana le presenté este problema al Señor y le pedí que me iluminara: "¿Por qué no me das la gente que necesito para hacer el trabajo que quieres que haga?". La persistencia en la oración funciona, porque en algún lugar de aquel fin de semana Dios me respondió diciéndome con firmeza: "Te mandaré a la gente adecuada cuando estés preparado para tratarla bien".

Como párroco, no tengo trabajo más importante que cuidarlos. Ellos no están aquí para servirme, soy yo el que está aquí para servirlos y hacer posible que puedan dirigir a otros en el ministerio y el servicio. Mi trabajo es ser su garante, proporcionarles los recursos que necesitan, de orientarlos para que tengan éxito y estar siempre atento a sus necesidades. Con esta convicción tan clara que recibí, aquel día emprendí un nuevo camino.

Al final de aquel día, preparándome para partir, recordé que había prometido a Tom tomar alguna decisión sobre Chris. Le dije a Dios: "¿Que quieres que haga? Muéstrame el camino". Ya era tarde. Estaba muy cansado y no sabía qué hacer. Estaba en la sacristía y literalmente apoyé la cabeza en el armario donde guardamos las vestimentas litúrgicas. "¿Qué quieres que haga? ¡Muéstrame el camino!".

Y fue aquella la más clara y eficiente respuesta a una oración que he recibido en mi vida: en aquel preciso momento, sin ninguna razón aparente, Chris entró a la sacristía y dijo: "Aquí estoy". Ha estado aquí desde entonces y es una de las mejores personas con las que he trabajado en mi vida.

En los años posteriores, hemos sido bendecidos abundantemente, pues Dios ha formado un extraordinario equipo de líderes jóvenes que son creativos, trabajadores, muy motivados y que se han enamorado de Cristo y de su Iglesia. Y no son "mi" equipo. Son nuestro equipo de líderes.

Invierte en tu equipo de voluntarios, y dales la responsabilidad de ser los agentes que dirigen la misión en tu parroquia. Ámalos y ayudados a enamorarse de la Iglesia de Cristo, de forma que no haya otro lugar en el que podrían estar, ni ninguna otra cosa que podrían estar haciendo. Ayúdalos a enamorarse de lo que hacen por Cristo.

14

DIRIGE DONDE TÚ SIRVES

"Yahvé hizo triunfar a David dondequiera que iba. Reinó David sobre todo Israel administrando derecho y justicia a todo su pueblo".

PRIMER LIBRO DE LAS CRÓNICAS 18:13-14

Los autores sagrados no fueron particularmente creativos a la hora de ponerle títulos a los libros. No es de sorprender que el primero y el segundo Libro de los Reyes hablen de los reyes de Israel y de Judá. Más que sus historias o hechos, los libros de los Reyes describen los corazones de los líderes.

Sin duda alguna, el líder más grande de Israel fue David. Y la Biblia nos dice muchas de las cualidades que lo hicieron acreedor a ese título: valor, sólidas convicciones y determinación. Pero más que nada, David se distinguió por tener un corazón completamente dedicado a Dios. Siguió el camino que Dios le indicó.

Desgraciadamente, muchos de los reyes que siguieron no lograron hacer lo mismo. Una y otra vez el libro de los Reyes nos dice que sus corazones estaban a menudo lejos del Señor. En lugar de seguir a Dios, siguieron sus propios corazones y se metieron en muchos problemas.

Y, según era el rey, así también era la nación. El reino de David se dividió cuando su nieto, Roboam, ignoró las advertencias de sus consejeros más ancianos, escuchó a aquellos que le decían lo que quería oír y tomó la pésima decisión de elevar los impuestos, a pesar de que la gente necesitaba desesperadamente ayuda. El resultado fue una guerra civil. Los dos reinos que siguieron eran más pobres y débiles, y tuvieron que sufrir, uno detrás de otro, reyes que no eran fieles a Dios. Terminaron cayendo en manos de sus enemigos.

A lo largo de ambos libros, los errores y la idolatría de los reyes los llevan a las naciones a la ruina, no son los errores del pueblo. El primer y el segundo libro de los Reyes enseñan un importante y fundamental principio: todo prospera o decae dependiendo del liderazgo.

Todo prospera o decae dependiendo del liderazgo.

¿Qué es el liderazgo? Como dicen Ken Blanchard y Phil Hodges, los expertos en dirección de empresas, se trata de un proceso de influencia. Cada vez que estás tratando de influir en los pensamientos y acciones de otros para llevarlos a otro lugar o diferentes resultados, ya sea en su vida personal o profesional, estás ejerciendo un liderazgo.

Los líderes son quienes escriben la historia. Nada grande se ha conseguido sin liderazgo. Y muchas cosas malas suceden cuando este falta.

Dios ha creado el don del liderazgo y nos ha creado a todos para ser líderes, porque traer a Cristo a la gente que está lejos, es un acto de liderazgo. Los discípulos son líderes y el discipulado consiste precisamente en dirigir. Y, por supuesto, hay una jerarquía. Esta comienza con Dios. Dios quiere en su Iglesia líderes del estilo de David, totalmente dedicados a Él. Dios bendice y se sirve de la gente que acepta su liderazgo en sus vidas.

Si estás leyendo este libro (o si *todavía* lo estás leyendo), Dios quiere que seas líder ahí dónde estás. La tarea del Papa es dirigir la Iglesia Católica y Romana; la tarea del obispo es dirigir la diócesis; pero eso no significa que Dios no te esté llamando a ti también a ser un líder. De hecho, quiere servirse de ti para mostrar a otros el propósito de sus vidas. Espera que tú ayudes a más personas a seguirlo. Te está llamando a ser líder. Donde quiera o como quiera que sirvas, Él quiere que seas líder.

¿Quieres saber más, profundizar?

Escucha a Michael y a Tom hablar del papel único que tiene el sacerdote en la parroquia como padre espiritual. Evitando, tanto el clericalismo, como un falso igualitarismo, el sacerdote ejerce una autoridad de servicio. Entra en www.rebuiltparish.com/chapter14 y abre el video "El papel único del sacerdote" (*The Unique Role of the Priest*).

Algunas tareas del líder

1. **Ser líder es también ser servidor**

Si quieres saber cuál es la esencia del liderazgo, una pregunta fundamental que debes hacerte es: "¿Soy un líder, que es también servidor, o un líder que se sirve a sí mismo?". Es una pregunta que, si se responde con total honestidad, demostrará la verdadera intención o motivación que te mueve como líder. Una de las formas más sencillas de saber si estás ante un líder que es servidor o ante un líder que se sirve a sí mismo es ver cómo recibe las críticas, porque uno de los mayores temores que tiene un líder que se sirve a sí mismo es perder su puesto[1].

En un momento del Evangelio de Marcos, Jesús trata de retirarse un poco para dedicar tiempo a enseñar y formar a los discípulos que estaban más cerca de Él. Los estaba entrenando para dirigir a la Iglesia después de su muerte, de forma que entendieran lo que su liderazgo iba a exigirles y lo que iban a lograr con él. En ese contexto, Jesús les da esta advertencia: "Hijo del hombre debía sufrir mucho y ser reprobado por los ancianos, los sumos sacerdotes y los escribas, ser matado y resucitar a los tres días" (Mc 8:31). Todo eso era algo nuevo. ¿Qué reacción provocó? Esto es lo que sucedió:

> "Llegaron a Cafarnaún y, una vez en casa, les preguntaba: '¿De qué discutían por el camino?' Ellos callaron, pues por el camino habían discutido entre sí quién era el mayor". (Mc 9:33-34)

> *"No hagan nada por ambición, ni por vanagloria, sino con humildad, considerando a los demás como superiores a uno mismo, sin buscar el propio interés sino el de los demás".*
> Flp 2:3-4

Hay mucha gente en puestos de liderazgo, incluyendo algunos párrocos y líderes parroquiales, que hacen su trabajo con la actitud de "cuando uno es el encargado no hace nada (y yo tengo que decir a los demás qué hacer)". Son líderes que se sirven a sí mismos y que solo están interesados en conservar su puesto, llevar adelante sus propios proyectos y conseguir lo que quieren.

Jesús no es solo líder *espiritual*. Jesús es el modelo de todo liderazgo. Y dirige desde la cruz. Si queremos ser grandes ante Dios, tenemos que ser como Jesús y poner los intereses de los demás antes que los nuestros. No se trata solo de servir, se trata de convertirse en siervo. Es una actitud constante y profunda, no solo actos aislados. Ese es el camino del liderazgo auténtico.

Eso significa ser un siervo. El primer trabajo de un siervo es atender las necesidades de los demás, incluso anticiparlas. Pero san Pablo no se detiene ahí:

> “Tengan entre ustedes los mismos sentimientos que Cristo: El cual, siendo de condición divina, no codició el ser igual a Dios sino que se despojó de sí mismo tomando condición de esclavo. Asumiendo semejanza humana y apareciendo en su porte como hombre” (Filipenses 2:5-7)

Decimos que alguien está “lleno de sí mismo”, para referirnos al orgullo. Para explicar lo opuesto a ello, Pablo dice que Jesús “se vació de sí mismo” y entregó toda su vida. Renunció a todos sus derechos –el derecho a recibir culto, a gobernar, a la vida perfectamente feliz en el cielo– y lo entregó todo. Se vació de sí mismo para convertirse, no solo en siervo, sino en esclavo. Pablo después describe también su propia vida de esa forma: “se derrama como libación” (Flp 2:17).

Ese es el liderazgo de un siervo. Vaciarse totalmente de su egoísmo y orgullo para llenar ese hueco con sabiduría, ciencia, entendimiento, prudencia y todos los demás dones que el Espíritu Santo ofrece. Y después hay que vaciarse también de estos dones, porque los estás dando a aquellos a quienes sirves. Andy Stanley dice que él cuida a su equipo, vaciando su propia copa para llenar las de ellos.

Jim Collins, en su libro *Empresas que sobresalen*, explica por qué algunas empresas mejoraron en gran manera su desempeño mientras otras, en circunstancias similares, no lo hicieron. Un elemento esencial de una empresa que sobresale era lo que él llamaba “líder de quinto nivel”[2]. Estos líderes poseen las siguientes cualidades:

> **Jesús es el modelo de todo liderazgo. Y dirige desde la cruz.**

- Combinan una extrema humildad personal con un profundo profesionalismo.
- Son ambiciosos, pero su ambición está dirigida a hacer crecer la empresa, no a sí mismos.

- Atribuyen los éxitos a otros y asumen la responsabilidad por los fracasos.

2. **Sé un líder sabio**

Muchas iglesias sufren porque el párroco está rodeado de gente que lo engaña adulándolo y le dice exactamente lo que quiere escuchar. Ese fue el error de Roboam en el Primer libro de los Reyes.

> *Mas Jesús los llamó y dijo: 'Saben que los jefes de las naciones las dominan como señores absolutos y los grandes las oprimen con su poder. No ha de ser así entre ustedes, sino que el que quiera llegar a ser grande entre ustedes, será su servidor, y el que quiera ser el primero entre ustedes, será su esclavo; de la misma manera que el Hijo del hombre no ha venido a ser servido, sino a servir y a dar su vida como rescate por muchos"*
> – Mateo 20:26b-28—

Un loco es solo una persona tonta a la que le falta buen juicio y, por alguna razón, parece ser que en *el mundo de la Iglesia* hay bastantes. Los locos tienen una atención que no se han ganado, un reconocimiento que no merecen y un influjo que no les ha sido dado (aunque constantemente quieren alcanzarlo). Los líderes de la parroquia necesitan estar atentos para no actuar como locos o para no permitir que la gente loca domine en la parroquia.

Al mismo tiempo, hay que buscar consejo en gente sabia. Cualquiera que sea el tipo de parroquia que tengas, hay gente muy valiosa que te puede enseñar muchas cosas sobre liderazgo. Conocerás a algunos de tus feligreses que tienen buen juicio y que te pueden ayudar en muchas de las decisiones que tienes que tomar. Un líder sabio buscará a ese tipo de gente, la invitara para que se involucre, se asegurará de que pueda expresar su opinión y la escuchará. Algunas personas son sabias, otras no. Pero nadie tiene toda la sabiduría que necesita. Por eso los líderes sabios son gente que se rodea de sabiduría.

Ahora que nuestra parroquia ha crecido, la cantidad de gente que hemos involucrado en puestos de liderazgo también ha crecido. No se trata de tener reuniones y comités simplemente por tenerlos; se trata de reunir la sabiduría que nos rodea. Actualmente, tenemos equipos de asesores para las finanzas, el mantenimiento, la tecnología, el desarrollo de la parroquia, recursos humanos y planeación estratégica. No tomamos las decisiones por votación. De hecho, si nos fijamos, veremos cómo en la Biblia no hay elecciones o votaciones. Lo que hacemos es escoger con mucho cuidado a los asesores que invitamos a las reuniones. No serán necesariamente a los más *populares*; buscamos a la gente *con mayor talento*. Y, por nuestra parte, tomamos sus observaciones muy en serio. Hemos creado también equipos para la "responsabilidad" que comparten con nosotros su sabiduría para que podamos dirigir nuestras propias vidas. Una vez al mes abrimos a ellos todo lo que está sucediendo en nuestras vidas tanto profesional como personalmente, y nos hacen sentir la responsabilidad de alcanzar las metas que nos hemos propuesto y de los cambios que tenemos que hacer.

3. **Sé un líder dispuesto a aprender**

Los Hechos de los Apóstoles, en el capítulo 19, narran una historia simpática, pero también trágica, porque describe muy bien lo que sucede a menudo en la vida parroquial. Pablo está viviendo en un pueblo llamado Éfeso. De hecho, está ahí para establecer la Iglesia en Éfeso con la predicación de la Palabra de Dios. Como Pablo es Pablo, su predicación está acompañada de extraordinarios milagros como curación de enfermos y expulsión de demonios. Este poder nace de su íntima relación con Jesucristo.

> *"El necio considera recto su camino, el sabio escucha los consejos"*
> Proverbios 12:15

Otros lo ven trabajar e, impresionados por los resultados, deciden probar, incluso si no saben qué es lo que están haciendo.

> "Algunos exorcistas judíos ambulantes intentaron también invocar el nombre del Señor Jesús sobre los que tenían espíritus malos, y decían: 'Los conjuro por Jesús a quien predica Pablo'. Eran siete hijos de un tal Esceva, sumo sacerdote judío, los que hacían esto. Pero el espíritu malo les respondió: 'A Jesús lo conozco y sé quién es Pablo; pero ustedes, ¿quiénes son?'" (Hch 19:13-15).

Entonces el espíritu maligno los maltrató y golpeó y ellos huyeron desnudos; fueron derrotados completamente. Estaban imitando las prácticas de Pablo sin entender cómo funcionaban.

> *"Los planes fracasan por falta de acuerdo, cuando hay consejeros, se cumplen"*
> –Proverbios 15:22—

¿Cuántas veces sucede lo mismo en la parroquia? A nosotros nos pasó durante muchos años. Al ver los esfuerzos de otros que tenían éxito, copiamos las cosas sin tratar de entender qué era lo que estaban haciendo (sin importarnos qué era lo que Dios quería que *nosotros* hiciéramos). Y luego nos sorprendíamos de que las cosas no funcionaran…

P. Michael. Un párroco me llamó para decirme que estaba enfadado conmigo. Le pregunté por qué y me dijo "Me arruinaste mis domingos". ¿Por qué? Bueno, al parecer los papás de su parroquia lo habían presionado para que hiciera una Misa de jóvenes el domingo por la tarde ("como la que tienen en la Natividad") y aceptó a regañadientes. "Incluso tenemos pizza", se quejó. El problema era que él no había entendido los principios sobre los que se basaba nuestro programa de jóvenes y, además, no estaba interesado en conocerlos. Copió detalles prácticos y ahí estaba, bloqueado, haciendo un programa que no quería, que no funcionaba… y con muchas pizzas frías.

No se trata, y nunca se tratará, de pizzas. Tienes que de descubrir qué es lo que Dios quiere que *tú* hagas y después hacerlo. La eficacia de un programa o actividad, o de cualquier ministerio, no está en la superficie o en los detalles prácticos. No es que el método no importe o que los detalles no sean importantes; la eficacia de nuestros esfuerzos en el ministerio viene de trabajar de la mano de Dios y, ante todo, aprender *qué* es lo que Él quiere que hagamos y aprender a hacerlo.

Cuando otros se unen a nuestro equipo o se involucran en el liderazgo parroquial, disfrutamos al ver su sorpresa cuando descubren lo complejo que es dirigir una parroquia. Ya hemos hablado del mito de que la Iglesia es fácil. Esa es una mentira que nos hace mucho daño en nuestro trabajo. Además, dicho sea de paso, no es más fácil dirigir una iglesia más pequeña; incluso hasta puede ser más difícil. En nuestros días, dirigir con éxito una parroquia, independientemente del tamaño, requiere un estudio atento, aunado a una disciplinada toma de decisiones. Hay que estar atentos a todos los programas de educación, de liturgia y de música; Misas para las diversas edades; hacer y respetar los presupuestos; reunir dinero; también hay que estar atentos a la comunicación; el respeto a leyes de derecho de autor; construir y mantener sistemas y estructuras organizacionales; recursos humanos; *marketing;* mantenimiento de los edificios; y seguridad. La lista todavía podría continuar.

Necesitamos seguir aprendiendo sobre lo que hacemos, lo cual significa ir más allá de nuestros prejuicios o de un análisis superficial de las cosas. Todo lo anterior nos debe llevar a entender en profundidad lo siguiente:

- El lugar que la parroquia tiene en la vida de la gente y por qué esta no logra despertar el interés de los de fuera.
- Qué debemos hacer para tener una comunicación efectiva con nuestra comunidad.
- Qué motiva a la gente a involucrarse en los ministerios o a hacer la ofrenda.

Necesitamos preguntarnos por qué hacemos nuestro trabajo. ¿Qué estamos tratando de lograr con este programa? ¿En concreto, qué significa una victoria dentro de ese programa? ¿Cómo va a cambiar la vida de las personas gracias a él? ¿Por qué conviene dedicarle tiempo y dinero? ¿En qué sentido podemos decir que está en sintonía con lo que Dios quiere para nuestra comunidad? Y necesitamos hacernos *constantemente* estas preguntas, porque lo que funciona hoy probablemente va a dejar de funcionar mañana.

Tenemos que cultivar la humildad y el entusiasmo para aprender de otros que están teniendo éxito haciendo lo mismo que nosotros queremos, y debemos tener todos los recursos que estén disponibles. La expresión "organización que aprende" fue acuñada por Peter Senge y es un principio fundamental que tendrán que aplicar las organizaciones eficaces al encontrarnos en un mundo que cambia rápida y constantemente. Los principios son fáciles de enunciar, pero exigentes a la hora de aplicarlos: armonía entre los miembros del equipo; ambiente de constante aprendizaje y *coaching*; benevolencia ante fracasos que sirven para aprender; y, lo más importante, buena comunicación.

Actualmente hemos incluido tiempo de capacitación en nuestro horario de reuniones semanales y animamos al equipo a que utilice *tiempo de trabajo* para el *estudio* y desarrollo personal, incluso si eso significa dejar de hacer otras cosas. También destinamos la mayor cantidad de dinero posible para que los miembros del equipo y los líderes voluntarios participen en congresos que les abran nuevos horizontes y motiven. Muchas iglesias evangélicas en el país ofrecen cada vez más este tipo de actividades (a menudo pidiendo solo una cuota simbólica). El simple hecho de hacer que miembros del equipo visiten iglesias pujantes donde pueden ver y aprender de otros líderes es ya en sí una motivación. Vistas siempre desde el punto de vista católico, estas experiencias pueden ser algunas veces transformantes (como fue el caso de Saddleback).

Hay muchas maneras de aprender, pero el punto de partida siempre es ponerse humildemente delante de Dios, enraizarnos en su palabra y estar atentos para descubrir qué quiere de nosotros.

> "El sabio escucha y aumenta su saber y el inteligente adquiere destreza. El temor de Yahvé es el principio del conocimiento; los necios desprecian la sabiduría y la instrucción". (Prov 1:5, 7)

4. **Sé un líder valiente**

Guiar a alguien a algún lugar requiere siempre valor. Y ser el responsable de realizar el cambio de cultura en una iglesia requerirá mucho valor también. Afortunadamente, así es como estamos hechos. Gary Haugen, fundador de *International Justice Mission*, escribe:

> Cuando se trata de ser valientes, debemos contemplar la valentía de Jesús: Él tiene valor para proclamar la verdad sin temor, libertad para amar sin egoísmo, fortaleza para extender los propios brazos en la cruz. Y, en lo más profundo de nuestro ser, para eso estamos hechos[3].

Valor para dirigir una parroquia significa, ante todo, predicar el mensaje del Evangelio, y predicarlo sin mutilaciones, hablando no solo de aquellas partes que la gente quiere escuchar. También significa:

- Exponer de manera amable las partes más exigentes del Evangelio.
- Afrontar los problemas, incluso cuando sea difícil aceptarlos.
- Llamar la atención, algo que, en el fondo, nadie quiere hacer.
- Amar sinceramente a la gente de la parroquia, incluso cuando no viene a la iglesia o ni siquiera nos cae bien.

5. **Sé un líder perseverante**

Algunas cosas llevan tiempo. El ministerio es una de esas. Es un maratón, no una carrera de 100 metros. El éxito en el liderazgo parroquial es una tarea a largo plazo. El escritor y pensador de negocios Seth Godin lo explica muy bien:

> Es un mito la idea de que el cambio se da de la noche a la mañana, que las respuestas correctas tienen éxito inmediatamente en el mercado, o que las grandes ideas se dan en un abrir y cerrar de ojos. No es así. Siempre (casi siempre, para ser honestos) el cambio se da por sedimentación, gota a gota. Las mejoras se dan poco a poco en el tiempo, no como un jonrón con casa llena conseguido casi sin esfuerzo… Si tu organización quiere ver el éxito antes que trabajar con constancia, nunca tendrá ninguno de los dos.
>
> Una parte del liderazgo (de hecho una gran parte) radica en la capacidad para ser fieles a un mismo sueño durante mucho tiempo. Un tiempo suficientemente largo como para que los escépticos se den cuenta de que vas alcanzar tu meta a como dé lugar… Entonces los demás te seguirán[4].

No vas a cambiar la cultura de tu parroquia de la noche a la mañana o de golpe. El cambio se da lentamente, por tanto, hay que convencerse: simplemente lleva tiempo. Dale el tiempo que requiera y necesite. tienes que seguir trabajando sin rendirte.

Incluso cuando las cosas no van bien y la gente comienza a cuestionarte o a dejarte, tú no te puedes rendir. Tú no puedes abdicar de tu papel de líder simplemente por la frustración de ver que la gente ya no te sigue.

> *El liderazgo no depende de los títulos, de los puestos de trabajo o de los organigramas. Se da cuando nuestra vida influye en los demás.*
>
> –John C. Maxwell[5]

"Sé un líder perseverante y deja que tu perseverancia esté fundada en la fe y se alimente de ella. Sé perseverante en el Señor. Sigue creyendo en el liderazgo de Jesús y en la misión que te ha confiado. Como decía san Pablo a los líderes de la Iglesia en Éfeso antes de despedirse: "Pero yo no considero mi vida digna de estima, con tal que lleve a término mi carrera y el ministerio que he recibido del Señor Jesús: dar testimonio del Evangelio de la gracia de Dios". (Hch 20:24)

Lucha por terminar la carrera que comenzaste, la tarea que Dios te confió, y por dar testimonio del Evangelio de Cristo en la parte que te toca. Hay otro texto donde Pablo resumió perfectamente en qué consiste el liderazgo dentro de la Iglesia de Cristo. Si estás trabajando con niños o estudiantes, si estás haciendo obras de caridad cristiana o sirviendo de alguna otra forma a los demás, si estás contestando teléfonos o dirigiendo el ministerio de la música, si eres un acomodador o encargado de recibir a la gente, si estás haciendo esto en la Iglesia de Cristo, entonces estás llamado a ser un líder siguiendo el consejo de Cristo para ser un verdadero líder: "sean mis imitadores como lo soy de Cristo" (1 Cor 11:1)

¡TÚ TAMBIÉN PUEDES HACERLO!

Pasos que puedes dar en tu parroquia

Si eres párroco, director de vida pastoral, asistente de pastoral, un director de educación religiosa o un ministro de jóvenes:

- Examina con honestidad tus motivaciones para estar en el ministerio. Analiza por qué haces lo que haces.
- Mira a tu alrededor para detectar a gente con liderazgo que ya esté en tu iglesia, gente más inteligente que tú, que sabe cosas que tú no sabes. Independientemente de cuál sea tu estructura o forma de gobernar, invítalos a formar un grupo que te aconseje, te diga con sinceridad lo que piensan de tu vida y del servicio que estás dando a la parroquia.
- Busca más allá de tu parroquia recursos preparados por otras parroquias y que estén disponibles, incluso si son iglesias protestantes.
- Comienza a evaluar oportunidades, problemas y miedos relacionados con tu ministerio.
- Reza por esos miedos, profundiza en los problemas y persigue esas oportunidades.

15

¡TÚ PUEDES HACERLO!

"Porque tiene su fecha la visión, aspira a la meta y no defrauda; si se atrasa, espérala, pues vendrá ciertamente, sin retraso".

HAB 2:3

La visión es una imagen o dibujo de lo que podría y debería ser. Es un futuro al que aspiras, una vida mejor. La visión dice que el estado actual de cosas ya no es suficientemente bueno; hay un camino mejor. Cuando los párrocos y los líderes parroquiales no impulsan a sus feligreses a un mejor futuro en el servicio a Cristo, dejan de esforzarse. Si estás sirviendo en una parroquia, probablemente ya has visto muchas cosas que deberían o podrían mejorar, cosas que solo están en tu mente. Eso es la visión. La visión es importante. Tu visión te puede inspirar, pero ante todo, muy probablemente, te hará enfadar al ver tantas oportunidades que se pierden. Qué bueno. Siente el enfado porque puede ser el combustible que necesitas para realizar la visión.

Bill Hybels habla de una "ira santa", la frustración que sientes cuando ves que la visión que Dios te da es muy distinta de la realidad que tienes enfrente[1]. A veces llegamos a lo que Hybels llama el "momento Popeye". El famoso personaje del cómic soporta muchos momentos difíciles hasta que explota diciendo: "Eso es todo lo que puedo soportar. No puedo soportar más".

Los grandes personajes de la Biblia estuvieron animados por cierto descontento que los llevó a hacer grandes cosas por Dios. Moisés se irritó hasta el punto de matar a un egipcio al ver la esclavitud de su pueblo. David se sintió tan ofendido porque estaba burlándose de Dios, que declaró una guerra. Nehemías lloró al ver que los muros de Jerusalén habían caído en el abandono y dejó todo a un lado para reconstruirlos. Todos tenían una visión clara de lo que Dios quería que hicieran y, después de ello, no podían no hacerlo. De hecho, Nehemías es un modelo de lo que es una voluntad determinada cuando se ejerce un liderazgo basado en la visión. Sus críticos lo amenazaron y se opusieron a él y le insistieron en que debía abandonarlo todo, pero él les respondió: "Estoy ocupado en una obra importante y no puedo bajar" (Neh 6:3)

Comenzando

No importa de qué tipo sea tu parroquia, dónde esté localizada o cuáles sean tus recursos en este momento. Puedes comenzar a crear una parroquia sana justo ahí donde Dios te ha puesto.

1. **Si eres párroco de una Iglesia suburbana grande, puedes hacer esto:**
   Quizás haya también una gran iglesia evangélica en algún lugar de tu zona. Y crecen allí con más de un antiguo católico, quizás algunos anteriores feligreses de tu parroquia. Esto es lo que puedes hacer: entra en contacto con ella y comienza a aprender de la gente de esa iglesia. Tienen mucho que enseñarte, y lo harán con gusto. Si lo necesitas, puedes primero arrepentirte de todas las cosas poco caritativas que hayas dicho contra aquella iglesia.

2. **Si eres párroco en una pequeña iglesia rural o urbana y no tienes dinero ni equipo, puedes hacer esto:**

   Comienza por dar el diezmo tú mismo e invitar a la gente de la parroquia a involucrarse en el servicio y a dar ofrendas (usa algo parecido a nuestro proceso en cinco pasos que se encuentra en la página 197).

3. **Si eres diácono o director de vida pastoral con responsabilidad en diversas partes, puedes hacer esto:**

   Analiza tu experiencia del fin de semana desde la perspectiva de los que están lejos. ¿Qué pensarían de lo que ahí se ve y escucha? Evalúa honestamente tu música y comienza a rezar para poder hacer todo lo necesario en este campo. Fíjate en el aspecto de la entrada a la iglesia o de tu *lobby*. ¿Puedes mejorarlo, limpiarlo y hacerlo más atractivo, quizás hasta irresistible?

4. **Si eres director de educación religiosa, ministro de jóvenes o secretario de la parroquia, puedes hacer esto:**

   Elige a dos o tres personas a las que respetas y en las que confías, y que no están haciendo o dirigiendo nada en tu parroquia. Comienza a evaluar discretamente todos tus programas. No olvides evaluarlos *todos*. Mira todo lo que se está haciendo en tu parroquia y que compite por tu espacio y recursos, así como por la atención de tus feligreses, incluido su tiempo y su dinero. Haz una lista de todas las iniciativas y trata de identificar la *finalidad* de cada una. Después discute con otros qué cosas deberías dejar de hacer porque no corresponden con el propósito de Dios para tu parroquia.

> No importa en qué tipo de parroquia estés, puedes comenzar a trabajar para tener una parroquia sana.

5. **Si eres un feligrés alarmado y preocupado por tu parroquia, quizás por tu párroco, y por las cosas que él debe hacer, esto te puede ayudar:**

   Pregunta a tu párroco si puedes recibir a la gente en la puerta durante las Misas del fin de semana. Pide a otros que te ayuden. Ve cuánta gente puedes conseguir para que te ayude. Comienza a crear un ambiente positivo y a motivar a los demás. Forma un equipo de oración para apoyar a tu párroco.

Son solo los primeros pasos –pasos de bebé–, pero así comienzan todos los proyectos. Empieza por algún lado y pídele a Dios que te muestre lo que debes hacer.

Para un tiempo como este

El libro de Ester tiene lugar durante el doloroso exilio de los judíos. Para ese momento, ya habían perdido su Templo Santo, su amada tierra natal y su valiosa libertad. Pero todavía les esperaban cosas peores. Un mal consejero del rey de Persia, en cuyo territorio habitaban los judíos, maquina exterminar a todo el pueblo de Israel.

Pero Dios suscita a Ester, una sencilla muchacha judía, y la coloca en el lugar menos esperado: se convierte en la reina de Persia. Y entonces, Dios le da la misión de salvar a su pueblo. Recibe esta visión a través de las palabras de un amigo quien le dice que debe ir al rey e interceder, algo muy peligroso incluso para una reina. Su amigo le dice:

> "Si te empeñas en callar en esta ocasión, por otra parte vendrá el socorro de la liberación de los judíos, mientras que tú y la casa de tu padre perecerán. ¡Quién sabe si precisamente has llegado a ser reina para una ocasión semejante!" (Est 4:14).

Otras traducciones dicen algo como: "¿Y quién sabe si no has venido al reino para un tiempo como este?". Por supuesto, se pone manos a la obra y salva a los judíos. Dios la colocó en un lugar donde podía influir y le dio una misión precisa para el tiempo y las circunstancias en que estaba. Eso también sucede contigo. ¡Y no estás solo!

No estás solo en tu dolor al ver que la gente se aleja de la Iglesia en grandes cantidades. No estás solo en tu tristeza al ver cómo la Iglesia se vuelve irrelevante para la vida de muchas personas. incluyendo a tus familiares y amigos. No estás solo cuando te sientes frustrado por el estado actual de la parroquia en la que sirves. No eres el único que desea que las cosas mejoren.

No estás solo creyendo que la Iglesia debería ser un lugar donde la gente pueda encontrarse con su Padre Celestial, conocer a su Salvador y aprender a caminar de la mano del Espíritu Santo. No estás solo tratando de ayudar a la gente para que viva con gozo y amor la Celebración Eucarística. No estás solo en tu deseo de que la Iglesia ofrezca sentido, propósito y dirección a la vida de tantas personas. No estás solo esperando resultados que se manifiesten en un cambio de vida por el increíble trabajo que ya estás haciendo. No estás solo al querer que tu comunidad tenga un impacto más grande en tu comunidad, llevando a más gente a Cristo.

¡No estás solo!

No estás solo. Dios está contigo. Dios quiere que esto cambie, incluso con más fuerza que tú mismo. Y quizás te ha puesto ahí donde estás ahora "para un tiempo como este". Y además, está trabajando en el corazón de otros para que compartan esta misma pasión tuya, para dar vitalidad a un movimiento cuya hora ha llegado. Siguiendo el Magisterio, en este momento lo que se espera de nosotros es dar un nuevo impulso a las directrices del Concilio Vaticano II, renovando los más nobles esfuerzos evangelizadores de la Iglesia Católica y volviendo a lo que la misma Palabra de Dios nos dice, es decir, lo que dice a su Iglesia.

Hemos sido llamados a liderar este un movimiento; el momento ha llegado. Se nos invita a reconstruir la vida parroquial de la Iglesia Católica en Estados Unidos. Es un movimiento de todo el cuerpo de Cristo para recuperar a la Iglesia, para quitarla de las manos de consumidores superficiales y ponerla en manos de humildes y convencidos creyentes transformados por su fe transforman la sociedad[2].

Comiencen por hacer lo necesario; después hagan lo que es posible; y cuando menos lo piensen, estarán haciendo ya lo imposible.

San Francisco de Asís[3]

Y cuando comiences a moverte, otros lo harán también. Porque la gente está hecha para involucrarse en movimientos, ama los movimientos. Dios nos hizo así. Incluso si el deseo no se ve, ahí está y puedes despertarlo.

Podemos proponer a nuestras comunidades el reto del discipulado y ayudarlas a crecer como verdaderos y devotos seguidores de Cristo. Podemos convertir nuestras parroquias en manantiales de vida y espiritualidad, animando a los discípulos a convertirse en convencidos testigos de Cristo. Podemos hacer que la próxima generación sea de Cristo. Podemos hacer que la gente alejada de la fe, en vez de mirar a la Iglesia como a un estorbo u obstáculo para su felicidad, la vea como un lugar atractivo en el que puede conocer a Dios. Nuestros discípulos que están creciendo en su fe, pueden apoyarse mutuamente, con gozo, e idear misiones para llevar a cabo la labor de restauración y renovación de la sociedad.

Este libro no trata solo sobre una nueva forma de manejar una parroquia. Quiere, sobre todo, ser parte de un movimiento que cambia la experiencia de la gente sobre la Iglesia, de forma que nuestra sociedad sea transformada por Cristo. Y no es solo algo por lo que vale la pena morir, sino algo que vale la pena vivir: vale la pena que le entregues tu vida a este movimiento. *Ese* es el movimiento del Reino de Dios. No es un movimiento "religioso"; es un "movimiento del Reino". Se trata del movimiento del Reino de Dios.

> "Que el amor de Yahvé no ha acabado, que no se ha agotado su ternura; mañana a mañana se renuevan: ¡grande es tu fidelidad!" (Lam 3:22-23)

Cada día hay nuevas bendiciones y gracias que Dios pone en tu camino. El Señor quiere hacer en tu parroquia algo que no ha hecho en ninguna otra parte. Hará grandes cosas a través de ti y de tu gente, que no se repetirán; una historia única que Él nunca volverá a contar.

El liderazgo parroquial exige ser conscientes de esta visión. Y eso significa que has estado buscándola y deseándola, así como ayunando y haciendo oración por el gran trabajo que Dios quiere realizar a través de ti. Ahí está una misión, pero Él necesita a un líder, espera que tu levantes la mano y digas: "Aquí estoy. Yo me encargo de dar los primeros y difíciles pasos y de todo el trabajo duro que vendrá. Soportaré los ataques y las críticas, pero no quiero seguir siendo mediocre ni irrelevante. Puedo hacerlo".

> **Hemos sido llamados a liderar un movimiento cuyo momento ha llegado. Se nos llama a reconstruir la vida parroquial de la Iglesia Católica en Estados Unidos.**

Esta es la Iglesia que Cristo fundó y por la que Él murió. Esta es la Iglesia que posee en plenitud la fe y enseña sobre temas morales con una autoridad que no sabe de compromisos. Esta es la Iglesia que administra la Eucaristía y los otros sacramentos. Esta es la Iglesia que afortunadamente preserva y promueve en todas partes la devoción a la Madre de nuestro Salvador. Esta es la Iglesia de los Apóstoles y de sus sucesores, los mártires y los héroes de los siglos cristianos: san Pedro y san Pablo, san Jerónimo y san Agustín; san Francisco de Asís, santo Tomás de Aquino, santa Catalina de Siena, santo Tomás Moro, san Ignacio de Loyola, la beata Teresa de Calcuta y el beato Juan Pablo II.

Este es el cuerpo que Cristo formó como parte de su propio cuerpo y al que encomienda transformar la sociedad introduciendo en la tierra el Reino de los cielos. Es, en definitiva, la esperanza del mundo. Y, lo creas o no, tú tienes en tus manos esa esperanza para tu iglesia. Úsala.

Haz que la Iglesia cuente.

Apéndice A

UN EJEMPLO DETALLADO DE CÓMO CAMBIAR NUESTRA CULTURA

En la parte del mundo en que vivimos, todo el mundo quiere que la Misa de la vigilia de Navidad sea lo más temprano posible. No importa cuántas Misas más tengamos, la Misa de las 4:00 de la tarde siempre estaba completamente llena. Era el último ejemplo del "terminemos rápido con esto". La asamblea no cabía en el edificio de la iglesia, llegando al *lobby* e incluso más allá. En el estacionamiento y las calles aledañas siempre había embotellamientos con las consiguientes tensiones entre los parroquianos. Era un ejercicio anual de esfuerzos frustrados, sentimientos heridos y expectativas no cumplidas.

La experiencia era desagradable para todos (excepto, por supuesto, para los fieles que sabían cómo sacar provecho de la situación). Más allá del caos que se creaba, estaba el hecho de perder la oportunidad de entrar en contacto con gente que no iba a Misa, pero que, al menos, iba ese día. La vigilia de Navidad era, lamentablemente, un recordatorio anual de por qué no debían ir.

Tenía que haber una forma mejor de celebrar la Vigilia de Navidad. Año tras año, probábamos todo lo que se nos ocurrió para evitar los embotellamientos y hacer la experiencia de la Misa mejor. Nada funcionó. Hasta que…

P. Michael. Un verano por la tarde estaba esperando en un semáforo, sobre la calle York Road, cerca de nuestra iglesia. Estaba enfrente de la entrada principal a la Feria del Estado de Maryland, aquí en Timonium. No era una época de ferias, pero me di cuenta de que las puertas estaban abiertas. Nunca había entrado y, como no tenía compromisos, me metí con el coche sin pensarlo demasiado. Había un mar de cajones de estacionamiento y muchos edificios grandes. Uno de los más grandes, también estaba abierto. Me estacioné y entré. Inmediatamente me di cuenta de que ahí era donde quería tener la Misa de Navidad.

¿Por qué no dejar de hacer algo que nunca funcionaba, acabar con la ridícula multiplicación de Misas, reunir a todos para una verdadera celebración como parroquia y, además, tener espacio para visitantes? Iba a ser un fuerte cambio para nuestra cultura de parroquia: salir al encuentro de la gente y estar accesible a ella a la hora en que quiere visitarnos. Además, íbamos a celebrar la Vigilia de Navidad de una forma que *no* estaría, en absoluto, centrada en nosotros, sino en los que estaban lejos. Me gustó *mucho* la idea.

Tom. Pensé que era una locura. Hablando ya en serio, ¿quién querrá ir a un "palacio de vacas" para celebrar la Vigilia de Navidad? Y sabía que mi reacción iba a ser la de siempre (y, efectivamente, *así fue*).

Pero, una vez que discutimos la idea y oramos un poco para pedir luz, nos pareció un riesgo razonable que debíamos tomar. El primer paso fue investigar cuánto costaría y saber si el lugar estaba disponible. Teníamos a un joven recién graduado llamado Bob que estaba trabajando con nosotros aquel verano y, después de preguntar discretamente, supimos que la renta era una cantidad simbólica y que al personal de la Feria le daría gusto tenernos ahí. Estábamos comenzando con el pie derecho. No sometimos el proyecto a votación, una vez que en la oración nos pareció ser lo que Dios quería. Seguimos adelante. De cualquier forma, desarrollamos una estrategia bien pensada.

Conforme íbamos avanzando, parecía que teníamos *dos* proyectos que realizar. Desde el punto de vista logístico, se trataba de mover a toda nuestra iglesia unas manzanas para un solo evento. Parecía algo bastante difícil, pero convencer a la gente de que fuera nos intimidaba todavía más. No solo queríamos que la gente fuera, queríamos que fuera con gusto y que llevara a sus amigos.

Nos reunimos con dos de nuestros principales líderes parroquiales. Antes de pedirles su ayuda, les dijimos que queríamos conocer su opinión y nos la dieron. Estaban un poco asombrados y hasta asustados con la idea, y decidimos darles un poco de tiempo para que la asimilaran. Una vez que procesaron sus emociones, volvieron para ofrecernos todo su apoyo y entusiasmo. *Entonces* les pedimos que dirigieran *nuestros* esfuerzos. Mitch se encargaría de la logística y Roni nos ayudaría a convencer a la gente.

Además, ambos invitaron a más personas a sus equipos y crearon una sólida base para apoyar el proyecto antes de que lo anunciáramos al resto de la parroquia. La mayor parte de nuestros voluntarios pasaron del escepticismo al convencimiento atravesando unas fases bien definidas. Esto nos ayudó para saber cómo introducir la idea a toda la comunidad. Antes de hacer el anuncio general, nos aseguramos de que el Consejo parroquial, nuestro equipo y los líderes de voluntariado entendían y apoyaban la idea.

Dos meses antes de Navidad, anunciamos el plan por medio de una carta del párroco incluida en el boletín. Pensamos que comunicarlo por escrito sería lo mejor, dado que la idea era inesperada y fácilmente podría ser mal interpretada. Sabíamos que la mayoría de las personas se sentiría confundida, por ello quisimos explicar todo con absoluta claridad.

La carta hablaba claramente de los problemas que afrontábamos cada vigilia de Navidad (que fácilmente se olvidan a lo largo del año) y de las ventajas de tener en otro lugar la celebración. También explicaba cómo este plan era una oportunidad para atraer a gente de nuestra comunidad que estaba alejada de la Iglesia.

Anunciamos otra decisión que habíamos tomado, y fue una decisión muy importante: la gente *no* iba a poder escoger entre tener la Misa en la feria o en la iglesia. Íbamos a tener solo una celebración de la Navidad. Fue una decisión difícil, pero estábamos convencidos de que era indispensable para que el proyecto funcionara.

Hubo muchas reacciones, desde los cautamente curiosos e intrigados, hasta los abiertamente hostiles. dejamos que la gente procesara el tema durante unas semanas y entonces dimos seguimiento al proyecto con un video que proyectamos al final de las Misas del fin de semana. La finalidad era cambiar la forma de pensar de la gente. Mostraba a dos jóvenes de preparatoria, Billy y Gair, haciendo bromas sobre los problemas que teníamos en nuestro campus todos los años, corriendo por los amplios espacios de la feria y alabando todo el estacionamiento disponible. De tiempo en tiempo aparecía una jovencita simpática y distinguida, Elaine, hablando de cómo no le había gustado la idea al principio, pero que después había cambiado de opinión. Es difícil enfadarse cuando te estás riendo y este video hizo que la gente se riera, y mucho. Fue todo un éxito y ganamos muchos corazones (después el video se convirtió en todo un clásico de Navidad, conocido cariñosamente como el video de "¡más estacionamiento!").

Por supuesto, no todos se estaban riendo. Uno de nuestros más grandes bienhechores nos dijo que si seguíamos adelante con el plan, retiraría sus donativos. En aquel momento, su contribución anual era la misma cantidad que nos iba a costar celebrar la Navidad de esa forma. Por tanto, como es natural, al retirar su donativo, el evento nos costaría el doble. A decir verdad, no solo retiró su donativo, también dejó la parroquia. Fue algo intimidante. Por supuesto, hubo llamadas, quejas y todas las dificultades predecibles que cualquier cambio conlleva. Pero seguimos adelante con lo que habíamos decidido.

Las semanas siguientes mostramos dos videos más. El primero fue más bien de carácter práctico sobre cómo llegar y cómo se desarrollarían las cosas una vez que estuviéramos allá. Nuestro último giro a la tuerca, el fin de semana previo a Navidad, fue una emotiva invitación, llena de espiritualidad, mostrando cómo el fin de nuestra celebración era responder al propósito de Dios sobre nuestra iglesia. En ese momento, probablemente no estábamos cambiando la forma de pensar de alguien de fuera de la parroquia, pero estábamos ayudando a nuestros "conversos" internos a entender que todos juntos estábamos haciendo algo muy positivo.

La logística de la Misa salió de acuerdo con lo planeado, gracias a un equipo muy capaz de jóvenes–Bob, Joe y Brian– que entendió muy bien el proyecto y lo hicieron posible.

¿Quieres saber más, profundizar?

Escucha a Bob, Joe y Brian hablar de cómo cambiar la cultura navideña de una parroquia. Entra en www.rebuiltparish.com/appendixA y abre el video "Cambiar la cultura" (*Changing the Culture*).

La víspera de Navidad de 2005 se nos hizo un día muy largo mientras mirábamos a los 1500 asientos vacíos de nuestro local, el Salón de Exposiciones. Eran muchas sillas y nadie había llegado todavía. Veinte minutos antes de la Misa, estaba todo casi vacío. Pero unos minutos después, la gente comenzó a llegar y siguieron llegando y casi llenamos el lugar. En los últimos cinco años, la vigilia de Navidad en la Feria se ha consolidado y se ha convertido en una de las más apreciadas tradiciones. Actualmente, nos hemos cambiado ya a un edificio más grande en el mismo campus con 3,200 sillas y con dos Misas, una después de la otra. Esta primavera también celebramos la Pascua en la Feria. La gente que nunca viene a la Iglesia se siente muy a gusto en ese lugar y muchos de los que se unen a nuestra parroquia provienen de esta actividad.

No se trata de la vigilia Pascual; se trata de hacer un cambio de cultura.

¡TÚ TAMBIÉN PUEDES HACERLO!

Pasos que puedes dar en tu parroquia

Si tienes alguna responsabilidad en tu parroquia y no está funcionando:

- Reconoce qué es lo que no está funcionando. El descontento y la frustración pueden dar lugar a nuevas ideas.
- Piensa de forma distinta; aborda el problema de forma creativa. Cuando se está en una lluvia de ideas, ninguna idea es mala. Eso no quiere decir que no haya ideas malas, pero no rechaces una idea demasiado rápido, antes de que haya sido estudiada y discutida a fondo. A través de la oración y de una discusión honesta, asegúrate de que la idea no es solo un impulso o un capricho de tu voluntad; asegúrate que es lo que Dios quiere.
- Comparte tu idea con un grupo pequeño, pero haz que el grupo cada vez sea más grande y deja que los demás inviertan en ella; hazlos a ellos los líderes y los encargados de promover el cambio de cultura.
- Colabora con ellos, se incluyente y presta atención a las reacciones de la gente reflejadas en su rostro. Pero no

dejes que te frenen los críticos o las personas con espíritu de contradicción, ni rebajes tu idea para complacerlos, incluso si pudiera haber consecuencias de tipo económico.

- Despierta en la gente el sentimiento de ser parte de un movimiento más grande. Haz que vean el cambio como una misión que participa a su vez de la gran misión de la Iglesia. Es un movimiento… eso significa que algunas veces hay que moverse.

Apéndice B

ALGUNASCOSAS (DE LAS MUCHAS) QUE TODAVÍA NO SABEMOS

En los últimos años hemos estado luchando (gustosamente) contra el feliz problema de la falta de espacio los domingos por la mañana. La gente es tanta que hasta parece un sinsentido animarlas a invitar más personas a unirse a nosotros. Pero decir eso dañaría en su esencia nuestra misión fundamental.

Hemos comenzado a pensar una estrategia ver qué podemos hacer a largo plazo. Mientras tanto, hemos dado algunos pasos pequeños para aliviar el problema a corto plazo (como invitar a la gente a estacionarse fuera del campus o ceder sus asientos en los mejores horarios). Todavía nos preguntamos si habrá alguna otra cosa que podamos hacer de forma inmediata para afrontar esta dificultad.

Decidimos intentar algo que hemos visto que funciona en iglesias evangélicas: "video locales". Esencialmente, se trata de que las Misas del fin de semana estén disponibles a quienes nos visitan por primera vez o a quienes nos visitan fuera del campus, ayudándonos de la tecnología moderna que nos permite transmitirla en video. En vez de unirse a nosotros en nuestro campus, pueden reunirse donde prefieran. Los locales para transmitir video ofrecen más asientos sin necesidad de hacer una nueva construcción.

> **P. Michael.** Después de consultarlo con la Arquidiócesis, decidimos que el servicio que transmitiríamos no sería la Misa, dado que estaba dirigido a la gente de nuestra comunidad que no venía a Misa. En vez de ello, utilizaríamos la antigua idea de la "Misa de los catecúmenos", la cual es esencialmente una liturgia de la Palabra (sin liturgia eucarística), con la misma homilía que yo daba en la Iglesia, grabada previamente y presentada en video.

> **Tom.** El resto del servicio (música, lecturas y oraciones) sería el mismo servicio como de nuestra iglesia, pero presentado en directo. Yo dirigiría el servicio. Decidimos incluir también otros elementos de nuestro fin de semana: un equipo de acogida, guardería e incluso servicio de café. Después de considerar diversos lugares, escogimos un hotel, el Crowne Plaza. Invertimos en ello trabajo, equipo, voluntarios y, por supuesto, dinero (no mucho, pero era dinero que podíamos haber usado en otra parte).

Y no funcionó.

Fuera de la gente que quería ser amable o hacernos un favor al acudir, y unos cuantos curiosos, no vino mucha gente. Tampoco atrajimos a muchas personas que estuvieran lejos, como era nuestra intención. Dado que era un proyecto por tiempo limitado, cuando terminó el contrato con el hotel, también terminó la actividad.

Ingenuamente, habíamos roto una de nuestras propias reglas y habíamos copiado lo que otros estaban haciendo sin entender realmente el *porqué* de aquello. Después de esta primera prueba, empezamos a analizar cuidadosamente qué habíamos hecho mal (lo cual fue muy doloroso después de haber empezado con tan grandes expectativas). Llegamos a la conclusión de que se trataba más de un problema de *marketing* que de otra cosa. La gente de nuestra parroquia no sabía nada del proyecto en el Crowne Plaza y terminó antes de que tuvieran tiempo de conocerlo. Y dado que se trataba de una iniciativa bastante nueva para nuestros ambientes eclesiales, era comprensible que necesitara un tiempo más o menos largo para despegar.

> P. Michael. Yo estaba muy interesado en intentarlo otra vez y probar que sí podíamos hacerlo.
>
> **Tom.** Yo no. Era algo que exigía mucho trabajo y en aquel momento parecía estar más allá de nuestras fuerzas. Y para atraer a la cantidad de gente que queríamos, de forma que valiera la pena el esfuerzo y en un período de tiempo proporcional al costo económico que requeriría, exigía una campaña de marketing que no podíamos solventar en ese momento.

La cuestión importante era que no sabíamos claramente qué estábamos haciendo y, de hecho, aún no sabemos cómo manejar los "video locales". Nos consta que funcionan, porque lo hemos visto en otras partes. Pero no sabemos cómo hacerlo aquí. Al final, decidimos no repetir la experiencia del Crowne Plaza por las razones antes citadas; pero no abandonamos la idea de encontrar en el futuro formas de hacer nuestra experiencia de fin de semana todavía más accesible.

Actualmente, transmitimos *on line* nuestras Misas los domingos por la mañana a las 10:30 y por la tarde a las 5:30. Lo hacemos a través de nuestra página de internet. Al inicio, teníamos muchos problemas técnicos y durante meses esa transmisión atrajo a menos personas que la transmisión a otros locales, lo cual fue desmoralizador. Pero, a diferencia del Crowne Plaza, esta iniciativa exigía menos trabajo y dinero, y por lo mismo, era más fácil mantenerla.

El campus *on line* comenzó a despegar de verdad recientemente con cientos de visitantes y gente que quería rezar semanalmente. Hay una función de *chat*, una herramienta para pedir oraciones y hacer donativos (de hecho, hemos recibido 25 dólares de una mujer en Dallas). El auditorio principal siguen siendo los católicos que no asisten a la iglesia en Timonium, Maryland, y parece que cada vez son más los que están sintonizando con nosotros. "Dennos una oportunidad *on line*" es ciertamente una sencilla invitación para que nuestros fieles la transmitan a sus amigos y familiares. También nos hemos dado cuenta de que la página sirve para otras cosas que no habíamos previsto. Por ejemplo, los miembros que están de viaje o de vacaciones, pueden seguir en contacto con nosotros; los jóvenes que van a la universidad pueden saber qué sucede en su iglesia sin importar a dónde vayan a la escuela y aquellos que deben estar en casa o que están enfermos no se sienten tan solos. Un hospital local incluso nos ha contactado para analizar la posibilidad de transmitir la Misa del domingo por un canal de su red interna. Aunque no sustituye de forma ordinaria la asistencia a Misa, es mejor que no hacer nada (e incluso puede ser un primer paso para volver a la iglesia). Mientras tanto, nos permite seguir creciendo.

Para tener una cultura de parroquia sana como la que queremos tener, necesitamos saber *lo que no sabemos* y necesitamos aprender. Para ser una parroquia que crece, necesitamos identificar qué estamos haciendo mal, qué está impidiendo el crecimiento y las áreas en las que necesitamos seguir mejorando.

¿Quieres saber más, profundizar?

Conoce nuestro campus *on line* los domingos por la mañana a las 10:30 a.m. y a las 5:30 p.m. Ve a nuestra página de internet, churchnativity.tv y haz clic en "campus *on line*".

Nuestros puntos de trabajo más importantes

Hay muchas cosas que no sabemos. Aquí están los puntos más importantes sobre los que estamos tratando de aprender más:

1. **Comunicación**

   Sabemos cómo comunicar de forma clara, coherente y atractiva los pasos que queremos que los fieles den en su camino de discipulado. No sabemos cómo seguir o evaluar este proceso.

2. **Grupos pequeños**

   Conocemos el valor de los grupos pequeños y la necesidad de las relaciones humanas para crecer en la fe. Todavía no sabemos cómo involucrar a un mayor número de personas de nuestra parroquia en la vida de los grupos pequeños y hacer que perseveren en ellos. No sabemos cómo medir el ciclo de vida de nuestros grupos pequeños y cuándo es el mejor momento para multiplicarlos, fusionarlos o disolverlos.

3. **Testimonios**

   Hemos descubierto la fuerza que tienen las historias de los miembros de la parroquia que narran cómo ha cambiado su vida gracias a su relación con Cristo. No sabemos cómo animar a la gente de la parroquia a hablar más de su fe en público, dar testimonio de lo que es un cambio de vida o compartir historias sobre sus experiencias de discipulado.

4. **Jóvenes adultos**

   Todavía estamos tratando de definir mejor los programas para adultos. Estamos atrayendo a adultos, pero no sabemos exactamente cuántos son o cómo los estamos atrayendo. Queremos mejorar y ayudar a nuestros adolescentes, jóvenes y adultos a conocer al Señor de una forma que influya en sus decisiones, preserve su pureza y dirija sus pasos.

5. **Tecnología**

   Aún no sabemos cómo reunir y mantener actualizados los datos de nuestra parroquia. Tampoco sabemos cómo recibir sugerencias e información de parte de ella ni sabemos qué haremos con toda esa información cuando la tengamos.

   No sabemos a dónde nos va llevar la tecnología en el futuro y cómo podremos seguir aprovechándola. Tampoco sabemos cómo integrar las diversas formas de comunicación que estamos utilizando actualmente. Y honestamente ni con las redes sociales.

6. **Manejar el crecimiento**

   No sabemos cómo podemos seguir creciendo, dadas las limitaciones de nuestro campus. Estamos trabajando en lo que se puede hacer, pero también en lo que deberíamos hacer en cuanto a construcción de nuevos edificios. Sabemos que lo último que Baltimore necesita es que construyamos otra iglesia, pero necesitamos más espacio. Por otra parte, ¿puede darse el crecimiento de nuestra parroquia de otra forma, por ejemplo, *on line*? ¿Cómo va a ser en el futuro el campus de una parroquia? No lo sabemos

7. **Llegar al equilibrio**

   Lo crean o no, aún no distinguimos siempre con claridad cuál es la diferencia entre satisfacer las legítimas necesidades de nuestra parroquia y consentir a clientes. Sabemos que existe una línea entre los dos; pero muchas veces no sabemos dónde está.

   Esta frase es muy común entre nosotros: "No sabemos qué estamos haciendo". Era algo que nos daba vergüenza, pues parecía una excusa ante el fracaso; pero algunas veces es el primer paso para avanzar. No importa cuál sea el reto en concreto, siempre habrá que hacer el mismo ejercicio para llamar al problema con nombre y apellidos, encontrar un camino para avanzar y desarrollar una estrategia adecuada.

Apéndice C

LAS CLAVES DEL CAMBIO: MISIÓN, VISIÓN Y ESTRATEGIA.

A lo largo de los últimos años, hemos identificado claramente nuestra misión, hemos descubierto cómo toma forma la visión de Dios sobre ella y hemos desarrollado una estrategia adecuada para convertirla en realidad. Articular todo lo anterior de una forma clara y sencilla para que el equipo parroquial, los voluntarios, los feligreses y los que acaban de llegar puedan entenderlo y recordarlo ha sido más difícil de lo que pensábamos. Aún nos cuesta trabajo hacerlo bien y conseguir que la gente lo tenga siempre en cuenta.

La mayoría de las parroquias y de las iglesias tienen un enunciado de misión, pero ¿a menudo es ignorado o incluso ni siquiera conocido y con frecuencia lo que se está haciendo contradice el enunciado mismo? La cultura de cualquier organización se modela gracias a los valores con los que sus miembros actúan. A menudo los líderes de una organización, de cualquier tamaño, descubren que incluso sus mejores empleados y sus más grandes admiradores no saben exactamente cuál es el objetivo de la organización.

Nos hemos dado cuenta de que incluso cuando has explicado con claridad la visión, es necesario recordársela frecuentemente a la gente porque, según una analogía de Bill Hybels, la visión "gotea"[1]. La gente olvida las cosas o se confunde. Se distrae y mira a otro lado. Tienes que estar constantemente trayendo a tu comunidad a la visión de Dios y a la misión de tu parroquia.

Presentamos aquí los enunciados que hemos redactado para decir con palabras concretas quiénes somos y qué entendemos que Dios está realizando a través de nosotros. Actualmente, nos aseguramos de que este material se repase regularmente en el retiro que el equipo parroquial tiene todos los años. Enseñamos estos enunciados cuando llegan nuevos miembros al equipo; los nuevos programas se diseñan basándose en estos enunciados y los usamos como criterio para medir nuestros triunfos y esfuerzos.

Nuestra fe

> Creo en Dios, Padre Todopoderoso, Creador del cielo y de la tierra.
> Creo en Jesucristo, su único Hijo, Nuestro Señor, que fue concebido por obra y gracia del Espíritu Santo, nació de Santa María Virgen, padeció bajo el poder de Poncio Pilato, fue crucificado, muerto y sepultado, descendió a los infiernos, al tercer día resucitó de entre los muertos, subió a los cielos y está sentado a la derecha de Dios, Padre todopoderoso. Desde allí ha de venir a juzgar a vivos y muertos.
> Creo en el Espíritu Santo, la Santa Iglesia católica, la comunión de los santos, el perdón de los pecados, la resurrección de la carne y la vida eterna.
> Amén.
>
> Credo de los Apóstoles

Nuestra misión

- Amar a Dios
- Amar al prójimo
- Hacer discípulos

"Amarás al Señor, tu Dios, con todo tu corazón, con toda tu alma y con toda tu mente. Este es el mayor y el primer mandamiento. El segundo es semejante a éste: Amarás a tu prójimo como a ti mismo".

Mateo 22:37-39

"Vayan, pues, y hagan discípulos a todas las gentes"

Mateo 28:19-20

Nuestra visión

Hacer que la Iglesia cuente gracias a que crece en discípulos y estos crecen como discípulos entre los católicos del norte de Baltimore que no van a la Iglesia y animando a las iglesias a hacer lo mismo en todas partes.

Nuestra estrategia

Actualmente, una de cada tres personas que fueron educadas como católicas, vive lejos de la Iglesia Católica. Nuestra estrategia consiste en llegar de forma creativa a los católicos que no van a la Iglesia en nuestra comunidad al norte de Baltimore, con una presentación novedosa y atractiva del mensaje del Evangelio que nos invita a cambiar nuestras vidas. Queremos invitarlos a emprender el camino para que se conviertan en seguidores fervorosos de Jesucristo.

La experiencia del domingo es parte esencial de nuestra estrategia y el mensaje del domingo es parte central de esa experiencia. La música, el mensaje y los ministros trabajan juntos para crear un ambiente irresistible de entusiasmo y excelencia en el que los visitantes se sienten acogidos. Igualmente importantes, desde el punto de vista estratégico, son los programas del fin de semana para niños y jóvenes donde el mensaje es el mismo que para los adultos.

Invitamos a los nuevos miembros a regresar. Aquellas personas que después de esto comienzan a visitarnos regularmente, reciben una invitación para convertirse en miembros de nuestra parroquia. Les invitamos a dar los pasos siguientes: comprender la centralidad de la Eucaristía, servir en un ministerio, pertenecer a un pequeño grupo, dar culto a Dios a través del diezmo y otras ofrendas, apoyar nuestras misiones, dedicar todos los días un tiempo de silencio para estar con Dios y honrar a Dios cada vez más en todas las áreas de su vida, por ejemplo, en su comportamiento moral. También les invitamos a invertir e invitar a sus amigos que no van a la Iglesia para que hagan nuestra experiencia del fin de semana.

Nuestra estrategia es llegar a la gente en donde ella está, para invitarla después a dar el siguiente paso.

Nuestros valores

Culto

Creemos en el cristianismo tal y como lo enseña el Magisterio de la Iglesia Católica Romana. La celebración eucarística es la fuente y culmen de la fe que tratamos de vivir y a la cual servimos de manera fervorosa con toda nuestra vida. Valoramos esta "dinámica fidelidad" al Magisterio. La excelencia de nuestras ceremonias da gloria a Dios. *Valoramos la excelencia.*

Discipulado

Creemos que la Biblia es la Palabra de Dios inspirada e infalible. Nuestra predicación y nuestros mensajes se centran en mostrar la importancia de la Biblia para nuestra vida cotidiana.

Convertirse y parecerse cada vez más a Cristo no tiene que ver sólo con conocer mejor la fe, consiste en hacer lo que la Palabra de Dios nos dice que hagamos. *Valoramos el cambio de vida.*

Amistad y compañerismo

Creemos que por nuestro bautismo entramos a formar parte de una familia que es alimentada y renovada constantemente con los Sacramentos, los cuales nos enseñan a amar a nuestro prójimo como Cristo nos amó.

Nos esforzamos por construir una cultura de Iglesia a través de los grupos pequeños donde la gente se muestra tal como es y es auténtica, especialmente cuando se trata de la necesidad de crecer y cambiar. *Valoramos hacer el cambio de vida junto con otros católicos.*

Servicio

Creemos que el Espíritu Santo nos ha asignado tareas que debemos realizar para que crezca el Reino de Cristo. Aceptamos el llamado de Dios a la Iglesia para servir tanto a los que están ya en la parroquia, como a los que están más allá: en nuestra ciudad, en nuestro país y en el mundo. En nuestro servicio al Señor siempre podremos hacer más. *Valoramos ese reto.*

Evangelización

Creemos que Jesús vino a buscar y salvar al que está lejos. Prestamos atención al mandamiento de Dios de compartir su Nombre con el mundo. Buscamos oportunidades para invitar a los católicos que no van a la iglesia a unirse a nosotros. Como iglesia parroquial, queremos que quienes están dentro lleguen a los que están fuera. *Valoramos el crecimiento y la salud espiritual de nuestra comunidad.*

NOTAS

Prólogo

1. Conferencia de Obispos Católicos de Estados Unidos, *Comunidades de sal y luz: reflexiones sobre la misión social de la parroquia*, Washington, D.C., 1994.

Prefacio

1. Juan Pablo II, "*Os daré pastores según mi corazón*" Pastores dabo vobis. Vaticano 1992, núm. 18.

2. Thomas J. Reese, "*The Hidden Exodus: Catholics Becoming Protestants,*" National Catholic Reporter, 28 de abril de 2011, http://ncronline.org/news/hidden-exodus-catholics-becoming-protestants. Para datos más específicos, puede consultarse el US Religious Landscape Survey preparado por el Pew Research Center's Forum on Religion and Public Life, Washington, DC: Pew Research Center, 2008.

3. Samuel R. Chand, *Cracking Your Church's Culture Code: Seven Keys to Unleashing Vision and Inspiration* (San Francisco: Jossey Bass, 2011), 2.

4. Gabe Lyons, *The Next Christians: The Good News About the End of Christian America* (New York: Doubleday Religion, 2010), 165. Traducción propia.

Introducción

1. Los Beatles, *Hello, Goodbye*, escrita por Paul McCartney y John Lennon, grabada en octubre y noviembre de 1967 en el Magical Mystery Tour, Capital Records, 1967.

2. Carrol, Lewis. *A través del espejo y lo que Alicia encontró allí*. Editorial Sexto Piso. México - Barcelona 2012, cap. 2.

3. Vincent J. Miller, *Consuming Religion: Christian Faith and Practice in a Consumer Culture* (New York: Continuum, 2005), 210.

4. Rodney Clapp, ed., *The Consuming Passion: Christianity and the Consumer Culture* (Downers Grove, IL: InterVarsity Press, 1998), 190–91.

1. La Iglesia no es sencilla

1. Concilio Vaticano II, *Lumen gentium* (Vaticano: Santa Sede, 21 de noviembre de 1964), núm. 8

2. Miller, *Consuming Religion*, 6.

3. "US Catholics Attending Mass Weekly," Center for Applied Research in Apostolate (CARA), publicado el 10 de febrero de 2012, http://cara.georgetown.edu/CARAServices/FRStats/massattendweek.pdf.

4. Dallas Willard, *The Divine Conspiracy: Rediscovering Our Hidden Life in God* (San Francisco: Harper San Francisco, 1998), 342. Traducción propia.

5. Malcolm Gladwell, *The Tipping Point: How Little Things Can Make a Big Difference* (Boston: Little, Brown, 2000), 98–99. Traducción propia.

6. Perry Noble, "Six Leadership Mistakes I've Made," *Perry Noble: Leadership, Vision & Creativity*, 11 de mayo de 2010, consultado el 8 de noviembre de 2011, http://www.perrynoble.com/2010/05/11/six-leadership-mistakes-ive-made.

2. Fariseos de corazón

1. Jesus Jones, "Right Here, Right Now," escrita por Mike Edwards, grabada en mayo de 1990 en *Doubt*, Matrix Studios, 1990. Traducción propia.

2. Rick Warren, T*he Purpose Driven Church: Growth without Compromising Your Message & Mission* (Grand Rapids, MI: Zondervan Pub., 1995), 14–16. Traducción propia.

3. Lewis, C.S. *Mero Cristianismo*, III,8. Traducción propia.

4. Avery Dulles, *The Resilient Church: The Necessity and Limits of Adaptation* (Garden City, NY: Doubleday, 1977), 33. Traducción propia.

5. Concilio Vaticano II, *Unitatis redintegratio* núm. 3

6. Michael Scanlan, T.O.R., y James Manney, *Let the Fire Fall* (Ann Arbor, MI: Servant Books, 1986), 68–69. Traducción propia.

7. Cathy L. Grossman, "Most Religious Groups in USA Have Lost Ground, Survey Finds." *USA Today*, 17 de marzo de 2009, consultado en febrero de 2010, http://www.usatoday.com/news/religion/2009-03-09-american-religion-ARIS_N.htm.

8. Thomas Reece, "The Hidden Exodus: Catholics Becoming Protestants." *National Catholic Reporter*, 18 de abril de 2011, consultado el 3 de febrero de 2012. http://ncronline.org/news/hidden-exodus-catholics-becoming-protestants.

9. Doug Fields, *Purpose-Driven Youth Ministry: 9 Essential Foundations for Healthy Growth* (Grand Rapids, MI: Zondervan, 1998), 43.

10. Ibid. 17.

3. La gente perdida en *el mundo de la Iglesia*

1. Robert S. Rivers, *From Maintenance to Mission: Evangelization and the Revitalization of the Parish* (Nueva York: Paulist Press, 2005), 23. Traducción propia.

2. Andy Stanley, *The Grace of God* (Nashville, TN: Thomas Nelson, 2010), 126. Traducción propia.

3. Pablo VI, *Evangelii nuntiandi* 14

4. Conferencia de Obispos Católicos de Estados Unidos, *Comunidades de sal y luz: reflexiones sobre la misión social de la parroquia*, Washington, D.C., 1994, núm 3.

5. Edward P. Hahnenberg, "Sell Your Soul: Catechesis in Consumer Culture," *Catechetical Leader* 18 (septiembre/octubre de 2007): 5. Traducción propia.

6. Juan Pablo II, *Redemptoris missio* 2

4. Guerra en el cielo

1. Maquiavelo, Nicolás. *El príncipe*, cap. 6

2. Thom S. Rainer, *Surprising Insights from the Unchurched and Proven Ways to Reach Them* (Grand Rapids, MI: Zondervan, 2001), 93.

3. Robert S. Rivers, *From Maintenance to Mission: Evangelization and the Revitalization of the Parish* (Nueva York: Paulist, 2005), 22. Traducción propia.

4. Brad Powell, *Change Your Church for Good* (Nashville: Thomas Nelson, 2010), 137.

5. Concilio Vaticano II, *Unitatis redintegratio*

6. Seth Godin, Tribes: *We Need You to Lead Us* (Nueva York: Portfolio, 2008), 113. Traducción propia.

7. Rivers, *From Maintenance to Mission*, 196. Traducción propia.

5. Iglesias bonitas y otras mentiras

1. Dietrich Bonhoeffer, *The Cost of Discipleship* (New York: Touchstone, 1995), 59. Traducción propia.

2. Avery Dulles, *A Church to Believe In: Discipleship and the Dynamics of Freedom* (Nueva York: Crossroad, 1982), 7–11.

3. Para profundizar en el tema, puede verse Andy Stanley, Reggie Joiner, y Lane Jones, *7 Practices of Effective Ministry* (Sisters, OR: Multnomah Publishers, 2004), 86–97.

4. Erwin Raphael McManus, *An Unstoppable Force: Daring to Become the Church God Had in Mind* (Loveland, CO: Group, 2001), 71–72.

5. Matthew Kelly, *Rediscover Catholicism: A Spiritual Guide to Living with Passion & Purpose*, segunda edición revisada y ampliada (Cincinnati: Beacon Publishing, 2011), 55–56.

6. Warren, *The Purpose Driven Church*, 51. Traducción propia.

7. Stanley, Joiner, y Jones, *7 Practices of Effective Ministry*, 146. Traducción propia.

8. Kelly, *Rediscover Catholicism*, 300–303. T

9. Brainy quote, "Mickey Mantle quotes," accessed March 26, 2012, http://www.brainyquote.com/quotes/authors/m/mickey_mantle.html. Traducción propia.

10. Bonhoeffer, *The Cost of Discipleship*, 43–45. Traducción propia.

6. "¡Es el domingo!"

1. *Discurso al tercer grupo de Obispos de los Estados Unidos de América* (17 de marzo de 1998), 4: L'Osservatore Romano ed. en lengua española, 10 de abril de 1998, p. 9. citado en *Dies domini* 46.

2. Neil Postman, *Amusing Ourselves to Death: Public Discourse in the Age of Show Business* (Londres: Penguin Books, 2006), 87. Traducción propia.

3. Ed Young, *The Creative Leader: Unleashing the Power of Your Creative Potential* (Nashville, TN: B&H Publishing Group, 2006), 52. Traducción propia.

4. Juan Pablo II, *Ecclesia de Eucharistia* 26.

5. Ibid.

6. Benedicto XVI, *Sacramentum caritatis* 6

7. Citado en James C. Collins, *Good to Great: Why Some Companies Make the Leap . . . and Others Don't*, 1st ed. (New York: Collins, 2001), 98. Traducción propia.

8. Thomas Day, *Why Catholics Can't Sing: The Culture of Catholicism and the Triumph of Bad Taste* (Nueva York: Crossroad, 1990), 64–65. Traducción propia.

9. Joseph Ratzinger, *The Spirit of the Liturgy* (San Francisco, CA: Ignatius, 2000), 136.

10. *Sacrosanctum concilium* 119

11. Joseph Ratzinger, *The Spirit of the Liturgy*, 136.

12. De los Sermones de san Agustín, obispo (Sermón 34). Tomado de la carta *Cantemos al Señor el cántico del amor* en http://www.vatican.va/spirit/documents/spirit_20010508_agostino-vescovo_sp.html

13. Andy Stanley, "Creating an Irresistible Environment," *Ministry Today*, 23 de marzo de 2010, consultado el 13 de febrero de 2012, http://www.ministriestoday.com/index.php/ministry-news/18862-creating-an-irresistible-environment. Traducción propia.

7. Involucra a la siguiente generación

1. Juan Pablo II, *Carta a los jóvenes* 15 (1985)

2. "Walt Disney," BrainyQuote.com, Xplore Inc, 2012, consultado el 20 de agosto de 2012, http://www.brainyquote.com/quotes/quotes/w/waltdisney131640.html. Traducción propia.

3. Citado en David Kinnaman and Gabe Lyons, *Unchristian: What a New Generation Really Thinks about Christianity . . . and Why It Matters*. Baker Books, 2008. Grand Rapids, Michigan, pág. 142. Traducción propia.

8. Haz que el mensaje cuente

1. San Agustín de Hipona, *De Doctrina Christiana*, IV,27 tomado de http://www.augustinus.it/spagnolo/dottrina_cristiana/index2.htm (consultado el 23 de enero de 2014).

2. Concilio Vaticano II, *Sacrosanctum Concilium* 51.

3. *"Quotes from Bishop T. D. Jakes," It's Your Time*, consultado el 15 de diciembre de 2011, http://www.itsyourtime.co.za/bishops-quotes.

4. *"Ethos, Pathos, and Logos."* Durham Technical Community College, Durham Tech Courses Server, consultado el 27 de enero de 2012. http://courses.durhamtech.edu/perkins/aris.html.

5. *Hippocrates, and Mark John Schiefsky, On Ancient Medicine* (Leiden: Brill, 2005), 28, libro electrónico.

6. Gabriel Moran, *"Augustine Despite Aquinas," Speaking of Teaching: Lessons from History* (Lanham, MD: Lexington, 2008), 35.

7. Andy Stanley, *Deep and Wide: Creating Churches Unchurched People Love to Attend* (Grand Rapids, MI: Zondervan, 2012), 117. Traducción propia.

8. Rainer, *Surprising Insights from the Unchurched*, 218. Traducción propia.

9. Construye desde abajo

1. Robert D. Putnam, *Bowling Alone: The Collapse and Revival of American Community* (New York: Simon & Schuster Paperbacks, 2000), 367. Traducción propia.

2. Gary Portnoy, *"Where Everybody Knows Your Name,"* escrito por Gary Portnoy y Judy Hart, grabado en 1982, Angelo Addax Music Company, Inc., 1982.

3. Juan Pablo II, *Christifideles laici* 26.

4. C. S. Lewis, *The Four Loves* (New York: Harcourt Brace Jovanovich, 1991), 61.

5. *"Catholic Data, Catholic Statistics, Catholic Research,"* Center for Applied Research in the Apostolate (CARA), consultado el 10 de febrero de 2012. http://cara.georgetown.edu/CARAServices/requestedchurch- stats.html.

6. Bernard J. Lee and Michael A. Cowan, *Gathered and Sent: The Mission of Small Church Communities Today* (Nueva York: Paulist, 2003), 11. Traducción propia.

7. Karl Rahner, *The Shape of the Church to Come* (New York: Seabury Press, 1974). Traducción propia.

10. No robes a Dios

1. Concilio de Trento, *Decreto sobre la reforma* (sesión 25, capítulo 12). Consultado en http://www.intratext.com/IXT/ESL0057/_P1I.HTM el 27 de enero de 2014.

2. Amiram D. Vinokur, Richard H. Price, y Robert D. Caplan, *"Hard Times and Hurtful Partners: How Financial Strain Affects Depression and Relationship Satisfaction of Unemployed Persons and Their Spouses,"* Journal of Personality and Social Psychology 71, no. 1 (1996): 166–79, consultado el 1 de febrero de 2012, http://www.isr.umich.edu/src/seh/mprc/PDFs/Vin_jpsp96.pdf.

3. Pastor Rick Warren hablando en su congreso titulado *"Purpose Driven Church"*, Saddleback Church, Lake Forest, California (varios años). Traducción propia.

4. *Los irlandeses dejaron de estar obligados a financiar la Iglesia de Inglaterra en 1869, como consecuencia de la Guerra del Diezmo*. Irish Church Act, § 20 (1869).

5. Andy Stanley, *Fields of Gold: A Place beyond Your Deepest Fears, a Prize Beyond Your Wildest Imagination* (Wheaton, IL: Tyndale House, 2004), 92–94. Traducción propia.

6. *The New Radicals, "You Get What You Give,"* escrita por Gregg Alexander y Rick Nowels, Maybe You've Been Brainwashed Too, MCA Records, 1998. Traducción propia.

7. J. A. Jungmann, *The Mass of the Roman Rite* (Nueva York: Benziger Brothers, Inc., 1955), 19–20.

8. Jim Elliot and Elisabeth Elliot, *The Journals of Jim Elliot* (Old Tappan, NJ: F. H. Revell, 1978), 174. Traducción propia.

11. Lleva a la parroquia más allá de las bancas

1. *Beata Teresa of Calcuta, A Simple Path*, comp. Lucinda Vardey, 1st ed. (Nueva York: Ballantine, 1995), 137. Traducción propia.

2. Benedicto XVI, *Discurso durante la inauguración de la Asamblea Eclesial de la Diócesis de Roma*. Roma, 26 de mayo de 2009.

3. Juan Pablo II, "*Os daré pastores según mi corazón*" Pastores dabo vobis Vaticano 1992, núm. 18.

4. Thomas F. O'Meara, *Theology of Ministry* (Nueva York: Paulist Press, 1999), 31. Traducción propia.

5. Conferencia de Obispos Católicos de Estados Unidos, *Colaboradores en la viña del Señor*. (Washington, DC: Conferencia de Obispos Católicos de Estados Unidos, 2005), 11.

6. Tom's Shoes, http://www.toms.com/one-for-one.

7. Gertrude Stein, *Everybody's Autobiography* (Nueva York: Cooper Square Publisher, 1971), 289. Traducción propia.

8. Bill Hybels, *The Volunteer Revolution: Unleashing the Power of Everybody* (Grand Rapids, MI: Zondervan, 2004). Traducción propia.

12. Sean restauradores

1. Pío XI, *Quadragesimo anno* 138.

2. Jay P. Dolan, "*Toward a Social Gospel,*" *The American Catholic Experience: A History from Colonial Times to the Present* (Notre Dame: University of Notre Dame, 1992), 321–26.

3. James F. Engel and William A. Dyrness, *Changing the Mind of Missions* (Downers Grove, IL: InterVarsity, 2000), 61. Traducción propia.

4. Dolan, *The American Catholic Experience*, 340. Traducción propia.

5. Lyons, *The Next Christians*, 47. Traducción propia.

6. Steve Corbett y Brian Fikkert, *When Helping Hurts: How to Alleviate Poverty without Hurting the Poor—and Yourself* (Chicago, IL: Moody, 2009), 65. Traducción propia.

7. Lyons, *The Next Christians*, 183–184. Traducción propia.

8. Juan Pablo II, *Sollicitudo rei socialis* (Vaticano: Santa Sede, 30 de diciembre de 1987).

9. Conferencia de Obispos Católicos de Estados Unidos, *Comunidades de sal y luz: reflexiones sobre la misión social de la parroquia*, Washington, D.C., 1994. Introducción.

10. Benedicto XVI, *Deus caritas* est 18.

13. Enamórense

1. Dean R. Hoge and Marti R. Jewell, *The Next Generation of Pastoral Leaders: What the Church Needs to Know* (Chicago, IL: Loyola,2010), 114. Traducción propia.

2. "Thomas Paine," BrainyQuote.com, Xplore Inc, 2012, accessed August 15, 2012, http://www.brainyquote.com/quotes/quotes/t/thomaspain117868.html. Traducción propia.

3. Bill Hybels, Axiom: *Powerful Leadership Proverbs* (Grand Rapids, MI: Zondervan, 2008), 75.Traducción propia.

4. Steve Jobs, TopTen.com, accessed August 16, 2012, http://www.toptentopten.com/topten/steve+jobs+quotes+of+all+time. Traducción propia.

5. Patrick Lencioni, *Death by Meeting: A Leadership Fable . . . about Solving the Most Painful Problem in Business* (San Francisco, CA: Jossey-Bass, 2004).

14. Dirige donde tú sirves

1. Ken Blanchard, *The Servant Leader* (Nashville: Thomas Nelson, 2003), 17.

2. Collins, Jim, *Empresas que sobresalen*, Ediciones Gestión 2000, Barcelona 2006, pp. 352.

3. Gary A. Haugen, *Just Courage: God's Great Expedition for the Restless Christian* (Downers Grove, IL: IVP, 2008), 104. Traducción propia.

4. Seth Godin, Tribes: *We Need You to Lead Us* (Nueva York: Portfolio, 2008), 131–132. Traducción propia.

5. John C. Maxwell, Goodreads.com, 16 de agosto de 2012, http://www.goodreads.com/quotes/230972-leadership-is-not-about-titlespositions-or-flowcharts-it-is. Traducción propia.

15. Tú puedes hacerlo

1. Bill Hybels, *Holy Discontent: Fueling the Fire That Ignites Personal Vision* (Grand Rapids, MI: Zondervan, 2007), 23.

2. David Kinnaman and Gabe Lyons, *Unchristian: What a New Generation Really Thinks about Christianity—and Why It Matters* (Grand Rapids, MI: Baker, 2007), 83.

3. San Francisco de Asís, consultado el 20 de agosto de 2012, http://www.brainyquote.com/quotes/authors/f/francis_of_assisi.html. Traducción propia.

Apéndice C. Las claves del cambio: misión, visión y estrategia

1. Bill Hybels, *Axiom: Powerful Leadership Proverbs* (Grand Rapids, MI: Zondervan, 2008), 52.

MICHAEL WHITE Obtuvo el grado de bachiller en la Loyola University Maryland y postgrados en Sagrada Teología y Eclesiología en la Pontificia Universidad Gregoriana de Roma. Después de haber sido ordenado sacerdote en la Arquidiócesis de Baltimore, trabajó durante cinco años como secretario particular del Cardenal William Keeler, Arzobispo de esa sede. Durante ese tiempo, fue también el encargado de organizar la visita del Papa Juan Pablo II a Baltimore. Durante el tiempo que ha sido párroco de la Iglesia de la Natividad, la parroquia casi ha triplicado el número de fieles que acuden durante el fin de semana, pasando de 1,400 a más de 4,000. Ha crecido también el compromiso de los miembros de la parroquia con la misión de la Iglesia, cuya prueba más clara es el servicio que estos dan en los diversos ministerios y el incremento en las contribuciones de los fieles.

TOM CORCORAN obtuvo el grado de bachiller en la Loyola University Maryland y completó sus estudios de Teología en la Universidad franciscana de Steubenville. Ha trabajado pastoralmente en la Iglesia de la Natividad en diversas áreas, lo cual le ha proporcionado un amplio conocimiento del ministerio y liderazgo parroquial. Ha sido encargado del ministerio de jóvenes, coordinar del ministerio de niños y director de los grupos pequeños. Actualmente funge como asistente del párroco y es responsable de la creación de contenidos para el mensaje del fin de semana. Colocara en la planeación estratégica y promueve el desarrollo del equipo parroquial.

www.ingramcontent.com/pod-product-compliance
Lightning Source LLC
Chambersburg PA
CBHW060001100426
42740CB00010B/1364